著 ダニエル・リフ
スティーヴン・レイシー
フレデリク・フィコ

内容分析の進め方
―― メディア・メッセージを読み解く

 監訳 日野愛郎

 訳 千葉 涼
永井健太郎

Analyzing Media Messages:
Using Quantitative Content Analysis in Research

keiso shobo

Copyright © 2014 Taylor & Francis
All Rights Reserved.

Authorized translation from English language edition published by
Routledge, an imprint of Taylor & Francis Group LLC.

Japanese translation rights arranged with
TAYLOR & FRANCIS GROUP, LLC.
through Japan UNI Agency, Inc., Tokyo

日本語版はしがき

コミュニケーション・メッセージが体系的に研究されるようになってから1世紀が過ぎようとしている。その歴史をさかのぼると，コミュニケーションの研究者たちはさまざまな方法論を取り入れてきた。しかし，コミュニケーションについて研究するために欠くことのできない手法のひとつが，メッセージを数量化する内容分析である。この数量化によって，メッセージの集合からそのパターンを特定するための統計的な手法が利用できるようになるのである。内容分析がなければ，コミュニケーション科学は存在しないし，発展することもないだろう。

この本は，コミュニケーションの科学的な研究においてコンテンツが中心をなすというわれわれの考えに基づいている。個人や集団に対するメッセージの影響を研究するにせよ，そのメッセージを生み出す組織を研究するにせよ，研究者はコミュニケーションコンテンツを分析することなしに，これらのコミュニケーションプロセスを理解することはできない。社会科学者としてこのような研究を行うためには，コンテンツ単位を定義し，定義されたコンテンツ単位に対して数値を割り当てなければならない。この本では，あらゆる種類のメッセージに対してこうした数量化を行う際のプロセスや決まりごとについて議論していく。

アメリカの研究者によって書かれたこの本が日本語に翻訳されることで，日本の研究者に有益な知見を提供できることをうれしく思う。「コンテンツの中心性」（第1章参照）という考え方は広く世界中で適用できるものである。コンテンツやその影響が文化によって異なるとしても，その文化において共有されるメッセージは，個人や組織がどのようにコミュニケーションに向き合うかを理解する際の鍵となる。すなわち，内容分析は言語を問わず研究者が用いることのできる手法なのである。

この本は内容分析の手法や用例を世界中に広め，改良することを目指して，日本語に翻訳されている。この本で紹介される内容分析のプロセスや決まりごとは，過去70年の間に蓄積されてきた内容分析に関する研究とわれわれ筆者3人の経験をもとに執筆されている。さらに広い意味でのコンテンツの分析という点では，百数十年以上にわたって実践が重ねられている。

　この本の目標は，内容分析の方法論について理解するために必要な理論的な背景を説明し，内容分析を行う際の実践的な手ほどきを与えることである。本書で推奨する手順は，世界中どこで内容分析を行うとしても共通して生じるだろう問題に対応している。メッセージの研究を設計する際には，サンプリング，測定，信頼性，そして，データ分析に関する問題がつねに生じるものである。

　どのようなケースであっても，これらの根本的な問題から逃れることはできない。その人が内容分析を初めて行う大学院生であれ，20回目の研究を計画している熟練した研究者であれ，同じ問題に直面するだろう。または，コンテンツがテキストであろうともイメージであろうとも，ウェブサイトからのものであろうとも，新聞からのものであろうとも，これらの問題を避けて通ることはできないのである。

　われわれの目標は，内容分析を理解可能なものにし，包括的で実践的なガイドを理解しやすい形で提示することである。そのために，われわれはできるだけわかりやすく具体的な言葉を選び，数多くの事例を紹介することで問題とその解決策を示したい。

　この本は内容分析のコースワークにおける主要な教科書として，方法論の授業の補足的な教科書として，そして，メディアを介したコミュニケーションとその他の社会科学の研究者にとっての有用な参考書として執筆されている。この本は最新の研究方法に関する知見に基づいてはいるものの，内容分析の手法についてすべてが今日明らかにされていると想定するべきではない。分析手続きの信頼性，コンピュータを使用した分析，デジタルメディアのサンプリング，そして，手続きの信頼性とデータの妥当性の間の関係についてはまだまだ多くの課題が残されている。さらなる研究が必要ではあるが，内容分析の方法論がコミュニケーションの理解を深めるうえで有用であることは明らかである。とくに，他の調査方法と組み合わされるときに，コミュニケーション研究に重要

な貢献を成す。

　この本を日本語に訳してくれた日野愛郎教授と，彼の教え子である千葉涼，永井健太郎の両氏に感謝の意を示したい。コンテンツとその影響，あるいはコンテンツとその先行条件の間の重要な関係はあらゆる国に共通して存在するものである。この本で紹介する内容分析のプロセスと決まりごとが広く共有されることで，これらの関係をより明確に捉えることができるようになるだろう。実際，コミュニケーション科学が国や文化の境を超えて，限りなく普遍的な意味でのヒューマンコミュニケーションの科学に本当になるのであれば，これは必要不可欠なことである。

　この本が読者にとって有益であることを期待する。

ダニエル・リフ
スティーヴン・レイシー
フレデリク・フィコ

はしがき

　この本の目的はコミュニケーション科学の発展，とくに，メディアを介した
コミュニケーションに関する研究に資することである。コミュニケーション科
学はすべての社会科学の中心である。それは，われわれがすること，そのやり
方，そして，自分たちが何者であるのかを個人的，社会的，文化的に定義する
上で，コミュニケーションがますます重要な役割を果たすようになっているか
らである。

　人類の歴史の中で，メディアを介したコミュニケーションがこれほどまでに
文明に浸透し中心的で重要な位置を占めるようになった時代はない。コミュニ
ケーションが私たちにどう作用するのかということを理解するために，しっか
りとしたコミュニケーション科学が必要不可欠である。もしコミュニケーショ
ン科学からコミュニケーションに関する正しい理解が得られないならば，予期
せぬ不測の結果につねに翻弄されてしまうだろう。

　何よりも重要なことは，論理的にコミュニケーションコンテンツを評価する
方法がコミュニケーション科学の発展に不可欠ということである。ざっくりと
言えば，コミュニケーションコンテンツは，それ自体を生み出す多くの要因に
よって変化する。ひるがえって，多様なコミュニケーションコンテンツは個人，
集団，制度，文化に関する諸々の要因に影響を及ぼす。つまり，コミュニケー
ションコンテンツを理解することは，現象を予期し，説明し，場合によっては
コントロールしようとすることが目的であるコミュニケーション科学にとって
必要不可欠である（Reynolds, 1971）。

　われわれは，この本の主題である量的内容分析がコミュニケーションコンテ
ンツを論理的に評価する唯一の方法であると信じている。この情報収集技術に
よってのみコミュニケーションコンテンツに存在するパターンを信頼性と妥当
性を担保しながら明らかにすることができる。そして，信頼性と妥当性がある

記述を通してのみ，コンテンツの原因とその影響を予測することができるのである。

　われわれには，これまで研究者として数百の量的内容分析を行い，または，指導してきた経験がある。たとえば，ホワイトハウスの報道分析や，広告における女性やマイノリティの表象研究，地方政府のニュースの中で扱われる情報源の傾向分析などさまざまな内容分析を行ってきた。それらには，学位論文や授業でのプロジェクト，助成を受けた研究や，新聞，テレビ，ウェブサイトなどを対象とした内容分析も含まれる。いくつかのプロジェクトでは，記述的なものもあったし，仮説検証型のものやリサーチクエスチョンに答えるために行ったものもあった。これらの研究は，コンテンツに影響する過程やコンテンツの影響についての理論に基づいて行われている。この本は，このように長年培われた経験をもとに執筆されている。

　もしこれらの研究の実施と指導を通して，われわれが学んだことがあるとするならば，それはすべての量的内容分析に共通する問題や論点が存在するということである。研究をデザインする際には，サンプリング，測定，信頼性，データ分析に関する疑問が生じるものである。研究者が初めて内容分析を行う学生なのか，それとも20回目の内容分析を計画しようとしている熟練した研究者なのか，分析するコンテンツが言葉なのか，イメージなのか，そのコンテンツがオンラインメディアからのものなのか，それとも新聞などの伝統的なメディアからのものなのかに関係なく，それらはつねに本質的な問題なのである。

　この本の第3版を準備するにあたり，これらの問題にあらためて取り組んだ。われわれの目的は内容分析を，小難しいものではない身近なものにし，包括的でわかりやすい入門書を上梓することである。明快で具体的な言葉を通して，古典的なものから近年のものまでの多くの具体例を示すことでわかりやすくすることに努めた。この本は内容分析の授業の主要なテキスト，研究方法論の授業のテキスト，マスコミュニケーション研究，政治学，または他の社会科学，行動科学などの研究者にも役立つ参考書になるだろう。

　この本の執筆にあたり多くの方々に感謝を申し上げたい。内容分析を教授してくださった Donald L. Shaw，Eugene F. Shaw，Wayne Danielson，James Tankard，G. Cleveland Wilhoit，David Weaver に，そして，この本に多くの

助言をしてくれた同僚たち，内容分析を教えるということをもっともわれわれに学ばせてくれた学生たちに感謝したい。最後に，内容分析をするしか能がないのではないかと時に思っているであろう親愛なる家族に深い感謝の言葉を贈りたい。

ダニエル・リフ
スティーヴン・レイシー
フレデリク・フィコ

目　　次

日本語版はしがき　i

は し が き　v

第*1*章　イントロダクション ——————————————— 1

1 ．マスコミュニケーション研究　5

2 ．内容分析とマスコミュニケーション効果研究　6
　　強力効果？(7)　限定効果？(9)　随伴効果？(10)

3 ．内容分析とコンテンツ生産の文脈　12

4 ．コンテンツの「中心性」　14

5 ．コンテンツの記述という目的　16

6 ．他の研究方法との接合　18

7 ．他分野における内容分析の活用　21

8 ．ま と め　25

第*2*章　社会科学のツールとしての内容分析 ——————— 27

1 ．さまざまな定義　27

2 ．内容分析の定義　29
　　「体系的である」とは(30)　「再現性のある」とは(30)　コミュニケーション
　　のシンボル(34)　妥当な測定ルールに基づく数値やカテゴリの割り当てと，
　　それらの関係性に関する統計的分析(37)　記述と推論 (39)

3 ．研究手法としての内容分析の問題点　42

4．量的内容分析の利点　**46**

5．ま　と　め　**47**

第*3*章　内容分析のデザイン ——————————— **49**

1．内容分析の研究デザインにおける概念化　**51**
コンテンツ研究の一般的な類型(**52**)　仮説とリサーチクエスチョン(**54**)　相
関，因果，そしてデザイン(**56**)

2．良いデザインと悪いデザイン　**61**
研究デザインの要素(**62**)

3．内容分析の一般的なモデル　**64**
概念化と目的(**64**)　デザイン(**66**)　データの収集と分析(**70**)

4．研究プログラムのデザイン　**70**

5．ま　と　め　**73**

第*4*章　測　　　定 ——————————————— **75**

1．内容分析におけるコンテンツ単位と変数　**76**

2．コンテンツの形態　**78**
非テキスト形態を測定する際の特殊な問題(**81**)

3．観 察 単 位　**83**
内容分析で使用される基本的な観察単位(**84**)　観察単位のサンプリング(**87**)

4．分 析 単 位　**88**
分類の体系(**89**)

5．尺度のレベル　**96**
尺度レベルの重要性(**99**)　コーディングのルール(**100**)

6．測定のステップ　**101**

7．ま　と　め　**103**

目　次　　**xi**

第5章　サンプリング ——————————————— **105**

1．サンプリングの期間　**107**

2．サンプリングの手法　**109**
全数調査(**109**)　非確率的サンプリング(**110**)　確率的サンプリング(**114**)

3．伝統的メディアを分析する際の層化サンプリング　**125**
日刊紙(**126**)　週刊紙(**129**)　雑　誌(**130**)　テレビニュース(**131**)

4．インターネットのサンプリング　**132**

5．個人コミュニケーションのサンプリング　**136**

6．ビッグデータとサンプリング　**137**

7．ま と め　**139**

第6章　信　頼　性 ——————————————— **141**

1．信頼性——基本的な考え方　**142**

2．概念の定義とカテゴリの構築　**143**
概念的な定義および作業的な定義(**144**)　概念の複雑さと変数の数(**145**)

3．内容分析のマニュアル　**148**
マニュアルの目的(**148**)　マニュアルの明確化(**149**)　マニュアルの構成(**149**)

4．コーダーのトレーニング　**156**
コーディングのプロセス(**156**)　コーダー間不一致の原因(**158**)

5．コーダー間信頼性の評価　**160**
コーダー間信頼性の検定(**160**)　信頼性検定に用いるコンテンツの選択(**162**)
サンプル抽出の手続き(**164**)　信頼性検定を行うタイミング(**167**)

6．信頼性係数　**169**
一致率(**169**)　偶然の一致を考慮する信頼性係数(**170**)　ピアソンの積率相
関係数(**175**)　信頼性係数に関する議論（**175**）　信頼性係数の選択（**178**）　信
頼性を担保するための提言（**178**）

7．ま と め　**180**

第7章 妥当性 ——————————————— 183

1. 信頼性と妥当性を測定する際の問題 185

2. 測定方法の妥当性に関する確認方法 186
表面的妥当性(187)　併存的妥当性(188)　予測的妥当性(188)　構成概念妥当性(189)

3. 観察プロセスにおける妥当性 190
内的妥当性と外的妥当性(190)　内的妥当性と研究デザイン(192)

4. 内容分析における外的妥当性と意味 196
外的妥当性と科学的コミュニティ(197)　内容分析における社会的妥当性としての外的妥当性(199)

5. ま と め 204

第8章 データ分析 ——————————————— 205

1. 内容分析への導入 206

2. データ分析の基本 207
データ分析について考える(207)　仮説とリサーチクエスチョン(207)

3. 知見の記述と要約 209
データを記述する(209)　割合と平均値の重要性(211)

4. 関係性を発見する 218
関係性の考え方(218)　関係性の強さ(219)　関係性を発見するための技術(221)　因果モデル(228)　重回帰分析(230)

5. 統計的前提 233

6. ま と め 234

第9章 コンピュータ ——————————————— 235

1. コンピュータを用いたコンテンツの発見, アクセス, 集積 236

2. コンピュータによる内容分析 245
コンピュータによる内容分析の種類(245)　どのような場合に, 内容分析に

コンピュータを用いるか(252)　目的にかなうコンピュータプログラムを見つける(255)

 3．ま　と　め　256

付 録　内容分析を用いた論文において報告すべき情報の基準　259

 1．サンプリング　259

 2．コーダーと変数　260

 3．信　頼　性　261

監訳者あとがき　263

参 考 文 献　267

索　　　引　287

第1章■

イントロダクション

　さまざまな量的内容分析について考えてほしい。ある研究者たちは，夜のテレビ番組の3人の司会者（デイヴィッド・レターマン，ジェイ・レノ，そして，コナン・オブライエン）が発言した986のジョークを調べ，2003年から2007年までのイラク戦争に関して彼らがどのようなユーモアや話題，「スタンス」（たとえば，戦争反対），論調などを示したかを記述している（Haigh & Heresco, 2010）。

　New York Times と *Washington Post* による45年間の中絶反対報道を対象とした内容分析（この期間には，中絶の禁止が違憲とされた1973年のロー対ウェイド事件が起こった）では，女性と運動家というこれまで周辺的とみなされてきたグループが焦点となった（Armstrong & Boyle, 2011）。しかし，分析の結果，この問題が女性とフェミニスト運動にとって重大な争点であるにもかかわらず（p. 171），男性が情報源としてより多く登場することが明らかになった。

　主流メディアは，党派的で，現状維持志向が強く，広告主の言いなりであるように考えられているが，政治的なブログの読者は，ブログに掲載されているニュースコンテンツが，それらのメディアとは質的に異なると思っているかもしれない。しかし Leccese（2009）が広く読まれている6つの政治的なブログにある2000以上のリンクを調べたところ，そのうち15%が同じブログ内の他の記事へとたらい回しにするリンクであり，47%が主流メディアへのリンク，23%が他のブログへのリンクであった。そして，独自の情報源へのリンクはたった15%しかなかった。

Lacy, Duffy, Riffe, Thorson, and Fleming（2010）は，日刊紙のサイトと市民ニュースのサイト，ブログサイトを比較して，市民ニュースのサイトは報道という点では他よりもタイムリーではなく，サイトの機能（たとえば，双方向的な記事や投稿型の記事）も少なく，また日刊紙のサイトよりも読者をサイト外へ誘導することが多いことを明らかにした。

アメリカ政治の「伝統」となっている広告によるネガティブキャンペーンはネット時代の政治においてどのように行われているのだろうか。これを調べるために，Druckman, Kifer, and Parkin（2010）は2002年，2004年，2006年の3つの選挙時における700人以上の立候補者のウェブサイトを内容分析し，候補者のウェブサイトとテレビ広告でのネガティブキャンペーンを比較した。ウェブ広告はよりネガティブだろうという先行研究（たとえばWicks & Souley, 2003など）の予測に反して，Druckman et al.（2010）の研究では立候補者のウェブサイトのうち48％がネガティブであったが，テレビ広告では55％がネガティブであった。

2011年にピークに達した「アラブの春」の中，チュニジアとエジプトにおいて反政府闘争が発生した。Lewis, Zamith, and Hermida（2013）とHermida, Lewis, and Zamith（2014）は，6万件以上のツイートを処理するために改良されたコンピュータスクリプトと，ツイートのサンプルへのヒューマンコーディングを併用した。そこから，NPR（訳注：National Public Radio の略称。全米の公共ラジオネットワークを運営する非営利組織）のレポーターであるAndy Carvin がエリートや他のジャーナリストの情報源よりも，エリートでない情報源のツイートを積極的にリツイートしていたことを明らかにした。このような「ハイブリッド」なアプローチは，「ヒューマンコーダーの作業に取って代わるというよりもむしろ，その作業をより高度なものとし」て，伝統的な内容分析の「体系的な厳密さと文脈的な理解」を保持し，一方で「大容量のビッグデータとコンピュータを使用した手法の効率性を最大限にする」ものである（Lewis et al., 2013, p. 47）。

体系的な内容分析によって，長く続いてきた *Survivor* というリアリティ番組が恒常的に視聴者に反社会的な振る舞いを見せていたことがわかった。そのような反社会的な振る舞いの中では，間接的な嫌がらせ（陰口など）が73％を

占めもっとも多く，次に口頭による嫌がらせが23%，そして人をだますことが３%だった（Wilson, Robinson, & Callister, 2012）。

デンマークの新聞の諷刺漫画がイスラム教の預言者ムハンマドを皮肉的に描いたことを受けて，キリスト教の描写はムスリムのそれよりも辛辣であるという反論があった。Kaylor（2012）は，新聞のデータベースからある１年の諷刺漫画を集め，漫画のトーンやトピック，漫画の中で攻撃されている人物のアイデンティティや役割も記録した。その結果，たしかにキリスト教は否定的に描かれていることのほうが多かったものの，ムスリムに関する否定的な漫画は85%であり，キリスト教の76%よりもさらに多かった。

Coyne, Callister, Stockdale, Nelson, and Wells（2012）らは，人気のある若者向け小説の中に出てくる卑語を分析した。９歳以上をターゲットにしたそれらの本では，平均で34.46回の卑語が確認され，ある本では492回にのぼった。それらのうち60%はFCC（連邦通信委員会）によってテレビ放送では使用禁止になっているいわゆる「七大卑語」であった。

Ivory, Williams, Martins, and Consalvo（2009）らは，売上上位150のテレビゲーム（そのうち半分は，５歳以上が対象年齢となる「全年齢向け」であった）から得たサンプルの卑語を調査した。その結果，５本に１本が卑語を含んでおり，１本のゲームに平均で2.99の事例が確認された。対象年齢が上がるにつれて，卑語の数は増え，またFCCに禁止されている七大卑語の１つを含むゲームが8.3%であった。

Ki and Hon（2006）は，*Fortune* による世界企業番付に載った500社のウェブコミュニケーション戦略を調べ，企業のサイトの使いやすさやオープン性（プレスリリースから年間レポートまでのアクセス可能な情報の幅），企業へのアクセス性（電話番号やEメールアドレスなど），また，教育やコミュニティ，環境などに関する企業の社会的責任（CSR）活動の広報などをコーディングした。結果，CSRについて効果的に伝えていたサイトは少ないことがわかった。

この50年間では，日刊紙の数が減少している（Lacy et al., 2012）。Lacyらは，アメリカの中心都市と郊外を確率的サンプリングし，162の日刊紙と133の週刊紙による地方政府のニュース報道を分析し，日刊紙は「たとえ，弱体化し，競争にさらされ続けてもなお，市民にとって重要な情報を伝えるという点において

ては，困難な役目を果たし続けている」と結論づけた（p. 35）。

これらの研究は目的，着目点，方法，科学的な厳密さは違えども，量的内容分析の適用可能性の幅を示している。内容分析とは，大まかに定義すると，ルールに従いコミュニケーションのコンテンツをカテゴリへ体系的に分類し，そして，統計的な手法を用いてこれらのカテゴリの関係を分析する研究方法である。

通常，そのような内容分析はコンテンツのサンプリングを行い，コンテンツの違いを測定するようにカテゴリを設計し，そのカテゴリへの分類ルールをコーダーに訓練して，コーダーの信頼性（一致度と時間をおいての安定性）を検定する。収集したデータは，典型的なパターンや特徴を記述するため，または，コンテンツ間の重要な関係を特定するために分析される。もしそのカテゴリやルールが確かなもので，信頼性があれば，その研究結果は妥当性があるだろう（観察したパターンに意味がある，など）。

この大まかな定義では，次の4点にあえて言及しないようにしている。それは，量的内容分析を使用する目的（たとえば，深夜番組の政治的ジョークについての仮説を検証するため），研究対象となるコミュニケーションのタイプ（たとえば，ウェブサイトに掲載されている企業の報告書，テレビゲームの卑語，政治的なブログなど），コンテンツの質のタイプ（たとえば，ニュースの掲載位置や長さ，支配的または対抗的なフレームの有無，大統領選立候補者のウェブサイトのネガティブ度など），内容分析のデータから導かれる推論のタイプ（たとえば，リアリティ番組で反社会的な振る舞いは罰せられないという結論）である。

定義を完璧なものにしようとすれば，これらの用語を詳述することが必要不可欠となる。しかし，さまざまな目的に使えるこの研究方法に対するより包括的な定義は，第2章で議論する。この章では，マス・コミュニケーション研究における内容分析の役割について，他分野での使用を例に見つつ，概観する。

1. マスコミュニケーション研究

　マスコミュニケーションのメッセージにアプローチするにあたり，文学や芸術のような人文学のアプローチを採用する研究者がいる一方で，経験的な観察と測定に基礎づけられる社会科学的なアプローチを採用する研究者もいる。通常こうした社会科学的なアプローチとは，研究者が問題（それは過去の研究や実際のマスコミュニケーションなどから導き出される）を特定し，「理論」に含まれる，またはその中で作用しているかもしれない概念を特定し，それらの概念間に対して考えられる解釈や関係性を提示するということを意味している。もっともらしくない解釈は破棄され，ありうる解釈は，具体的かつ観察可能な用語で測定される理論的な概念に従って，経験的に検証される。

　たとえば，エスニック・マイノリティの集団が，自分たちがニュースメディアの中で（国勢調査における人口比からすれば）過小表象されていると思っているとしよう。研究者はニュース・ソースとして登場することの多い職業の中でそのマイノリティの人々が過小表象されていることを示し，人種差別があると結論づけるかもしれない。このような解釈や説明には，さまざまな概念が含まれている。その概念は，測定手順へと「作業化」することができ，経験的に評価することができるものである。たとえば，危機的な出来事の際にソーシャルメディアが協調的な行動をどのように促すのかを分析したければ，ソーシャルメディアのコンテンツを収集するための作業手順を作り上げればよい。そうして得られたソーシャルメディアのデータを，公的なメディアのデータと比較するのである。

　言い換えると，問題に対する説明は，個人の考えや直感，信念，イデオロギーなどを通してではなく，直接的で客観的な観察と測定を通して探し出され，引き出される。つまり，マスコミュニケーションの研究者はこれまで科学的な方法と言われてきたものを使用するのである。観念論（精神とイデアが知識の究極的な源であり本質であると主張するアプローチ）と経験論（観察と実験が知識を生むと主張するアプローチ）の間に何世紀にもわたって存在する区分は，

認識論または知の研究に興味を持つ研究者の注目を引いてきた（Vogt, 2005, pp. 105-106, 149）。このうち，内容分析は経験的なアプローチの立場をとる。その点についてはこの章の後半で言及する。

　もうひとつの重要な区分は，還元論と全体論というものである。マスコミュニケーションの社会科学は，全体が単なる個別の要素の総和ではないと考える全体論（Vogt, 2005, p. 267）ではなく，現象をより小さく，より基本的な個別の要素へと還元することで理解できるという考え方（Vogt, 2005, p. 145）である還元論の視点に暗に立脚している。全体論的な視点からすれば，全体は「部分の集合よりも文字通り大きなものとして」捉えられる（McLeod & Tichenor, 2003, p. 105）。たとえば，コミュニティのような集合体はその中にいる個人の総和以上の性質を持っている。たいていの場合，還元論と全体論の議論はより大きな社会システムにおける個人の位置付けに関係する。しかしこの議論は，個々のコミュニケーション・メッセージやそれを構成するパーツ，総体としての「メディア」，ニュースやエンターテインメントといった慣習的区分など，コミュニケーションにおける部分と全体との関係を論じる際にも用いることができるだろう。

2. 内容分析とマスコミュニケーション効果研究

　マスコミュニケーションの学術的または科学的な研究はかなり新しい分野である。その歴史は，20世紀初頭に政治学の研究者たちがプロパガンダや説得的なメッセージの効果に関心を持ったことから始まっている（McLeod, Kosicki, & McLeod, 2009; Rogers, 1994; Severin & Tankard, 2000）。ジャーナリズムやマスコミュニケーションの研究者に加えて，社会学や心理学のような分野の研究者もマスコミュニケーションのプロセスと影響に関心を示し，それぞれの分野の理論的な視点や研究方法がマスコミュニケーション研究に持ち込まれた。研究者たちは，マスコミュニケーションの効果について楽観的か悲観的かにかかわらず，あるいは効果があると確信しているか否かにかかわらず，内容分析がマスコミュニケーションの影響を理解する際に必須の段階であると認識していた。

2. 内容分析とマスコミュニケーション効果研究　　7

強力効果？

　とくに重要で，長く影響力を持ったコミュニケーション研究の視点は，行動
科学の方向性を反映しており，それは動物と人間の行動が刺激と反応の複合体
であると考える20世紀初頭の理論から生まれてきた。あるコミュニケーション
研究者たちはコミュニケーション・メッセージとその効果をこれと同じ視点で
観察してきた。

　マスコミュニケーションの効果に関心がある研究者は，仮説を検証するため
に実験を採用することが多かった。実験の被験者は異なるグループに分けられ，
一方にはある条件の中で刺激（メッセージ）が与えられ，もう一方（統制群）
には刺激は与えられない。条件が厳格に統制されていれば，測定されたものの
中での違い（たとえばある問題への態度や，購買のような行動への意図など）
が，刺激の有無によるものであると判断することができるだろう。

　一方で，20世紀前半，科学者だけでなく人々の間でも広まっていた考えがあ
った。それは，大衆への説得的なメッセージは，研究室の外でさえも，強力な
反応を引き起こすことができるというものであった。そのような考えが生まれ
たのはなぜだろうか。

　プロパガンダは，世界大戦の間に見られたように，新しくそして驚くべきも
のだった（Lasswell, 1927; Shils & Janowitz, 1948）。1929年から1932年に実施さ
れたペイン基金による13の研究のうち10の報告書は，プロパガンダに強力な効
果があることを裏付けた。その報告書には，「子供たちに新しい考えをもたら
し，その態度に影響を及ぼし，感情を刺激し，多くの大人たちとは異なる倫理
観を示し，睡眠を妨げ，世界と日々の行動への解釈にも影響する」（Lowery &
DeFleur, 1995, p. 51）という映画の力が示されていた。

　ヨーロッパにおける共産主義者やナチスの雄弁術，あるいはアメリカでのチ
ャールズ・E・コグリン神父のラジオによる扇動（Stegner, 1949）などの逸話が，
大衆へのメッセージと集合行為への関心を掻き立てた。放送メディアは人々を
魅惑し，誘惑し，その注目を引きつけ，集団パニックを引き起こす力を示した
（Cantril, Gaudet, & Hertzog, 1940）。商業広告と広告代理店の増加とともに，綿
密に組織化された説得的キャンペーンによって，送り手が望む行動を人々にと

らせるためのメッセージが使用された（Emery, Emery, & Roberts, 2000; McLeod et al., 2009）。コミュニケーションのメディアは徐々に国境を飛び越えられるようになり，国家の目標を阻害する可能性を秘めていると信じられるようになった（Altschull, 1995）。

　強力なメディア効果に関するこれらの仮定は20世紀の行動主義の伝統と一致していて，皮下注射モデルや弾丸効果と言われるコミュニケーション効果の初期のモデルや理論に貢献した。後者の表現に沿って言えば，無力で画一的なマスオーディエンスに説得的メッセージ（弾丸）を撃ち込むだけで，送り手が望む効果が生じる。メッセージとその効果に関する実験的研究から得られたいくつかのデータが，強力効果論の仮定を支持していると解釈されていた。

　もちろん，オーディエンスが一様に無力で受動的だというのは，主要な仮定である。Carl Hovland にさかのぼる方法論者は，実験の設定における不自然に管理された条件の人為性を警戒し，実験で見られた態度変化の知見が実社会では生じにくいことを警告した（Hovland, 1959）。また科学者が，オーディエンスに対してもっとも効果を上げる方法を解明することに力点を置くのは不適切であると指摘するものもいた。Bauer（1964）は，このような公衆に対する「倫理的な非対称性（moral asymmetry）」（p. 322）に疑問を投げかけた。

　強力効果論はこのような批判を受けたが，この理論を通じて内容分析は重要な手法としての地位を確立していった。それは，このモデルにおいて，コミュニケーションのコンテンツが暗黙のうちに原因としての役割を持つものとして記述されていたためであった。このようにコンテンツが原因としての役割を担うという考えは，実験によって検証され，多くの科学者や政策立案者だけでなく，広く世の中に受け入れられていった。その研究対象は，プロパガンダ，人気のコミックや映画，ポルノグラフィ，政治的な公約，説得的な広告などを幅広く含んでいた。

　つまりコミュニケーションのコンテンツは，そこにある効果が備わっていると信じられていたために，研究に値する重要なものであったのである（Krippendorff, 2004a; Krippendorff & Bock, 2009）。研究者たちは，人々に影響すると仮定された変数を探るためにコンテンツを徹底的に調べた。たとえば，プロパガンダの中でどのような種類の指示やアピールが使われていたかを目録化した

り，説得的なメッセージの中で登場した情報ソースのステータスや信頼性をまとめたり，人気のスターを起用した映画に反映されている価値観を記述したりしただろう。または，人気テレビ番組の中での反社会的な振る舞いが，制裁されるのか，承認されるのか，あるいは無視されるのかを分析した研究者もいただろう。

限定効果？

しかしながら，強力効果が直接的で一様であるという仮定は，過度に単純化されているのではないかと疑問視され，メッセージの効果を強めたり弱めたりする要素をより注意深く特定しようとする見方に取って代わられた（Severin & Tankard, 2000）。事実，実験によって，マスメディアのメッセージが被験者の知識を変化させる効果を持った場合もあったが，態度や行動までは変化させられなかった。世論調査を実施した研究者たちは，実験室で見られたような因果関係とは相反する結果を観察した。

人々が実際の社会でメッセージにどのように接触するのかを調査し，説得的なメッセージという「弾丸」が実際の社会でもたらす効果についてさまざまな結果が得られたことによって，より限定された効果という観点が研究すべき対象であることが示された（Chaffee & Hochheimer, 1985; Klapper, 1960）。オーディエンスは，一様に無力で受け身な存在ではなく，概して画一的でもないことが明らかになった。彼らは実験室ではない自然な条件下では，個人的な目的でメディアとメッセージを使用し，メッセージの中で注目すべき部分を選択し，既存の態度や信念，価値観と一致しないものは排除していた。家族や共同体といった社会関係が，人々の態度や行為の重要な規定要因であり，人的な影響のネットワークは人々の決定に大きな影響を与える要素であった（Carey, 1996）。

実際の社会にいるオーディエンスは，特定のメディアコンテンツに接触する機会しか持っていなかった。彼らは，実験の被験者のようには，そのメッセージに触れるように強制されてはいなかった。あるメッセージを受容し，採用し，または学習するという人々の選択は，既存の心理的，社会的な特徴の機能なのであって，実験の刺激の一部である人工的に説得意図を強調された情報源への接触による作用では必ずしもなかった。

随伴効果？

　過去半世紀の間の研究は，強力なものであれ限定的なものであれ，マスメディアの効果がさまざまな要因と条件に随伴するものであると考えた。この随伴条件の影響というアプローチによって，理論家たちは強力効果論と限定効果論の相反する結果を一致させることができた。コミュニケーション効果は，単一の原因（たとえばメッセージ）の結果というよりも，さまざまな随伴条件を反映していた（たとえばメッセージを個人として受け取るのか，集団のひとりとして受け取るのかという違い）。もちろん，感受性が高い子供をターゲットにしたコンテンツや，オンラインのコンテンツ，テレビゲームなどに関する現在の研究は，暗黙のうちに強力効果論を前提にし続けている。

　しかし，メディアへの関心が，人々の態度にメディアがどのように影響するかを問う強力効果から，人々のメディア・メッセージの扱い方やそこからの学習の程度といった側面へと移ってきているにもかかわらず，内容分析は，あらゆる形態のコンテンツを分類するための重要な手段であり続けた。説得的効果を推定するためにすでに分析されたであろうコミュニケーション・メッセージは，今度はメディアを利用することで消費者が得ている心理的，社会的な満足の違いへと結びつけられた。たとえば，退屈からの逃避，いま起こっていることの理解，話題の獲得などである。または，彼らが発展させ保持する認識的イメージの違いへと結びつけられた。たとえば，適切な性別の役割分担は何か，世界がどのくらい安全か「卑劣」か，反社会的な行動がどれだけ受け入れられるかといったイメージなどである。さらに，コミュニケーション・メッセージは，ニュースメディアのアジェンダの中で何が重要かという視点の違いにも関係づけられている。たとえば，政治的キャンペーンでどの問題が考慮すべきものであるか，問題のどの属性が重要なのかなどである。

　このように，さまざまな認知への効果（態度への効果ではない）や，メディアとそのコンテンツの社会的あるいは心理的な利用と満足に関して，異なる理論や仮説が発展したのである。それは，Bauer（1964, p. 322）が批判した「倫理的に非対称な」視点とはかなり異なるオーディエンスの経験を反映している。これらの理論や仮説は，コンテンツの利用や効果に関連する変数を測定し

2. 内容分析とマスコミュニケーション効果研究 11

ようとするさらなる研究のきっかけとなった。

　たとえば，どのようにエスニック集団やジェンダーのステレオタイプが学習されているのかという疑問に答えるために，エンターテインメントのコンテンツがカテゴリ化された（Mastro, 2009; Smith & Granados, 2009）。人々がそこから心理的あるいは社会的な満足を得ているという仮説のもとで，昼間のソープオペラ（訳注：せっけん会社がスポンサーについて平日昼間に放送するテレビドラマ）からリアリティ番組のコンテンツが注目された（Rubin, 2009）。残酷なホラー映画における暴力が感情を鈍麻させる効果を持っているという懸念から，そのような映画で犠牲になる人物のジェンダーが調査された（Sapolsky, Molitor, & Luque, 2003; Sparks, Sparks, & Sparks, 2009）。読者はジャーナリストたちがイシューとその属性に与えた優先順位を認知し，それを内面化し，投票行動を決定する際のベースにするという仮説から，政治的キャンペーンの間にどのような政治的イシューがメディアアジェンダとなったのかを分析した（McCombs & Reynolds, 2009; McCombs & Shaw, 1972）。そして，体系的な内容分析は，異なる送り手が同じ出来事をどのように「フレーミング」していたかを示してきた。それは，フレームが解釈を形成すると考えられていたからである（Reese, Gandy, & Grant, 2001; Tewksbury & Scheufele, 2009）。Tankard（2001）によるニュースのフレーミングの定義はこのことを示している。Tankard は「フレームとは，選択と強調，排除，そして推敲を通して，文脈を提示し，その問題が何であるかを示す，ニュースの内容に対する中心的な組織化の概念である」（pp. 100-101）と定義した。

　個人レベルの認知プロセスと効果がどのようにメッセージの特徴と関連するのかをより直接的に探求している研究者にとって，内容分析は重要なツールであり続けている（Bradac, 1989; Oliver & Krakowiak, 2009; Shrum, 2009）。たとえば，あるメッセージと別のメッセージの間で効果に重要な違いが生じるのは，送り手またはオーディエンスの意図（たとえば何らかの情報を伝えたい，または何らかの情報を受け取りたいという意図）のためというよりも，コンテンツの特徴や構造によって引き起こされるさまざまな認知や他のプロセス（たとえば愉快になることや娯楽を楽しむこと，興奮を得ること，気持ちを整えること）のためであると主張されてきた（Bryant, 1989; Bryant, Roskos-Ewoldsen, &

Cantor, 2003; Oliver & Krakowiak, 2009; Thorson, 1989; Vorderer & Hartmann, 2009; Zillmann, 2002)。

3. 内容分析とコンテンツ生産の文脈

　これまでの議論では，コミュニケーションのコンテンツを，コンテンツへの接触によって生じうる結果に先立つ条件と暗に見なしてきた。その結果とは，態度の変化（強力効果論における態度変化の視点），メディアの利用から人々が得る満足，またはオーディエンスがメディアから学ぶ認知的イメージなどである。しかし，コンテンツはそれ自体が，コンテンツより先立つさまざまな条件やプロセスの結果として導かれたり形作られたりしたものでもある。古典的な例えとして，自殺者の遺書がある。専門家からすれば，自殺者の遺書には，書き手の感情や心理の状態を構成する複数の要因に結びつけられる（そしてそうした要因の結果として生じる）手がかりが含まれている（Osgood & Walker, 1959）。

　ありきたりな例としては，ニュースのコンテンツを先行する複数の条件の結果として見なすことが挙げられる。ニュースサイトは，報道機関が行ったさまざまな選択を反映するもの，あるいはそうした選択の結果であると考えられるだろう。その選択とは，複数の記事，写真や図表，双方向的な（interactive）コンテンツといった候補の中から，何を掲載するかという判断のことである。サイトの管理人や編集者という観点から見れば，そのページのコンテンツは，いわゆる「ニュース判断（news judgement）」というものを，管理人が適用した結果である。その判断は，サイトの閲覧者がコンテンツに要求する多数の要素に基づいている。もちろんその判断は，どのような映像コンテンツや双方向的なコンテンツが利用可能か，コンテンツはどれほどの頻度で更新されるか，といった他の制約によって影響を受ける。研究者が対象とするコンテンツは，このような先行する選択や条件，制約，プロセスを反映しているのである（Stempel, 1985）。

　同様に，個々のニュース記事は多様な要因の影響を受けた結果である。一部

3. 内容分析とコンテンツ生産の文脈　**13**

を挙げるとすれば，報道機関がコンテンツの売買を行う市場（Lacy, 1987, 1988; Lacy et al., 2010; Lacy, Watson, & Riffe, 2011），人員に割けるリソース（Fico & Drager, 2001; Lacy et al., 2012），現場でのレポーターの判断や何らかの意図を持っているかもしれない情報源との相互作用（Bennett, 1990; Duffy & Williams, 2011; Entman, 2010; Lawrence, 2010; Westley & MacLean, 1957），表現上のスタイルや構造，強調点（いわゆる「フレーミング」プロセス）の決定，および言語などである（Scheufele & Scheufele, 2010）。メディア社会学者はニュース報道を現実の写し鏡としてではなく，ニュースの生産を集合的に構成するジャーナリストたちの実践と選択として考えている（Cohen & Young, 1981）。ニュースコンテンツはジャーナリストたちの日々の仕事，習慣，価値観の生産物または結果であり（Berkowitz, 1997; Reese, 2011; Shoemaker & Reese, 1996），報道機関のスタッフによって構築されたものであり（Bantz, McCorkle, & Baade, 1997），ジャーナリズムの職業文化とより大きな社会的文脈の両方を反映するものである（Berkowitz, 2011）。

　「結果としてのコンテンツ」の例はたくさんある。竜巻やハリケーン，地震といった自然災害が発生した緊急事態では，ジャーナリストたちは日々の仕事とは異なるやり方でメッセージを生産する（Dill & Wu, 2009; Fontenot, Boyle, & Gallagher, 2009; Whitney, 1981）。所有権，管理体制，指示系統，市場競争などの違いが，ニュースに影響しているかもしれない。たとえば，報道機関がおかれた市場競争の状況が違えば，コンテンツの配置が異なる（Beam, 2003; Lacy, 1992; Lacy et al., 2012）。編集者のトップに女性がいる場合は，スクープに対するレポーターの割り当て（Craft & Wanta, 2004）や，編集室の文化（Everbach, 2006）が影響を受ける。Beam and Di Cicco（2010）は，年長の女性編集者がいるとニュースの中で特集記事が増加することを発見しているが，女性の管理者によるコンテンツへの影響を示す証拠は賛否が分かれているか（Beam & Di Cicco, 2010; Everbach, 2005），または焦点となる問題によって変わるだろうとされている（Correa & Harp, 2011）。予想のつくことであるが，アメリカのニュースメディアにおいて国際報道が増えるのは，アメリカ軍の海外派遣による結果であり，戦争がない状態では海外のニュースは相対的に少なくなる（Allen & Hamilton, 2010）。独裁国家での検閲に直面する記者は，権力者による脅迫や

制裁，障害にもかかわらず記事を出すのに問題のない形で，ニュースを収集し，報道する（Riffe, 1984, 1991）。ある時代においてメディア・メッセージに現れてくる象徴の多く（たとえば，戦争中のナショナリズムや連帯の引喩など）は，支配的な文化とイデオロギーの結果である（Shoemaker & Reese, 1996）。コミュニケーション・メッセージは特定のイメージ，思想，テーマを含んでいて，それらは確実にコンテンツよりも先に存在する重要な文化的価値観を反映している。

　研究者はしばしばこのような証拠を，送り手の目に触れず，送り手の反応を呼び起こさないものとして考えている。つまり研究者は，生産された後のコンテンツを調べることで，観察されていると送り手に意識させたり反応させたりすることなく，そのコンテンツが生産された際の状況について推論することができるということである。結果，Weber（1990）も言うように，「測定という行為自体によってデータに影響を与える危険性がほとんどなくなる」（p. 10）のである。手紙，日記，セールス広告，新聞のアーカイブ，ツイート，ブログといったものは調査され，それらが生産されたときに起こった出来事について結論が導かれる。

4. コンテンツの「中心性」

　したがって，コミュニケーションのコンテンツは最終的な生産物であり，先行する個人や組織，社会，その他の文脈の結果または証拠として見なしてもよいだろう。この前提の妥当性は，証拠であるコンテンツが経験的に（観察を通して）または理論的にその文脈とどの程度密接に関連しているかによって決まる。しかし先に述べたように，コミュニケーションのコンテンツは，個人的なプロセスや影響，利用方法などの原因または先行条件として想定される機能を持っているために，体系的な調査にも向いている。

　図1.1は，いままでの議論を要約したシンプルなコンテンツ中心モデルである。このモデルはなぜ内容分析がコミュニケーションの効果とプロセスの両方についての理論構築に必須であるのかを示している。この中心モデルは，無数

4. コンテンツの「中心性」

図1.1　コミュニケーションコンテンツの中心性モデル

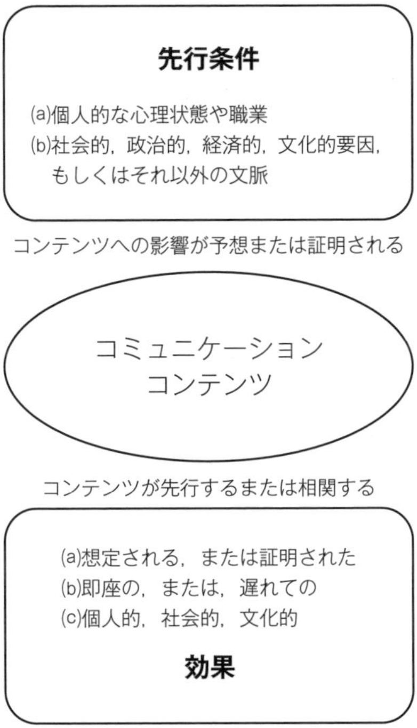

```
┌─────────────────────────────────┐
│            先行条件              │
│                                 │
│  (a)個人的な心理状態や職業       │
│  (b)社会的，政治的，経済的，文化的要因，│
│     もしくはそれ以外の文脈       │
└─────────────────────────────────┘
```

コンテンツへの影響が予想または証明される

```
        ╭─────────────────────────╮
       (      コミュニケーション      )
        ╲        コンテンツ         ╱
        ╰─────────────────────────╯
```

コンテンツが先行するまたは相関する

```
┌─────────────────────────────────┐
│  (a)想定される，または証明された │
│  (b)即座の，または，遅れての     │
│  (c)個人的，社会的，文化的       │
│              効果                │
└─────────────────────────────────┘
```

にあるコンテンツ以外の変数（個人の心理的または社会的要因や，コミュニケーションに関するより大きな社会的・文化的・歴史的・政治的・経済的な文脈など）の理論構築における重要性は考慮していない。

　しかし，このモデルではコンテンツの中心性が図示されているが，多くのマスコミュニケーション研究のデザインは，厳密にはこうしたモデルに基づいてはいない。Shoemaker and Reese (1990) によれば，たいていの内容分析は，コンテンツを形作る要因にもその効果にも，体系的な方法で関係づけられてはいない (p. 649)。結果として Shoemaker and Reese (1996) は，マスコミュニケーション理論の発展は，これらが相互に関係づけられるまでは，停滞期にとどまり続ける可能性があると警鐘を鳴らしている (p. 258)。Riffe & Freitag (1997) が25年間に *Journalism & Mass Communication Quarterly* に掲載され

た486件の内容分析研究を調査したところ，コンテンツとその先行条件や結果とを関連づける理論的な枠組みを欠いている研究が72％であったことがわかっている。Trumbo（2004, p. 426）も，1990年から2000年にかけて同様の分析をして，理論的な枠組みを欠いた研究が73％であったと指摘している。Riffe and Freitag（1997）が調査対象とした研究では，検証可能な変数間の関係性について定式化したリサーチクエスチョンや仮説を設定したものは46％しかなかった。科学者たちはこのような仮説検証の手続きを理論構築に必須なものと考えている。

　メディア現象を予測し，説明し，コントロールするという科学的な目標（Reynolds, 1971）はいまだ達成にはほど遠いものの，この分野での研究はいまなお精力的に行われている。目標がどれほど遠いものであっても，量的内容分析はその達成にとって重要である。本書第1版が出版された1998年以来，数多くの内容分析に関連する研究が，*Journalism & Mass Communication Quarterly* や，*Journal of Broadcasting & Electronic Media* や *Mass Communication and Society* のような査読付きの学術誌に掲載され，本書で取り上げた量的内容分析の手法が使用された。Wimmer and Dominick（2011, p. 156）によれば，2007年と2008年にこれら3つの学術誌に掲載された論文のうち3分の1が量的内容分析の手法を採用しており，かつて Riffe and Freitag（1997）が明らかにした25％という結果よりも高くなっている。これらの研究の多くでは，フレーミング，議題設定機能，培養効果，および多様な説得理論といった文脈に内容分析を組み込んでいるが，これは本書がコミュニケーションのプロセスと効果を理解する際のコンテンツの中心性を強調してきたことと一致している。コンテンツの先行条件に関する研究は，いまだ大部分が理論に基づくものではないが，コンテンツへの影響要因を順序付け，説明し，相互に関連付ける Shoemaker and Reese（1996）の階層化アプローチを用いている研究もある。

5.　コンテンツの記述という目的

　もちろん，すべての研究プロジェクトが理論構築を目的としているわけでは

5. コンテンツの記述という目的

ない。コンテンツを単純に記述する研究にも価値があるかもしれない。アメリカ南部の新聞社は、アフリカ系アメリカ人のコミュニティに関する記事が否定的すぎるのではないかという批判を受けた。そこでこの新聞社は、そのコミュニティに関する報道の分析を筆者のひとりに委託してきた。その新聞社は、批判に対応し、場合によっては報道の仕方を変えるために、長期間のその報道についての正確な記述が必要だった。

　記述的な内容分析は、コンテンツに対する「リアリティ・チェック」として働くことがある（Wimmer & Dominick, 2011, pp. 158-159）。それは、ある集団や現象、特徴についての描写が現実生活から得られる基準と異なっていると評価される場合である。このような基準となるデータとの比較は、メディアの歪みを示す指標として機能する。たとえば、ある研究では、土曜の朝の子供向け番組におけるテレビ広告のキャラクターの役割が研究され、女性とエスニック集団の登場人数が現実世界の国勢調査での割合より少ないことが報告されている（Riffe, Goldson, Saxton, & Yu, 1989）。

　さらに、新しいメディアやコンテンツの形式が発展すると、研究者たちはそれらの記述的研究を行い、同じように「現実世界」と比較していった。たとえば、テレビゲームは、プレイヤーがそこから攻撃性を模倣したり、性別による役割を学習したりするという仮説に基づいて調査された。これらは、それまで漫画や映画、テレビ、ポピュラー音楽といった多様なメディアコンテンツへ向けられていた研究関心である。Martins, Williams, Harrison, and Ratan（2008）は、売り上げ上位150位までのテレビゲームにおける現実感の度合いを測定し、さらに、アニメ化されたキャラクターの身長、顔の大きさ、肩幅、ウェスト、ヒップなどを測定した。そして、そのキャラクターが現実世界に存在するとして、測定値を現実世界のサイズに変換し、現実の女性のボディサイズと比較した。その結果、ゲームの中のアニメ化された女性キャラクターは現実の女性よりも肩幅が狭く、ウェスト、ヒップはより細いことがわかった。こうした女性キャラクターのパターンは、多くのメディアによって培養されている理想的なスリムな体型と一致していると考えられた。

　Law and Labre（2002）による研究では、1967年から1997年までの雑誌の中の男性の身体イメージを分析した。この研究は長期的な研究デザインの一部と

して時系列という要素を暗に組み込んではいるが，本質的には，どのようにして男性の身体イメージが細く筋肉質になっていったかを示す記述的研究であった。Law and Labre は，女性がメディアによって提示された身体イメージに直面していたのと並行して，男性も理想化された身体イメージにさらされていたのだと述べている。

記述的な内容分析は，時として研究プログラムの初期段階で役立つことがある。そうした研究プログラムの例として，匿名性に関する Culbertson（1975, 1978）と Culbertson and Somerick（1976, 1977）の研究プログラムを挙げることができる。レポーターは情報源を匿名というベールで隠すことがある。たとえば，情報源を明らかにする責任を欠いているという批判があるにもかかわらず，「ホワイトハウスの高官は，匿名を条件に次のように語った」などと報じられることがある（Duffy & Williams, 2011）。この研究プログラムの初期段階では，Culbertson（1975, 1978）が代表的な新聞と報道雑誌を内容分析して，匿名情報源がどのような人物かという属性に関する変数が記述された。そしてこの結果に基づき，Culbertson and Somerick（1976, 1977）は，報道の信憑性に匿名情報源の属性がどう影響するかを検証するためのフィールド実験を行った。その実験では，被験者を情報源の属性がわかるニュースとわからないニュースに接触させた。

より最近では，さまざまな研究者が行った多くの研究で，政府の政策に関するメディア・フレームがオーディエンスの思考に影響するのかどうかを調査するために，実験が行われている。そこでは，マスメディアのコンテンツで実際に使われている例から，実験で使用するフレームが作られている（たとえば de Vreese, 2004, p. 39, 2010; deVreese & Boomgaarden, 2006）。

6. 他の研究方法との接合

いままで見てきた事例のように，内容分析はそれ自体が目的になることが多い。内容分析は，コンテンツに関するリサーチクエスチョンに回答するために使用される手法なのである。しかし，いままでに挙げた事例の中には，内容分

6. 他の研究方法との接合　　19

析を他の研究方法と接合することでどれだけ創造的な研究が可能になるかを示しているものがある。Shoemaker and Reese（1996）が効果研究や送り手の研究，他のタイプのコミュニケーション研究にメディアの内容分析が統合されていないことに不満を漏らしてはいるものの，実際のところ，いくつかの研究はその接合を試みている。

Scheufele, Haas, and Brosius（2011）は，株価と貿易についてのメディア報道の機能が「鏡のように現実を反映するのか，鋳型のように現実を規定するのか」を調査するための研究をデザインした。Scheufele らはとくに，メディア報道がその後の市場動向に及ぼす短期的な影響に注目した。Scheufele らは，ドイツの主要日刊紙4紙ともっとも閲覧数が多い2つの金融ウェブサイトの報道から得られたデータが，優良株のダイムラークライスラーから資本金が少なく貿易取引の少ない会社までのさまざまな企業の株価や貿易量とどのように関係するかを調べた。そして Scheufele らは，メディアが「株式市場の動向を形成するよりもむしろ反映している」（Scheufele et al., 2011, p. 63）ことがデータという明確な証拠によって示されたと述べる一方で，オンラインでの報道は市場を反映していると同時にそれらの報道を読んで即座に取引するオンライントレーダーに影響を及ぼすと結論づけた。

2004年のイラク戦争時のアブグレイブ刑務所における捕虜虐待事件の際，アメリカ政府の立場に対して報道機関と議会がどの程度迎合的であったかを調べるために，Rowling, Jones, and Sheets（2011）は，ホワイトハウスのスピーチ，インタビュー，記者会見，プレスリリース，連邦議会議事録に記録された証言，CBS News と *Washington Post* での報道を体系的に調べた。その結果，「議会における民主党員からの異議申し立てにもかかわらず」，報道は多様な視点を反映しておらず，共和党の執行部が示した3つの「国家のアイデンティティ保護」フレーム（"national identity-protective" frames）——最小化，無関係化，再確認——が「報道機関によって大きく復唱されていた」（p. 1057）ことが明らかになった。

識者は，アメリカの政治は21世紀にますます分極化しており，ジャーナリストのニュース判断は極端な集団を過大評価し中間層を過小評価していると指摘してきた。McCluskey and Kim（2012）は，国税庁のデータベースから1100以

上の非営利の権利擁護団体を特定し，208の団体の代表にインタビューを行った。その中から，20の団体を非常に保守的，41の団体を非常にリベラル，71の団体を穏健と特徴づけ，極端な団体と穏健な団体に関する報道を比較した。彼らは，アメリカにおける発行部数上位20位の日刊紙を分析し，それぞれの団体をその団体の本部からもっとも近くで発行されている日刊紙と「関係づけて」いった。この内容分析の結果，中間団体は極端な団体よりも紙面での扱いが目立ちにくく，より小さい新聞紙で扱われる傾向にあったことが明らかになった。

McCombs and Shaw（1972）は，マスメディアの議題設定機能を仮説化した。この仮説は，政治キャンペーンの異なる側面を報道する中で，メディアが何を強調したかによって，公衆に伝達される重要な争点の大まかな順位（議題）が変わるという仮説である。理論的には，メディアの議題が公衆によって認知され，学習され，内面化される。そうして，メディアの争点に対する強調の違いが公衆の優先順位に反映される。調査では，投票先を決めていない有権者に対してキャンペーン中にもっとも重要なイシューを尋ね，9つの州の地域メディアと全国メディアのキャンペーン報道を内容分析した。その結果，メディアと公衆が重要であると認識している議題の間に強い相関関係を発見し，仮説であるメディアの議題設定効果が支持された。

同様に，Wanta, Golan, and Lee（2004）はネットワークニュースの内容分析を，全国世論調査と組み合わせ，外国に関する報道量が増えるほど，それらの国がアメリカの国益にとって重要であるという意見が高まることを示した。さらにこうした報道量による第1レベルの議題設定効果だけでなく，Wantaらは諸外国の属性，とくにどのように否定的，肯定的に描かれているかも調べ，これらの属性を含む「第2レベルの」議題設定効果を発見した。その国への報道がネガティブになるほど，世論調査の回答者はその国についてネガティブに考えるようになる可能性が高くなった。

コミュニケーションのコンテンツと，メディア効果を表すと想定される世論調査の変数を扱ったこれらの研究は，単にコンテンツを記述してその効果を推論すること，あるいは単に態度を調査してコンテンツがその前提であると考えることを超えた重要なステップを示している。このような研究の統合によって，研究者は，Shoemaker and Reese（1990）が提示した課題に対応できるように

なる。その課題とは「何にさらされているのか？　メディアコンテンツとその影響に関する研究の統合」という論文によって提示され，彼らの書籍『メッセージの伝達――マスメディアコンテンツの影響に関する理論』（1996）で展開された課題である。

　しかしながら，議題設定のアプローチに感銘を受けてしまうということは，そのような方法論的な接合がまれであるということである。Riffe and Freitag (1997)は，*Journalism & Mass Communication Quarterly* で25年の間に発行された内容分析研究のうち，複数の研究方法を取り入れたものが10% しかなかったことを明らかにした。この状況は，本書の第1版の発行時以来，おおむね変わっていない。

7. 他分野における内容分析の活用

　いままで引用してきた事例は，ジャーナリズムまたはマスコミュニケーションの研究者によって探求される理論的あるいは実践的な問いに答えるために，体系的な内容分析を単一で，または他の方法と組み合わせて使用するのが有効であることを示している。

　しかしながら，当然，学術誌を見れば，社会学，政治学，経済学，心理学，栄養学などの分野において内容分析の事例を確認することができる。たとえば，コミュニケーターの心理的な状態をメッセージから推論することができるため，それがどれほど量的な分析であるかはまちまちであるが，内容分析は心理学で長い間利用されている。たいていの場合，心理学において最初に内容分析を利用した事例として挙げられるのは，1940年代にある女性が友人へ送った300通以上の手紙を分析した Gordon Allport の研究である。この『ジェニーからの手紙』（Allport, 1965）においては，手紙を分析することで反応を呼び起こすことなく女性のパーソナリティを測定することができると考えられている。この偉業は，パーソナリティを分析する際のデータとして個人文書がもっとも重宝された時代，すなわち Wrightsman（1981）の表現を借りれば個人文書の「黄金時代」を予告していた。

1980年代，心理学者は，調査対象者が話したり書いたりするものを調べる際に，逐語的な説明の内容分析（CAVE: content analysis of verbatim explanation）を使用するスタイルに関心を持っていた。この方法は，被験者が自身を被害者として記述し，出来事に対して他者や他の力を非難するかどうかを判断するために使用された。初期の調査は，因果的な説明を引き出すために，アンケートを使用していた。しかし，アンケートは使用が制限されていた。なぜならば，被験者が「有名であったり，死亡していたり，無関心であったり，悪意を持っていたり，または他の理由で対象にできない」可能性があるためである（Zullow, Oettingen, Peterson, & Seligman, 1988, p. 674）。かわりに，研究者は「インタビュー，手紙，日記，ジャーナル，学校での作文，新聞の記事など，要するに人が残したあらゆる言語的素材」（Zullow et al., 1988, p. 674）に記録された文章を利用することができる。Zullow らは，ジョンソン大統領のヴェトナム戦争の記者会見を調査した。ジョンソンは楽観的な見通しを語るときはいつでも，非常に危険な軍事作戦を実行させていた。逆に悲観的に見通しを語るときには，ジョンソンは軍事作戦に消極的だった。1948年と1984年の大統領の指名受諾演説の分析は，演説において「悲観的に考え込んでいる」候補者は，9割の選挙で負けていたことを明らかにした。

　もうひとつの心理学で用いられた内容分析としては，有名な Daniel Schreber の事例がある。英国の法律家 Schreber は1893年から精神病で入院していた。彼が1903年に著した『ある神経病者の回想録』（Schreber, 1903/1955）は，フロイト（Freud, 1911）を含む精神病理学者たちを長きにわたって魅了した。O'Dell and Weideman（1993）は，コンピュータを使って，Schreber の回顧録の中の「奇怪」「明らかな精神病」「自然な妄想」などにカテゴリ化された語をカウントし，それらを健康な人の自伝からカウントした語と比較し，また，Schreber が正常と急性妄想病のエピソードを対比させている間に書いたもののサンプルとも比較した。O'Dell and Weideman は，その回顧録に書かれている内容を彼らがそれまでに見てきた中でもっとも精神分裂病的であると言っている。O'Dell and Weideman は Schreber の回顧録の中に性的な妄想の引喩を見つけようとしたが，Schreber の主要な問題は性的なものであるという，フロイトによるそれまでの結論を支持するような証拠はほとんど見つけること

7. 他分野における内容分析の活用

ができなかった。

Malamuth & Spinner（1980）は，*Penthouse*（訳注：ロンドンで1965年に創刊されたアメリカの月刊男性誌）と *Playboy* に掲載された5年分の写真と漫画を分析した。それは，「ソフト」な男性向けの雑誌の中にある性的な暴力の描写が——支配と暴行という定番のテーマとともに——女性への暴力の社会的な受容に資しているのではないかという関心からだった。

心理学者は，内容分析を性的でない研究にも使用してきた。Ellis, Miller, and Widmayer（1988）は，内容分析をベースとして心理学を歴史的に概観した。心理学者たちが進化論と創造論の疑問に対してどのように対処してきたのかを調べたのである（神の誤謬性，決定論主義，選択的順応などは，常軌を逸した人間の行動を研究対象とする場合，とくに重要な問題である）。Ellis らは，*Psychological Index* と *Psychological Abstracts* に掲載された90年分の記事のうち，進化論の用語に関連するキーワードを用いているものを調べた。Ellis らは，自身の研究の「外的妥当性」（上記2誌に掲載されていない研究に対してどれだけ一般化できるか）に疑問が残ることを認めている。なぜならば，どのような分野においても，公開される学術研究というのはごく一握りの研究者によるものだからである。

内容分析は，学術分野の発展を調べるためにも使用されてきた。ある経済史の研究者は，*Journal of Economic History* の第1号から第50号までに掲載されたすべての論文から，24のコンテンツと著者に関する変数をデータとして集め，研究者の注目が時代から時代へどう移り変わっていったのかを調べた（Whaples, 1991）。そして，1960年代と70年代における専門集団を一掃した数量経済の隆盛というパラダイム変化を特定した。Dillon et al.（1992）は1948年から1991年までの *The Reading Teacher* に掲載された2700以上の研究を同様のアプローチで分析した。Duncan（1990, 1991）および Whaples（1991）の研究では，ある分野でもっとも頻繁に掲載されるトピックこそがもっとも重要なトピックであると想定された。しかしながら，もっとも頻繁に登場するトピックがもっとも重要なトピックであるか，それとももっとも調べやすいトピックであるのではないかと疑念を持つ人もいるだろう。

社会学者である McLoughlin and Noe（1988）は，26年間の *Harper's* と *At-*

lantic Monthly, *Reader's Digest*（合計936号，1万1000以上の記事）を分析し，ライフスタイル，裕福さ，仕事と遊びへの態度などが変化しつつあるという文脈の中で，レジャーやレクリエーション活動に関する記事を分析した。Pratt and Pratt（1995）は，主要な消費者雑誌の中の食べ物や飲み物，栄養剤の広告を，主要なアフリカ系アメリカ人と非アフリカ系アメリカ人の読者層とあわせて調べ，肥満率や「アルコール関連の精神疾患」（p. 16）に関する人種間での違いが，「食品選択の差に関連しているという知見」（p. 12）を得た。

　政治学者のMoen（1990）は，ロナルド・レーガン大統領が行った7つの一般教書演説のそれぞれで使用された語を分類することで，「キリスト教右派」が重要視している社会的争点に対して「修辞的な支持表明」をしていることを発見した。Moenは，定番の理由で内容分析の使用を正当化した。つまり内容分析は分析対象の反応を呼び起こさない手法であり（研究されている側は自分が対象となっていることを意識しない），本来であれば接触できないような対象に「アクセス」することができ（大統領や先に記した亡きシュレーバーなど），長期的な分析を行えるという理由である。

　学術誌 *Sex Roles* の中でCraig（1992）は，ネットワークテレビの広告2209本におけるジェンダーの描写を分析した。その広告は，1日の中で視聴者の構成が異なる3つの時間帯から集められた。それは，女性が多い時間帯である日中，視聴者のジェンダーのバランスがとれている夕方のプライムタイム，スポーツ番組によって男性視聴者が増える週末の午後である。Riffe, Place, and Mayo（1993）は類似するアプローチを採用し，日曜日のアメリカンフットボールの間に放映される広告の性的イメージと，夕方のプライムタイムや午後のソープオペラの時間帯に放映される広告を比較した。

　体系的な内容分析の使用は，社会科学，または行動科学に限定されてはこなかった。Simonton（1990）はコンピュータを用いた内容分析で，シェイクスピアによる154本の詩のうち，有名なものとあまり知られていないもののスタイルを比較した。この分析では，語彙が感情的または感覚的なのか，あるいは知的で，抽象的で，合理的で，客観的なのかという点で比較がなされた。

8. ま と め

　コミュニケーション研究の分野が発展するにつれ，リサーチクエスチョンと
それに答えるための方法を規定するさまざまな理論的視点が見られるようにな
った。これらの研究はコミュニケーションのコンテンツに注目することが多か
った。コンテンツが分析対象となるのは，それらが何らかの影響を及ぼす原因
と考えられるため，そしてそれらが先行する文脈や生産過程の結果と考えられ
るためである。内容分析は，マスコミュニケーション研究や他の分野で，コン
テンツを記述し，理論に基づく仮説を検証するために使用される。この章，そ
して本書全体を通して示す数多くの例に見られるように，内容分析の実践を制
限するのは，分析者の想像力や理論，研究リソースだけだろう。

第2章■

社会科学のツールとしての内容分析

　前章では，量的内容分析の基礎的な定義を紹介した。それによって，マスコミュニケーション研究のさまざまな局面におけるこの手法の重要性と有用性を概観することができた。その定義とは，ルールに従ってコミュニケーションのコンテンツをカテゴリへと体系的に割り当てることであり，それらのカテゴリの間にある関係性を，統計的手法を用いて分析することである。さらに，この基礎的な定義に基づいてより具体的な定義を提示することができる。第1章で述べたように，われわれはコミュニケーションコンテンツの中心性に着目するが，それ以外にもさまざまな定義が存在するのである。これらのさまざまな定義を踏まえたうえで，本章では内容分析の目的と手順を示し，その定義を構成する用語について議論する。

1. さまざまな定義

　Stempel（2003）は広い見方で内容分析について論じたが，彼はそれを「私たちが定式化されていないやり方ではあるが頻繁に行っていること，つまりコンテンツの観察から結論を導くということを，定式化されたやり方で行うためのシステム」（p. 209）と考えていた。では，量的内容分析をより定式化された手法にするものは何なのだろうか。
　Weber（1990）は，「内容分析とは，テキストから妥当な推論を行うために

一連の手順を使用する研究手法である」（p. 9，強調部分は引用者による）とだけ定義した。また Krippendorff（1980，三上・椎野・橋元訳1989）は，彼の著作の第1版において，信頼性と妥当性を強調し，「内容分析とは，データをもとにそこから（それが組込まれた）文脈に関して再現可能で（replicable）かつ妥当な（valid）推論を行なうためのひとつの調査技法である」と述べている（p. 21，三上・椎野・橋元訳 p. 21。強調部分は引用者による）。データという部分を強調することで，量的内容分析が還元論的な手法であることが思い起こされる。それは，量的内容分析が，サンプリングと操作的な手法あるいは測定手法を用いて，「コミュニケーション」という現象を操作可能なデータ（たとえば数）へと還元し，そこからその現象に関して推論を導くためである。

よく引用される Berelson（1952）の定義では，「内容分析とは，明示的なコミュニケーションコンテンツを客観的，体系的，そして量的に記述するための研究技法である」（p. 18）とされている。この定義では，内容分析が客観的かつ体系的な手法であり，コンテンツの明示的な意味（あるいは指示的な意味，または共有された意味。これと対極にあるのは，暗示的あるいは潜在的な「行間に込められた」意味）に注目する手法であると述べられている点が重要である。

しかし，Kerlinger（1973）の定義で指摘されているように，研究者が明示的な内容に注目するからといって，抽象的で理論上の概念であることも多いコンテンツの関係性を，慎重かつ詳細に説明する必要性から逃れられるわけではない。「内容分析は，変数を測定するための体系的，客観的，量的な手順でコミュニケーションを研究し分析するための手法である」のだが，その一方で，たいていの内容分析は単に「さまざまなコミュニケーション現象の相対的な強度または頻度を決定する」ために使用されており（Kerlinger, 1973, p. 525），重要な理論上の概念について推論するためには使われていない。

Kerlinger（1973）によれば，内容分析は，態度を測るために行われる調査票を用いた測定と概念的に似ている。Kerlinger によれば内容分析は，人々の行為を観察する，あるいは「人々に調査票に記入してもらう」というのと同様の「観察手法」として扱われるべきである。ただし Kerlinger は，調査票を用いる調査者が直接的に「コミュニケーションのあり方について尋ねる」という点

が異なっているとも述べている（p. 525)。われわれは第1章で，内容分析が調査対象者の反応を呼び起こさない測定方法であるという点を強調したが，この指摘はそれと一致している。

　これらの定義はどれも有用ではある。なぜならば，これらの定義では，体系的かつ客観的であるという量的内容分析の特徴が踏まえられているためである。しかしKerlinger (1973) のものを除くたいていの定義は，妥当な推論をすることが望ましいということを示唆してはいるが，その手法から引き出される推論の具体的な目的，目標，または推論の種類という議論までは踏み込んでいない。また，Stempel (2003) やKrippendorff (1980) の定義は，量的な測定という部分には言及していない。そのためこれらの定義は，質的内容分析にも同じように当てはまってしまうだろう（彼らはそれぞれ量的内容分析を使用して際だった業績を残しているのだが)。

2. 内容分析の定義

　対照的に，本書での定義は以下の2つの視点によって特徴づけられる。それは，理論的に重要なコミュニケーションの過程とその影響に対するコンテンツの中心性（第1章参照）という視点と，量的な測定の有効性や判別力，正確性という視点である。量的内容分析とは，体系的で（systematic) 再現性のある（replicable) やり方で，コミュニケーションのシンボルを調査することである。そうしたシンボルには，妥当な測定ルールに従って，数字で表される変数が割り当てられる。そして，それらの変数の関係を統計的な方法で分析し，コミュニケーションについて記述したり，その意味について推論を導いたり，コミュニケーション内容からそのコミュニケーションの生産と消費に関する文脈を推し量ったりするのである。

　この定義において重要なのは，「体系的である」「再現性のある」「コミュニケーションのシンボル」「妥当な測定」「変数」「統計的な方法」「記述と推論」といった要素である。では，これらの要素はいったい何を意味しているのだろうか。

「体系的である」とは

　ある研究手法が体系的であるという際には，いくつかのレベルを考えることができるだろう。ひとつの見方として，たいていの科学者は知へのアプローチにおいて体系的である。研究者は，単に示唆に富むというだけでなく，一般化することのできる経験的な証拠を求めている。現象や関係性，推論，仮定に関する説明は，無批判に受け入れられるわけではなく，観察と経験的な検証という体系的な手順に則ってなされるのである。科学的な手法はこうした1つの体系なのであり，問題を特定し，仮説を設定し，その仮説を検証するという各ステップから成り立っている（McLeod & Tichenor, 2003）。

　したがって理論構築という視点からみれば，体系的な研究には以下のような事柄が求められる。それは，ある現象に関する主要な用語や概念を特定し，概念の間にあると考えられる関係性を詳述し，そして検証可能な仮説（A が B に影響を与えるという仮定の言明）を設定することである。ただ，もしそうした手順が，研究過程全般において理論が重要な役割を果たしていることを示唆しているとしても，内容分析は応用的な問題あるいは実践的な問題に対しても使用されるということを思い起こしておこう。そのような場面では，理論の発展や仮説の検証は主要な目的ではない。

　理論に基づく仮説の検証であれ，実践的な問題の解決であれ，研究者は別のレベルで体系的であると言えるかもしれない。それは研究デザイン（作業手順の計画）というレベルである。研究の時間的な枠組みをどうするか，どのような種類のコミュニケーションが研究の焦点となるのか，その研究で着目する概念はどのようなものか，測定はどの程度正確でなければならないのか，といった研究デザイン上のさまざまな問題を前もって決めておく研究者もまた体系的なのである。実際そうした研究者は，リサーチクエスチョンへの答えとして十分な質を備えた証拠を得るために，基本的なルールを事前に設定しているのである。こうした研究デザインに関しては，第3章でより詳しく述べる。

「再現性のある」とは

　だが，内容分析の定義の中で「体系的である」ということと「再現性のあ

る」ということを結びつけると，研究手順を記述する際の信頼性，客観性，明快さといった論点が生じることが多い。

　科学を定義する2つの特徴は，客観性と，再現性あるいは再現可能性である。Wimmer and Dominick（2011）の言葉に言い換えると，個々の科学者の「個人的な特異性とバイアス」（p. 157）や視点，信念が研究の方法や知見に影響してはならない。研究の知見は客観的でなければならず，研究者の信念や，結果に対して抱く希望に影響されてはならないのである。研究の定義や作業は，正確かつ十分に報告されなければならない。そうすることで，読者はどのような研究がなされたのかを正確に理解することができる。この正確さが意味するのは，他の研究者がその手順と知見を評価することができ，やろうと思えば作業を再現できるということである。概念を実際に測定される変数として定義するこのプロセスを，作業化（operationalization）という。簡単な例を挙げると，生徒の成長と自主性という抽象的な概念は，欠席数と課題の達成度という点で測定または作業的に定義できるかもしれない。これらは客観的に測定可能であり，他の観察者によって再現できるものである。

　新聞がどれほど主体的にコミュニティに関与しているかということに関心がある研究者は，その地域の行政会議に関してどれほど多様な記者による署名記事が現れるかという点で，その概念を作業化するかもしれない。この作業化は妥当である。なぜなら，複数の記者がそのような記事を担当していれば，それはリソースや人員を割いているということを表しているためである。

　あるいは，市民ニュースやブログサイトが公共的な議論のための場所となっているかどうかを研究するのであれば，市民によって作成されアップロードされたコンテンツの例を探しながら，双方向的な議論の特徴を考えることができる。

　要するに，同じ体系に基づき，同じ研究デザインを採用し，同じ作業定義を設定し，同じコンテンツを扱う研究者は，もともとの知見を再現できるはずなのである。結果が再現できるという高いレベルの蓋然性が得られて初めて，既存の理論や説明に挑戦し，それを修正することができるのである。

　生徒の成長と自主性を出席によって測定することは，（生徒たちが考えている以上に）よく知られたやり方ではあるが，簡単に再現可能な作業定義の単な

る一例にすぎない。あるサイトがコミュニティの問題に対処するのにふさわし
い場であるかどうかを評価するために，そのサイトのコンテンツのうちどれほ
どの部分がコミュニティのメンバーによって作成されたかを調べるというのも，
直接的で簡単な方法である。だが，体系的で再現可能であるという要件につい
て，少々長い例を挙げながらさらに考えてみよう。

　たとえば，ある研究チームが子供向けテレビにおけるマイノリティの登場人
物の描写に関する内容分析を発表し，そうした登場人物の数が現実におけるマ
イノリティの人口比と一致していないと報告したとする。当然，その研究者は
マイノリティの登場人物の数を数えたのであり，これは簡単に再現可能な作業
である，と思われるだろう。

　ここでさらに，その作業手順を実行する際に，知見に影響を与えうるポイン
トがどれほど多く存在するのか，そして手順の報告が不明瞭で不正確であった
場合，他の研究者による研究の再現可能性にどれほどの影響を与えうるのかを
考えてほしい。

　たとえば研究者たちは，マイノリティとして数えるために，登場人物をどの
ように作業的に定義したのだろうか。ある人物がマイノリティであるという判
断は，訓練されたコーダーの意見に基づいているのだろうか。そしてこうした
コーダーの意見は，いくつかの具体的な基準（たとえば肌の色や目の形，姓な
ど）に基づく定義やルールを参照しているのだろうか。何のルールもなく判断
をするというのは，友人たちの身長を測定器具なしで測るよう誰かに頼むよう
なものである。また，各コーダーはコンテンツを自分1人で検討し，コーディ
ングしたのだろうか。あるいは，コーディングの判断は2人以上のコーダー間
での合意によるものだったのだろうか（その場合，1人が他のコーダーよりも
断定的だったりはしなかっただろうか）。コーダーたちが判断基準を理解し，
登場人物を数える際にその基準を同じように適用できるよう，誰かがコーダー
たちを監督したのだろうか。各コーダーの判断は，作業時間の全体を通して一
貫していたのだろうか。彼らの判断の確実性は，時間の経過によって低下して
はいないだろうか。コーダーたちの判断は，彼らが疲れたときや，他のコーダ
ーと相談したとき，または研究対象について年上の研究者と会話したときに，
影響を受けてしまってはいないだろうか。その研究は，受容されるに足るだけ

の信頼性の指標を示したのだろうか。

さらに言えば，テレビには手前に映る登場人物もいれば，背後に映るだけの登場人物もいる。マイノリティの登場人物という定義は，この点を考慮に入れていたのだろうか。背後に映るマイノリティの登場人物は，手前に映る登場人物，またはメインとなる登場人物と同じように「重み付け」されたのだろうか。そもそも背後に映る登場人物はコーディングされたのだろうか。集団や群衆のシーンについてはどのように扱われたのだろうか。コーダーは，映像を停止して登場人物をカウントすることができたのだろうか（この手順はカウントミスを減らすが，一般的な視聴者の視聴経験とは異なるものである）。

その研究は子供向けエンターテインメント番組に焦点を当てたものだったのだろうか，あるいはコマーシャルだろうか。その広告や番組はプライムタイムから選び出されたものだろうか，または昼過ぎ，あるいは土曜日の朝だろうか。代表的なサンプルを使用していたのだろうか。

データを集めた後，マイノリティの過小表象の程度をどのように結論づけたのだろうか。すべての広告や番組のうち，マイノリティの登場人物が1人でも登場するものがいくつあるかを数えるという方法だろうか。それとも，マイノリティの登場人物の比率を，国勢調査のデータ（たとえば，実際のマイノリティの人口比率）と比較するという方法だろうか。ある研究（Riffe, Goldson, Saxton, & Yu, 1989）では，土曜日の朝に放送される子供向けテレビ広告を対象にして，国勢調査のデータとマイノリティの割合が同等であることを発見したが（マイノリティの登場人物は約15%であった），3分の1の広告で少なくとも1人のマイノリティの登場人物が映されていることも明らかにした。この研究者たちは，こうした登場人物の起用方法を「一種のトークニズム（形だけの平等主義）」であると解釈した（p. 136）。

先に挙げた例では，一見するとかなりシンプルなコーディングと測定の方法（マイノリティの登場人物を数える）を採用している。しかしこのような単純な作業手順であっても，それが明確に報告されていなければ，「再現性のある」という量的内容分析の定義上の要件を満たすことがどれほど難しいものとなるかを示しているのである。ましてや，コーダーがより難しい変数（たとえば魅力や偏見，特定のフレームの有無，公平さやバランス）を測定しようとしたり，

明示的なコンテンツではなくシンボルのより深い意味をコーディングしようとしたりすると，いったいどれだけの困難が生じるだろうか。

コミュニケーションのシンボル

内容分析に適したコミュニケーションのコンテンツは，コミュニケーションの目的や媒体と同じくらい多様でありうる。すべてのコミュニケーションは，それが音声や文字，イメージによるものであれ，シンボルを使用する。これらのシンボルの意味は，程度の差こそあれ，人によっても文化によっても異なる。

さらに，そのコミュニケーションのシンボルが生み出される状況も多様なのであって，元から存在している場合もあれば，研究のために生み出される場合もあるだろう。Kerlinger（1973）が指摘しているように，内容分析は「利用可能な素材，および特定の研究課題に対して生産される素材へ適用することができる」（p. 527）。たとえば，新聞，雑誌，動画，ブログ，ツイートのどれであれ，「現在の」オンラインコンテンツまたはアーカイブされたコンテンツが分析されるかもしれない。あるいは，実験的状況に置かれた被験者たちが生み出したコンテンツが，第1章で言及したフレーミングと「思考のリスト化（thought-listing）」に関する詳細な研究（de Vreese, 2004, 2010）の対象となるかもしれない。

しかし，ここでひとつ思い起こしてほしい。たしかに「コミュニケーションのシンボル」というフレーズは，内容分析という手法の包括性と幅広い適用可能性を示しているものの，内容分析は体系的かつ再現可能で，理論に基づいた手法であることを求められているのである。

したがって，内容分析にとって適切で意義のあるコミュニケーションを表すシンボルは，研究課題に基づいており，明瞭で曖昧なところがないように特定されるものでなければならない。ただ，この明確な要件ですら複雑なものとなる。なぜならば，コミュニケーションにおける過程は，少なくともコミュニケーションの媒体（たとえば，新聞・雑誌，放送，オンラインメディア，ソーシャルメディア）や異なる機能（たとえば，エンターテインメント，ニュース，ソーシャルネットワーキング）についての問題をはらんでいる。そうした問題は，分析されるシンボルとコーディングのために使用される単位（たとえば

個々の質的なラベルを単位にするのか，テーマごと，フレームごと，あるいは
ニュース記事全体なのか，または140文字の連なりなのか）における潜在的な
違いによってさらに複雑になる。

　研究に適切なコミュニケーションコンテンツは，広告のコピーにある個々の
単語やラベルかもしれないし，政治的な演説の中のフレーズやテーマかもしれ
ないし，個々のブログやフェイスブックのタイムラインでのやり取りかもしれ
ない。新聞でいえば，立候補者を支持する社説かもしれないし，ソフトなトピ
ックに関するニュース記事かもしれないし，新聞の一面かもしれないし，その
版全体かもしれない。これらのテキスト単位の中で特定のフレームの有無を分
析するためには，各コンテンツへの焦点をさらに絞る必要があるかもしれない。
ちょうどHamdy and Gomaa（2012）が，「アラブの春」における2011年のエ
ジプトの蜂起に際して，政府系メディア，独立メディア，ソーシャルメディア
のフレームを分析する際にしたようにである。

　視覚的なコミュニケーションが分析素材となる場合には，写真や図が含まれ
るだろうし，ウェブ広告も含まれるだろう。たとえばNeumann and Fahmy
（2012）は，3つの国際通信社がスリランカ内戦に関して発信した視覚的イメ
ージについて，戦争と平和というフレームを分析した。また後述するLaw
and Labre（2002）は，「男性性の尺度（male scale）」を発展させ，1967年から
1997年までの男性雑誌における「男性にとっての美に関する社会文化的な基
準」を分析した。

　放送の内容分析は，ニュース番組全体や，個々の記事やリポート，画面の下
に流れるニュースティッカー（1行ニュース）でさえ含まれるし（Coffey &
Cleary, 2008），映画の内容分析であれば，個々のショットやシーン，特定のシ
ークエンス（たとえば，敵対者とともに主人公が登場するときだけなど），ド
ラマのエピソード全体が含まれるかもしれない。地域の市民が参加できる放送
は，ネットワーク局のコンテンツよりも広告主からのプレッシャーによる制限
がかなり少なく，多様な発言者が登場する。また，第1章で見たように，テレ
ビゲームの中で描かれたイメージも学術的な注目を集めてきた（たとえばMar-
tins, Williams, Harrison, & Ratan, 2008）。コミュニケーションコンテンツの定義
は，歌詞や落書き，墓石でさえも含まれるほど拡張できるかもしれない（墓石

の碑文には，来世，美徳，救済などに関するその文化の見方が示されている）。事実，書き起こしが利用可能ならば，対人的な会話のやり取りも内容分析にとって適切なテキストになるかもしれない。このアプローチを，大統領や他の政治家による政治的な討論や，ある集団内での会話で使われるフレーズや単語などに援用できることは，容易に想像ができるだろう。さらに，非言語的なコミュニケーションの研究者は，人々の交流の仕方を記録し，物理的な動きやジェスチャー，表情などの連続体を，コミュニケーションの単位へと分割するかもしれない。

　さらに，内容分析という研究領域が持つ実質的に無限の広がりを示すうえで，公的―私的，文字―画像，ニュース―広告―エンターテインメントといった軸だけでは十分でないというならば，さらに伝統的メディアとオンラインメディアやソーシャルメディアという対立軸がそのマトリックスに加わるという可能性を考えてみよう。これまでに新しいメディアが生まれてきたときと同様に，内容分析を用いる多くの研究関心は，インターネットやウェブのようなメディアへ拡張されるかもしれない。たとえば，ウェブサイトの閲覧者間で行われるやり取りは，対人的なコミュニケーションに関心がある研究者に研究機会を与えてくれる。健康に関するコミュニケーションの研究者は，営利的であれ非営利的であれ健康情報のウェブサイトを対象とし，患者と医者の間あるいは患者同士でのやり取りを分析してきた（Rice, Peterson, & Christie, 2001; Sundar, Rice, Kim, & Sciamanna, 2011; West & Miller, 2009）。ツイッターやフェイスブックのような形態のソーシャルメディアは，ニュースの「リアルタイム」での普及を調査するために分析されるかもしれない。ただし，理論的に意味のあるツイートや投稿の母集団をどのように特定するのか，という課題は依然として残る。個人的なウェブサイトは，そのサイトの制作者がオンラインの多数の人々へと見せる「自己」がどのようなものかを明らかにするために調査されるかもしれない（Dominick, 1999; Papacharissi, 2002）。Tremayne（2004）は，10の報道機関によるオンラインニュースサイトから収集した約1500件のニュースを分析した。ここで検証されたのは「解釈と文脈が豊富である一方，新たな事実に乏しいロング・ジャーナリズム（long journalism）へと向かう1世紀にわたる変化」であった。こうした変化は，Barnhurst and Mutz（1997）によってあらかじめ

指摘されていたものであった。1996年の大統領選におけるキャンペーン期間には，ウェブ広告というネガティブ広告の新たな形態が出現した。Wicks and Souley（2003）によれば，こうしたオンラインでの中傷合戦は，2000年のアル・ゴアとジョージ・W・ブッシュによる選挙戦までに，候補者のサイトの4分の3で対立候補への攻撃が含まれるほどに激化していた。Druckman, Kifer, and Parkin（2010）は，オンラインでの政治キャンペーンの急速な発達を記録している。「ニューメディアと政治」（Kreiss, 2012, pp. 5-6）の融合という点で成功を収めた2008年と2012年のバラク・オバマの選挙キャンペーン以後，政治コミュニケーションの研究者たちは変容した研究領域に直面し，豊かな研究機会を得たと結論づけてもいいかもしれない。

妥当な測定ルールに基づく数値やカテゴリの割り当てと，それらの関係性に関する統計的分析

この定義によって，測定がどのようになされるのかがさらに具体的になる。量的内容分析では，測定された差異を表すために数値を割り振る。たとえば，テレビコマーシャルに多様な人物が登場しているかという分析は，以下のような手続きに沿うものとなるだろう。まず，コマーシャルにケースナンバーを振って区別できるようにする（001, 002, など）。次に，ネットワーク局を示す数値を振る（1 = ABC, 2 = Nickelodeon, など）。続いて，特定の番組を示す数値を振り，そのコマーシャルが何番目に放送されたかを示す数値を振る（1番目，2番目，など）。さらに，宣伝されている製品を示す数値や，その広告の中で登場したマイノリティの登場人物の総数を表す数値，その人物の人種を区別するための数値を振る。この数値の違いは，アフリカ系アメリカ人，アジア人，ヒスパニック，白人の区別を表す。最後に，そのキャラクターがどの程度肯定的に描かれているのかを示す数値を，1（とても否定的）から5（とても肯定的）の5段階で記録するということが考えられる。

もちろん，これらの数値を割り当てる際に重要となるのが，割り当てのルールの妥当性と，そのルールを適用する際の信頼性または一貫性である。このルールによって割り当てられる数値は，コンテンツの意味を正確に示していなければならない。もし，否定的に描写されているという意味で1という数値をテ

レビの登場人物に割り当てるならば，その登場人物は大多数の視聴者がそれを否定的と見なすように描写されていなければならない。また，単に信頼性のある割り当てのルールを作るだけなら簡単であるが，そのコンテンツの「真に」明示された意味を反映するルールを作ることは困難である。つまり，単純なカウント（たとえばアフリカ系アメリカ人が何人登場したか）だけでなく得点や評価に基づいて数値を割り当てるような場合には，信頼性と妥当性の問題にとくに注意を払わなければならない。

　ここで，Law and Labre（2002, p. 702）が直面した課題について考えてみよう。2人は，雑誌の写真における男性の身体イメージの変化を30年にわたって研究し，「男性性の尺度（male scale）」という概念を発展させた。Law and Labre は2つの異なる次元（肥満に関する「低度―中度―高度」という次元と，筋肉に関する「筋肉質でない―やや筋肉質―非常に筋肉質」という次元）を組み合わせ，8つの身体のタイプを打ち立てた。コーダーはその8タイプに従い，「低度の肥満／筋肉質でない」から「高度の肥満／やや筋肉質」までの幅で写真を判定するのである。それから3人のコーダーによって，それらの8タイプそれぞれを表すのに最適な写真を特定するために，38枚の写真が分類された。この分類プロセスによって，概念的に示された8つの身体のタイプを経験的に分析するための見本が示されたと言える。そして訓練により，8つの尺度を扱うコーダーは十分な信頼性を達成することができた。その信頼性は，一般的に用いられる式によって計算されたものであった（Holsti, 1969, p. 140。本書第6章も参照）。ここでのポイントは，これまで「人によって見方が異なるもの」として見なされてきた概念や変数（たとえば身体的な魅力や，ニュースの公平さやバランスなど）であっても，その測定方法を経験的に発展させることができ，注意深く扱えば信頼可能な形で用いることができるという点にある。第6章で取り上げる，地方政府に関するニュースを分析するためのコーディングマニュアルも，同様のことを示している。つまり，研究者が念入りに測定方法を発展させることによって，難しい概念がどのように分析可能になるのかということを示しているのである。

　文芸批評で用いられるクロース・リーディングや，コミュニケーションから観察されたものの評価を質的に述べるというやり方に比べて，量的内容分析は

単位のまとまりを数値に還元するのが特徴である。その数値は，コンテンツ単位についての重要な情報（たとえば各単位がどれだけのスコアを上げたか，あるいは他の単位とどれほど異なっているかなど）を保持しながらも，全体を要約し記述するための算術的な操作を可能とするものである。たとえば，前述したテレビコマーシャルにおける登場人物の多様性を調べるための手法を使って，子供向けコマーシャルにおけるアフリカ系アメリカ人の平均人数や，そうした登場人物のうち特定の年齢層に属する人物の比率を明らかにする研究がなされるかもしれない。ひとつのコミュニケーションの単位に記録された変数の値は，その単位が他の単位と同等であるか否か，異なっているとすればその違いはどれほどか，ということを明らかにしてくれるのである。

記述と推論

　すでに述べたように，コミュニケーション研究においては，コンテンツを単に記述することにも一定の意味がある。事実，内容分析の研究は記述的なものであることも多い。何年か前に，著者のひとりは南部のある新聞から委託を受け，その新聞が地域のアフリカ系アメリカ人コミュニティにどれほど主体的に関与しているかを調査した。依頼してきた新聞社の目的は，アフリカ系アメリカ人コミュニティが過少表象されており，過度に否定的に報道されているというフォーカス・グループからの不満に対応することであった。その調査では6か月間の報道を分析し，アフリカ系アメリカ人に注目した記事の割合と，そうした記事のうち悪いニュースを扱うものがどれだけあったかを報告書にまとめた。また記述的な内容分析は，読者調査またはフォーカス・グループによって見出された読者の選好に沿って新聞記事を作るために行われるかもしれない。たとえば，読者がトピックXに関するニュースを求め，トピックYに関するニュースをあまり求めていない場合，慎重な編集者であれば人員や予算を割り当て直す前に，それぞれのトピックに関する記事の現時点での割合を調べるかもしれない。企業の広報活動に内容分析を応用するのであれば，経済紙におけるある企業のイメージと，その企業のプレスリリースとを調べるかもしれない。もしそれらのリリースで用いられている視点が効果的でなければ，それを変更することが適切であるだろう。広告代理店の担当者は新しい顧客のインターネ

ット上における評判を分析し、顧客について評価したうえで以後の計画を練る
かもしれない。

　他方、新しい研究領域においては、初期段階において記述が重要な役割を果
たす例も存在する。たとえばマスコミュニケーション研究の黎明期においては、
ローカルニュースに割かれている紙面の割合や、どのようなページのレイアウ
トが用いられているのかといったメディアの特徴を記述することが有益であっ
た。Riffe and Freitag（1997）が25年間で *Journalism & Mass Communication
Quarterly* に掲載された内容分析による論文を調べた結果、54％は明確な仮説
またはリサーチクエスチョンを持っておらず、72％がはっきりとした理論的基
礎を持たない記述的な研究であることが明らかになった。Kamhawi and
Weaver（2003）も同様のデータを報告している。

　そして研究者というのは、それまで手がつけられてこなかったメッセージや
コンテンツを扱うまったく新しい研究領域を模索し続けているのである。ここ
30年間におけるコミュニケーション技術の進化を目の当たりにしてきた研究者
たちはみな、新たなコンテンツ、あるいは新たな形で発信されるコンテンツを
目にしてきた。一昔前にはミュージックビデオなどほとんど存在していなかっ
たにもかかわらず、研究者たちはいち早くこのコンテンツへの関心に駆り立て
られ、ミュージックビデオにおける性的ないし暴力的なテーマの広がりについ
て記述的な研究を行った（Baxter, DeRiemer, Landini, Leslie, & Singletary, 1985;
Vincent, Davis, & Boruszkowski, 1987）。

　心理学者や社会学者、メディア評論家といった人々が、「低俗な（sleaze）」
トークショー番組やいわゆるリアリティ番組に対して抱き続けている懸念や関
心について考えてみよう。それは、社会的に許容される振る舞いの境界線や、
公衆の面前での露出の許容範囲について受け手が抱くイメージについての懸念
であり、心理的・倫理的・慣習的な乱れへの対処法について寄せられる関心で
ある。番組に関する体系的で記述的な研究に裏付けられていれば、そうした番
組への懸念や批判も有効なものとなる（Greenberg, Sherry, Busselle, Rampol-
di-Hnilo, & Smith 1997; Wilson, Robinson, & Callister, 2012）。また一昔前の大統領
選挙において、その後 *The Daily Show With Jon Stewart* や *The Colbert Re-
port* がアメリカの政治的議論の中で果たすこととなった役割を、良きにつけ悪

しきにつけ，想像することのできた政治コミュニケーションの研究者がいただ
ろうか（訳注：両方とも，アメリカで人気の政治風刺テレビ番組）。かつての
大統領選挙において，その後のウェブ上での攻撃的キャンペーンの広がりを予
見できた者が，ネガティブ広告の専門家の中にどれだけいただろうか（Druck-
man et al., 2010; Wicks & Souley, 2003）。

　新しいコンテンツ領域や新しい技術に関する初期の研究が，必然的に記述的
になることが多いとすれば，2001年の9.11テロや，オクラホマシティ連邦政府
ビル爆破事件，ハリケーン・カトリーナ，2010年メキシコ湾原油流出事故のよ
うな予期せぬ出来事について考えてみるのもいいだろう。このような出来事は
ジャーナリズムの日々の業務とは大きくかけ離れているので，ニュースの製作
者や報道機関が通常では見られない反応を示すことがあり，記述的な研究に意
義が生じるのである（Reynolds & Barnett, 2003）。

　さらに記述的なデータは，内容分析の定義に明示されている第2の目標に関
連することがある。つまり「意味について推論する」，または「コミュニケー
ションからその生産と消費の文脈を推論する」という目標である。実際，単純
な記述的データから，推論に基づく検証，つまり観察されたものに基づいて観
察されなかったものについて結論を下すということが可能になる。シンプルな
例が，記述的な内容分析からでさえ生まれる「なぜそうなるのか」という問い
である。なぜ南部の日刊紙はアフリカ系アメリカ人コミュニティの「良いニュ
ース」をほとんど扱わないのか。なぜネットワーク系列の夜のニュース番組は，
他のネットワーク系列を追従するのか。なぜいくつかの政治的なブログが，他
の政治的なブログよりも多くのリンクを張られるのか。なぜ長年のジャーナリ
スティックな実践や日々の業務が，危機的な状況では機能しなくなるのか。

　一般に，量的内容分析を使用する社会科学の研究者は，単に記述する以上の
成果を求める。内容分析を用いる研究者は——応用研究にしろ，基礎研究にし
ろ——得てしてデータを集めてから問いを作り出すわけではない。代わりに，
ある問いに答えるために研究を行うのである。基礎研究では，理論的な文脈の
中でその問いの枠組みが定められる。その文脈に沿って，問いに答えるための
多様な手法やツールの中から，内容分析が選択される。そうして得られたデー
タから，コンテンツに接触することの意味や影響を推論したり，あるいはコン

テンツの形態や意味に寄与しているものを推論したりすることによって，理論的に重要な問いへの答えが探求される。

　コンテンツによる影響，あるいはコンテンツの生産に関する推論をコンテンツそのものから導くためには，研究者が理論的な指針を持たなければならない。たとえば第1章で取り上げたようなメディア社会学の議論や，さまざまに移り変わってきたメディア効果に関する理論である。複雑な経済問題を表面的に報じるテレビニュースを分析する研究者は，メディアに対する人々の選好や，人々がメディアに寄せている信用を理解していなければ，その経済報道がどれほど機能不全を起こしているのか結論を下すことはできない。また経済報道の効果に影響する他の要因としては，人々がメディアに向ける関心の度合い，経済ニュースに接触する程度，経済ニュースと競合する情報源の存在，視聴者のさまざまなライフスタイル，メディア利用の習慣，それまで受けてきた学習プロセスなどがある。同様に，報道の規則性や類似性を分析する研究者は，異なる報道機関がニュースに関する判断を共有し，同じ情報源に依拠し，イデオロギーさえも共通しているという点に注目する。

　これらの例は，推論するのに適した対象の範囲を示している。たとえば第1章で議論したコミュニケーションの先行条件と効果は，推論の対象となる。だが，研究デザインや統計，サンプリング理論についての知識がある読者であれば，推論を導く際の適切さについて他の論点があることに気がつくだろう。たとえば，因果関係に関する推論を導く際には，特定の研究デザインが求められる。また，おそらくより基本的な話であるだろうが，サンプルから母集団について統計的な推論を導く際には，特定のやり方でサンプルを収集する必要がある（第5章参照）。同様に，統計手法を用いて推論を検証する場合には，特定の要件を満たす測定方法を採用することが求められる。

3. 研究手法としての内容分析の問題点

　われわれが量的内容分析の強みとして考えている点（つまり「再現性があること」と「量的であること」）は，そのままこの手法に対する批判の対象にも

なっている。量的内容分析を批判する人々は，この手法が各シンボルの出現頻度の違いを重要視しすぎていると主張してきた。そのような人々は，場合によってはとくに重要なたった1つのシンボルの存在（もしくはそうしたシンボルの欠如）でさえも，メッセージの効果にとって決定的に重要であるかもしれないというのである。Holsti（1969）は，このように「メッセージにおける象徴的シンボルの有無」を強調することを「質的内容分析（qualitative content analysis）」と呼び（p. 10），「互いを補うために」（p. 11）量的手法と質的手法を併用することを推奨している。

しかしながら，Holsti（1969）によってあらためて述べられたより重要な批判は，数量化が研究を矮小化させてしまうという指摘である。つまり，量的内容分析を行う研究者が「内容分析を単に数量的な手段と見なしている」（p. 10）ために，数量化できるというだけの理由で研究テーマが選択され，「問題の重要性を犠牲にして正確さを高めること」（p. 10）が重視されてしまう点が批判される。この議論は堂々巡りに陥ってしまうのだが，内容分析という手法自体が取るに足らないテーマを扱うものであるという指摘は間違っているだろう。研究テーマの浅薄さは，この手法の弱点というよりも，内容分析を用いる研究者の関心の浅薄さを反映した結果なのである。量的内容分析であろうが，実験研究であろうが，質的研究であろうが，つまらない研究はつまらない研究である。

また，次のような主張がなされることもある。それは，コンピュータの計算能力やデータの検索能力が発達するにつれ，研究の根拠となる理論や，データの質にとって最良の判断基準となる妥当性が軽視される危険性がある，という主張である（Mahrt & Scharkow, 2013）。たとえばコンピュータを使用して，スーパーボウルや民主党の党大会，王室の結婚などのイベントの間に発せられる膨大な数のツイートを収集することもできる。そこから単語の頻度を数えることで，国民感情の代替物として解釈することも可能かもしれない（Prabowo & Thelwall, 2009; Thelwall, Buckley & Paltoglou, 2011）。あるいは，単語の連関パターンが態度や意見の関係性を示唆するかもしれない。とはいえそのような連関パターンは，コミュニケーションを取り巻くより大きな文脈の代替物としては，ほぼ間違いなく用をなさないだろう。このアプローチの潜在的な問題は明らか

である。ひとつ挙げるとすれば，ツイッターのユーザーには若者が多いため，コンピュータの計算能力がどれだけ発達しても，収集したツイートが関連するすべての意見を正確に代表しているのかどうかを突き止めるのは難しい（Bialik, 2012）。しかし繰り返しになるが，ここでもツールが問題なのではなく，それをどのように使うのかが問題なのである。社会科学のデータはつねに，それがどのように集められたかにかかわらず，使い方次第でその質や妥当性が変化しうるものである。

　もうひとつの批判は，明示的なコンテンツと潜在的なコンテンツの区別に関するものである。明示的なコンテンツの分析は，分析対象とするメッセージが「見たままに理解できる（what you see is what you get）」ことを想定している。つまりメッセージの意味とは，そのメッセージの表面的な意味を指すのである。一方で潜在的なコンテンツの分析は，行間に込められた意味を読み取ることである（Holsti, 1969, p. 12）。

　別の言い方をすれば，明示的なコンテンツの分析で扱うのは，指示的な意味，つまりたいていの人々が共有しそのシンボルに当てはめている意味である。そうした「人々に共有されている」という側面を考えれば，明示的なコンテンツの分析には意義がないと述べるのは奇妙なことであるだろう。対照的に，潜在的または暗示的な意味とは，個々人によってシンボルに与えられた個別の意味である。これらの違いについて意味論的な議論をするつもりはないが，この区別には量的内容分析にとっての明確な示唆がある。なぜなら量的内容分析では，複数のコーダーが信頼性を担保しながらコミュニケーションコンテンツを分類できるよう，さまざまなルールを適用することが多いためである。

　たとえば，ニュースのフレームに関する Kensicki（2004）の内容分析について考えてみよう。この研究では，公害，貧困，監禁などの社会問題に関する報道が分析対象となっている。Kensicki は，ニュースメディアがこれらの問題の原因や影響をほとんど明らかにしておらず，その問題が解決される可能性すら示唆していないと結論づけた。この研究において 2 名のコーダーは，分析の信頼性を保証するために，それぞれの社会問題に関する原因，影響，責任を示す部分をどのように特定するかということについて，共通の認識を持っていなければならなかった。一方，フレーミング研究の初期に用いられた「単独の研

究者による」アプローチについて論じた Tankard（2001）は，そうした方法を
「メディアコンテンツの中にあるフレームを特定するために，ひとりの研究者
が専門家として単独で行うもの」(p. 98) と述べている。このアプローチでは，
フレームの特定は「やや主観的なプロセス」となる（Tankard, 2001, p. 98）。
Tankard は最後に，「1人の読者がこの記事は『対立』フレームを使用してい
ると判断したとして，その判断は本当に適切なのだろうか」と問うている
(p. 98; 強調は Tankard によるもの)。

　とはいえ潜在的な意味と明示的な意味は，つねにこのようにはっきりと区別
できるわけではない。あらゆる言語において，用いられているシンボルの意味
は時間とともに変化するものである。2013年におけるある単語の明示的な意味
は，100年前では明示的ではなかったかもしれない。たとえば映画に対して使
われる「クール（cool）」という単語は，多くの人々にとってその映画が良い映
画だということを意味しており，そうして「クール」という単語の意味は明示
的になる。この意味は，いまでは辞書に記載されるほどよく知られるものとな
ったが，1850年では確実に明示的ではなかった。

　シンボルの明示的な意味は，ある言語の使用者の中で，その意味を受容して
いる人々がどれだけいるかによって決まる。言語の意味に関するこうした恣意
性は，共有された明示的な意味を説明し定義する辞書のおかげで，ある程度は
固定化される。内容分析研究をデザインする場合，研究者はシンボルが変化し
やすいものであることを注意深く考慮する必要がある。言語の使用者たちは意
味を共有している場合もあるが，一方で同じシンボルに対してそれぞれ異なる
意味合いをイメージしている可能性もある。

　もし，個人的な解釈を暗に含むレベルでコンテンツが分析されるとするなら
ば，そのデータはどの程度信頼できるのだろうか。Holsti（1969）は，科学的
な客観性の要件から，コーディングは明示的なコンテンツに限定すべきだと結
論を下した。Holsti は，潜在的な意味を考察するという楽しみは解釈の段階ま
でとっておくべきであるとし，コーディングの段階では行うべきではないと指
摘しているが，われわれも同じ考えである。

　定義上，量的内容分析とは明示的なコンテンツを扱うものであり，それ以上
の主張を行う手法ではない。

4. 量的内容分析の利点

　明示的なコンテンツを分析する際，量的内容分析を採用することの利点は数多く存在する。第1に，この測定技法は分析対象に介入することも接触することもないという利点がある。分析対象のメッセージは，送り手からも受け手からも切り離される。メッセージの送り手は直接分析されることを嫌っていたり，そもそもそれが不可能であったりもするのだが，確固たる理論的枠組みに依拠することで，研究者は送り手に接触することなくコンテンツという証拠から結論を導くことができる。Kerlinger（1973）が述べているように，内容分析を用いる研究者は「コミュニケーションそのものを対象としている」（p. 525）のである。

　第2に，コンテンツは生産され消費された後も残っていくものが多いので，送り手や受け手がいなくなり，そのコンテンツに描かれた出来事が終了しても，記録された素材を使って長期的な研究が可能である。

　第3に，コーダーによる数量化または測定によって，精読によって質的に分析することが論理的に不可能な大量の情報やデータを，数値へと還元することができる。作業化と測定が適切になされていれば，数値へと還元してもなお，データの特徴は保持されるのである。

　そして最後にこの手法は，多くの分野と領域にとって重要なさまざまな問いに，ほぼ無制限に適用できる。それは第1章で述べたように，人間の活動全般においてコミュニケーションが中心的な位置を占めるためである。

　内容分析を用いる研究者は，Holsti（1969）のアドバイスを心にとどめておくべきである。そのアドバイスとは，この手法を用いる際，正確さを重視するあまり研究テーマが取るに足らないものとなってしまわないよう気をつけるということである。つまり「多様なデータが膨大にあるという状況において，研究の可能性を狭めてしまうのは，データを扱う研究者の想像力だけである」（p. 15）。Holsti は，「すべての研究領域で起こりうる問題の一般的な分類」（p. 15）を3つ示している。それに従えば，以下のような場合に内容分析は有用で

あり，また必要でさえある。

1．研究者がアクセスできるデータが限られており，文書の証拠しか利用できないとき（p. 15）

2．送り手による「自身の言語」の使用とその構造が重要であるとき（たとえば精神医学の分析においてなど; p. 17）

3．分析対象となる素材の量が，研究者が1人で分析できる量を超えてしまうとき（p. 17）

5. ま と め

Holsti（1969）のアドバイスが示唆に富むものであるとしても，それもまた限定的である。この章のはじめで検討してきたさまざまな定義と同様に，Holsti もまた，データソースとしてのコンテンツの魅力と有用性に主な力点を置いている。しかし，第1章で示したコミュニケーション内容の中心性に関するモデルを思い出してほしい。この中心性を考えれば，Holsti が指摘した3つの理由のためだけでなく，コンテンツの生まれる過程またはコンテンツの効果や影響を明らかにするうえでも，内容分析は必要である。

内容分析は，コンテンツの生まれる過程や影響を扱うどのような理論にとっても重要である。もちろんすべての研究にとって必要であるわけではないが，長い目で見れば，コンテンツを研究せずにマスコミュニケーションを研究することはできない。コンテンツを知ることなしに，そのコンテンツを生み出すプロセスやそのコンテンツの影響に関して問うことは意味をなさないのである。

第3章■
内容分析のデザイン

　アンケート調査，実験，内容分析のような研究方法は，社会で起こる現象を記述し，それらの関係性を観察し，その関係性について予測を立てるために，社会科学において有効に用いられる。現象を経験的に学ぶプロセスは，われわれがこうした記述・観察・予測をするのに役立つのであるが，それは3つのフェイズまたはステージから成る。問いの概念化，必要な情報を収集するための研究デザイン，そして答えを得るためのデータ収集とその分析である。

　これら3つのフェイズは，土地の所有者が建物を建てる際のステージと比較可能である。実際，研究プロジェクトについて理解するために建築プロジェクトについて考えてみるのは有益である。どちらの場合でも，正しい決断をすれば後世に残る成果を生み出すが，誤った判断をすればかけたコストが無駄になってしまう。

　建築プロジェクトは，建物がどういった外見でどのような機能を持つかという土地所有者のビジョンとともに始まるが，こうしたビジョンを描くことは研究を概念化するフェイズと対応している。建物を建てる人は家やショッピングモール，オフィスビルや集合住宅を思い浮かべるだろう。研究者は同様に，記述される変数や，検証される仮説，推定される因果モデルを思い描くだろう。建築ビジョンには，建造物の機能によって規定される外観について，一般的なイメージが含まれる。しかしそのビジョンは立地という文脈についても考慮しなければならない。普通，工業地帯に家を建てることはないのである。そして建築プロジェクトが立地について考えるのと同様に，研究プロジェクトも文脈

というものに注意を払う。その文脈とは，その研究が「当てはまる」先行研究のことである。

　土地所有者が大まかなビジョンを描いた後には，さらに詳細な計画を立てるプロセスが必要となる。このステージでは，精密な建築計画により，建物の目的に合うように，オープンスペースやエントランスなどをどのように設置するかという判断までのプロセスが細かく示される。このステージは，研究をデザインする際の次のステージに対応している。そのステージとは，データの収集やその測定，分析に関する判断を必要とし，そしてとりわけ研究デザインがリサーチクエスチョンや仮説を十分に検証できるかを判断することが求められるステージである。研究デザインでも建築でも，漠然とした願いや希望を持つだけではなく，与えられた時間とリソースで何ができるかという現実を踏まえて考えなければならない。

　最終的に建築業者は，土木業者や大工，電気工に配管工に石工，屋根職人や塗装工など，建築物を実際に建てるのに必要な作業員に対してより詳細な指示を出して，建築計画を実行に移す。研究デザインにおいてこうした詳細な指示を出す場合には，どのようなデータを求めているか，そのデータをどのように適切に収集するか，そしてそれをどのように統計的に分析するかを明示することになる。

　明らかに，この過程における3つのフェイズは欠くことのできないものである。土地所有者のビジョンは，建築計画の焦点，方向性，目的を定めるために必要である。建築計画は，作業員が作業を始める前に必要とされる。最後に，訓練された作業員が計画を信頼可能な形で実行しなければならない。さもなければ建築物は，その目的を果たせなくなるほどの欠陥を抱えることになるだろう。同様に，内容分析を用いる研究は，関心のある現象について知見を得るために，研究の目的についてよく考え，データをうまく収集し，分析ツールを巧みに利用しなければならない。

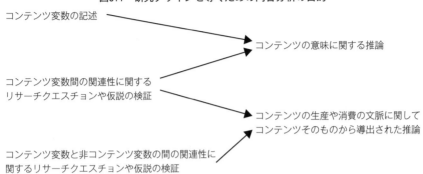

図3.1 研究デザインを導くための内容分析の目的

1. 内容分析の研究デザインにおける概念化

　量的内容分析の研究では，研究を設計する段階でのさまざまな決定が，概念化からデータ分析までのプロセスを橋渡しする。内容分析における研究の概念化とは，図3.1に示された目標を表すことである。その研究によってどのような問いへの答えが得られると考えられるのだろうか。その研究の目的は単に記述をすることなのか，変数間の関係を検証することなのか。それとも因果関係を証明することが目的なのだろうか。より大きな視点から見れば，その研究は第1章で記されたコミュニケーションプロセスのどこに当てはまるのか。その研究はコンテンツの特性のみに関わるものなのか。それとも，コンテンツがどのように特定の原因から生じるかを検証するものだろうか。その研究はコンテンツがどのように特定の効果を生み出すのかを分析するものだろうか。

　図3.1に記された目的のどこに注目するかによって，その研究のデザインは影響を受ける。たとえば，メッセージを記述するようデザインされた内容分析は，あるシンボルを数え上げる以上の手順を必要としないかもしれない。しかし，多くの要素がいかにして特定のコンテンツ変数に影響を及ぼすかを検証するようデザインされた内容分析は，単に1つ以上の変数を記述するのとは異なるやり方で，データを収集し分析しなければならない。そしてコンテンツの変化が複数の原因からどのように生じ，受け手にどのように影響するかを評価す

るためには，内容分析を越えたデザインの判断が必要になる。

　われわれは本書で，研究者がどのような問題や事柄を調べるべきかを示そうとはしていない。しかしそのことについては，次の節で内容分析をいくつかの類型に分類する際に議論をするだろうし，この章の終わりでは複合的な研究プログラムを行うために役立つような構造を提示することになるだろう。

コンテンツ研究の一般的な類型

　内容分析を用いる研究は一般的に 3 つのやり方で行われる。内容分析だけを用いる研究，コンテンツへの影響を検討するために他の手法を用いるデザインと内容分析を組み合わせる研究，そしてコンテンツによる効果を検討するために内容分析と他の手法を併用する研究である。

内容分析のみを用いるデザイン

　これらの研究は通常 2 つの形態をとる。第 1 の形態は，1 つ以上の変数を通時的に見ていくものである。たとえば，メディアにおける性や暴力の研究はたいてい，そのような単一の変数を数年ないし数十年にわたって追跡し，いくつかのメディアでそのような描写がよりありふれたものになっているのか，珍しいものとなっているのかを評価する（Sapolsky, Molitor, & Luque, 2003）。一方，コンテンツ変数だけを用いる研究の第 2 の形態では，内容分析を通じて観察可能な多くの要素が，関心のある特定のコンテンツ変数に影響を及ぼしているかどうかを検証する。たとえば Fico による一連の研究では，論争的なテーマを扱う報道における記事のバランスが，以下の要因に影響されていることを見出した。それは，リード文の構成，紙面における記事の配置，（署名からわかる）記者の性別，各記者が対立を報じた記事の総量，編集部への記者の配置，記者の普段の仕事量である（Fico, Freedman, & Durisin, 2011; Fico, Zeldes, Carpenter, & Diddi, 2008）。内容分析だけを用いる研究は他にも，「メディア間の議題設定機能」（Boyle, 2001）や，ニュースリリースがいかにして報道に影響するのか（Kiousis, Kim, McDevitt, & Ostrowski, 2009），そしてより最近ではウェブサイトがいかにしてそのようなコンテンツへの影響を及ぼすのか（Ku, Kaid, & Pfau, 2003）を明らかにしてきた。

内容分析とコンテンツへの影響

コンテンツを評価するための基準や，コンテンツに影響を及ぼす要因として，利用可能な社会的指標や他の指標を内容分析と組み合わせて用いる研究もある。たとえば，ある都市でのマイノリティの人口比を全数調査に基づいて算定し，その都市のローカルテレビニュースにおけるマイノリティの情報源の割合と比較する研究がある（Zeldes & Fico, 2007）。また，候補者の在任期間や対立候補の地位といった影響要因は，選挙に関する記事のバランスを予測するのに用いられた（Fico, Freedman, & Love, 2006）。別の研究では，国民的な文化がコンテンツに与える影響も検証されてきた（Zhang, 2009）。

他の手法の併用によるコンテンツへの影響の予測

内容分析は，コンテンツに影響を及ぼす要因を明らかにするために，他の手法と組み合わせることができる。たとえば，あるコンテンツを生み出す原因となる要素を明らかにするために，参与観察やニューススタッフへのフォーカス・グループ・インタビューを用いる研究もあった（Hansen, Ward, Conners, & Neuzil, 1994）。

われわれの領域では，こうした研究において2つのタイプが一般的である。1つ目は，ある争点に関するT1（時点1）でのコンテンツが，T2（時点2）での争点に対する受け手の優先順位や思考に及ぼす影響を評価する，第1－第2レベルの議題設定研究である（Golan & Wanta, 2001）。そして2つ目の培養研究は，マスメディアにおける暴力描写が，いかにして受け手の抱く恐怖のレベルと，社会的現実に関する一般的な考え方に影響するかを評価してきた（Gerbner, Gross, Morgan, & Signorielli, 1994; Gerbner, Signorielli, & Morgan, 1995）。これらの研究のいずれも，内容分析が社会調査と組み合わされている。他の研究では，さまざまなトピックに関する市民の知識に対して情報キャンペーンの及ぼす効果（An, Jin, & Pfau, 2006）や，異なるメディア情報への接触が生み出す「知識ギャップ（knowledge gaps）」（Hwang & Jeong, 2009）が検証された。

効果研究と内容分析の組み合わせ

より珍しいことだが，内容分析の結果から，消費者に対するコンテンツの効果を検証するための実験的操作が見出されることがある。こうした研究では，よく見られる娯楽的な暴力描写やポルノ描写を実験的操作として，そうした番

組内容に接触した人々の態度の変化を評価するために用いたものがある（Allen, D'Alessio, & Brezgel, 1995; Malamuth, Addison, & Koss, 2000）。Fico, Richardson, and Edwards（2004）はそれまでの内容分析研究から得た知見を用いて，論争のある争点についてバランスのとれている記事とバランスのとれていない記事を作り上げた。そして読者がそのような記事を偏向していると考えるかどうか，またそうした判断が報道機関の信ぴょう性に対する評価に影響するかどうかを検証した。

仮説とリサーチクエスチョン

　これまでに挙げてきた数々の研究には，非常に簡潔なデザインのものからとても複雑なデザインのものまで多様な例が含まれている。しかし他の量的研究手法と同様に，内容分析は時間と労力のリソースを効率的かつ効果的に用いることを必要とする。とくに内容分析は，もっとも効率的で効果的に研究デザインを導くための明確な仮説あるいはリサーチクエスチョンを欠いていては，成し遂げられないものなのである。そのような明確な仮説やリサーチクエスチョンが持つ価値について，McCombs（1972）は以下のように論じている。仮説（あるいはおそらくリサーチクエスチョンも）は「現実の複雑さを理解しようとする研究者にとっての道しるべとなる。物事を俯瞰するだけですべてを理解しようとし，個別のものには目を向けようとしない研究者が，何かを発見するなどということはまずありえない」（p.5）。

　問題や論点について入念に考え抜くことと，過去の関連する研究をレビューすることは，仮説やリサーチクエスチョンを構成するために必要不可欠であり，さらにそれらの仮説やリサーチクエスチョンは，成功を収める研究デザインを作り上げるために重要である。先行研究のレビューは，どのような変数を検討するか，測定するデータをどのように集めるか，または集めないのかという点で道筋を示してくれる。さらに，そのような研究を組み立てて拡張するために定式化された仮説は，研究対象となる変数をどのように測定するかについての道筋も与える。つまり明確な仮説（あるいはリサーチクエスチョン）とは，優れた研究デザインにおいて，データの収集と変数の測定の両方を導いてくれるものなのである。

＊　＊
　仮説は，ひとつの変数の状態やレベルが，別の変数の状態やレベルに関連していることを明確に主張する。仮説は，実際の因果関係を主張するかもしれないし，単に予測可能な関連を主張するだけかもしれない（この点についてはのちに議論する）。これら2つの仮定のどちらを設定するかによって，そこから導かれる研究デザインが決まるだろう。

　時には条件文の形（「もしXであれば，Yである」）をとることもあるが，量的内容分析の仮説は次のようなシンプルなものになることもある。

　高級紙は大衆紙よりも，地域の論争について両方の観点を取り上げることが多い。

　この例について以下の点に注意しておこう。まず，この仮説によって，収集しなければならないデータが特定されるということである（ここでは高級紙と大部数の大衆紙からデータを収集する）。次に，仮説がこれらの新聞を区別していることで，研究が2つの値（高級紙 vs. 大衆紙）からなる独立変数へと「固定」される。さらにこの場合において，この仮説は2つのレベル（記事が両方の観点を含んでいるか否か）からなる従属変数へとこの研究を「固定」してもいる。また，3つ目の条件あるいは変数――すなわち論争という条件――が明確に示されていることにも注意しておくべきである。この条件はこの研究において不変のものであり，2種類の新聞からどのような記事を収集すべきかを指定している。この明確な条件によって，例として挙げた仮説の関係性が生じるための機会が生じる。またこの条件は，もし仮説が支持されたとしても，その研究の主張がどれほど一般化可能であるかを限定する。つまり仮説で示された関係性は，高級紙および大衆紙というタイプの新聞における，論争についての記事に限って検証されているのである。
　＊　＊　＊　＊　＊　＊　＊　＊
　リサーチクエスチョンは仮説よりもさらに仮のものである。仮説が考えられる結果を表しているのに対して，リサーチクエスチョンを設定する際には，研究者はありうる結果を予想できないか，あるいは予想しようとしない。たとえば Lacy, Robinson, and Riffe (1995) は，日刊紙の内容と同じように，週刊誌の内容が発行間隔によって影響を受けるのかどうかをリサーチクエスチョンとした。先行研究からは，週刊誌についての予測を得るための確固たる基礎や，定式化された仮説を得られなかったので，Lacy らのリサーチクエスチョンはシ

ンプルに,「発行間隔は週刊誌の内容に影響を及ぼすのか」であった。

　そのような仮説やリサーチクエスチョンこそ,研究について「先の見通しを得る」のにもっとも有用なものである。それらによって研究者は,どのような種類のデータ分析をすれば仮説やリサーチクエスチョンを検証できるかを思い浮かべることが可能になる。先に例として挙げた高級紙と大衆紙に関する仮説では,2×2のクロス表によって,2種類の新聞にそれぞれ掲載された記事のうち,論争に関する観点の一方しか取り上げていない記事と,両方を取り上げた記事の割合を示すことができると考えられる。Riffe（2003, pp. 184-188）はこれを効果的なデータ分析にとって重要な「事前計画」と呼んだ。さらに,そのような「事前計画」は時間と金銭を浪費する前に研究を修正する機会を与えてくれる。研究を始める前に分析を視覚化すれば,仮説の文言や,検証すべきコンテンツ,コンテンツ変数を測定する際のレベル,そして採用すべき最適な分析手法についてのフィードバックを得られる。先の例で言えば,実は次のような仮説が検証すべき仮説であったと後になってわかることは,研究者にとって非常に都合の悪いことであるだろう。

　より高級な新聞であるほど,論争についての記事がバランスのとれたものとなる。

　この改訂された仮説では,新聞の名声と記事のバランスという2つの変数を,複数の度数で表すような尺度でそれぞれ測定しなければならない。そして分析手法として,そのような尺度のデータに適した統計的アプローチを採用することとなるだろう。

相関,因果,そしてデザイン

　いくつかの仮説に端を発する研究デザインは,研究目的が相関関係を明らかにすることなのか,因果関係を明らかにすることなのかを明確にするべきである。先の例でいえば,論争に関する記事を異なった形にする要因が,一流新聞で働くということの中に存在するのだろうか。もし存在するのであれば,そこには因果関係が存在すると考えられる。たとえば,高級紙の新聞社に所属しているという意識が,論争を違った形で報じようという動機を記者に与えるかもしれない。あるいは,新聞の名声も無関係ではないかもしれない。単に高級紙

1. 内容分析の研究デザインにおける概念化　　**57**

には良い記者が集まりやすいというだけで，良い記者に共通する経験や論争の報じ方が影響を及ぼしているのかもしれない。もしわれわれがこうした場合を想定するなら，新聞の名声と論争報道の間の関係性において，相関関係を探索していることになる。いずれの場合でも，予測を立てること自体は可能であるかもしれないが，この関係を因果関係だと考えるだけで十分だろうか。

　2つの変数間の相関関係とは，ある特性や性質がひとつの変数に観察されるとき，もう一方の変数においてもある特性や性質が同様に観察されるということを意味する（たとえば政治キャンペーン記事が長くなるほど，対立候補の間でパラグラフがよりバランスよく割り当てられる）。もしある変数で高いレベルの特性が見られるほど，他の変数でも高いレベルの特性が見られるという関係があれば，相関は正となる（たとえば，長い記事ほど直接引用を多く用いる）。逆にもし相関が負であれば，ひとつの変数で高いレベルの特性が見られるほど，他の変数では低いレベルの特性が見られるという関係となる（たとえば，より多くの俳優が登場するテレビ広告ほど，マイノリティの俳優はより少なくなる）。

　観察された相関関係から因果関係を想定する際の問題は，観察された変化が偶然の一致かもしれないということだ。実際には第3の変数が，2つの人形を操る人形遣いのように，第1と第2の変数の両方に変化を引き起こしているのかもしれない。間違った推論に飛びつくのは簡単なことだろう。たとえば，新聞の土曜版では平日版よりも政府のニュースが少ないということからは，次のように考えることもできる。怠慢な公務員（われわれが税金を納めている連中だ！）が，金曜日になるとさぼっているに違いない！　あるいは，新聞記者が怠慢な連中なのだ。もしくは，公務員と記者が両方とも怠慢なのかもしれない。しかし事実はもちろん，土曜日には広告主があまり広告スペースを買わないので，ニュースコンテンツのスペースが小さくなるということである（つまり公務員や新聞記者の職業倫理は土曜のニュース記事の量にとって何の関係もない）。

　因果関係は逆に，ある事物の変化と他の事物の変化との間に，必要ないし十分な結びつきを想定するための，論理的な条件を満たすような特殊な相関である。予期された変化が起こるために，特定の影響要因が必要条件または十分条

件であるか否かを，すでに存在している理論に照らして検討しなければならない。もし特定の要因が必要条件であれば，変化が生じるに違いないが，それが必要条件でなければ，予期された変化は起こりえない。もし特定の要因が十分条件であれば，その要因が変化することで，予期された変化が生じるかもしれない。ただしその予期された変化は他の要素の変化によっても起こっているかもしれない。

　こうした推論をするためには，3つの論理的条件が満たされなければならない。

　因果関係を論証するために必要な条件のひとつは時間的順序である。仮説として主張された原因は，結果に先行していなければならない。ある研究者が，新しいソフトウェアシステムがコンテンツに及ぼす影響を検証するよう求められたと考えてみよう。その新システムは，それを導入してからコンテンツでのエラーが増えたとして新聞のスタッフに非難されたものである。悪い研究デザインの例では，現状のエラー率の測定結果を表にし，システム変更前のエラー率を測定することなく，システム変更によるエラーを非難する（図3.2のデザインAを参照）。それよりはまだましな研究（デザインB）は，T2に起こったシステム変更の前（T1）と，システム変更の後（T3）の両方で，コンテンツにおけるエラーの数を測定する。これは明瞭な時間的順序を伴う事前・事後の分析デザインである。しかしながら，先ほどの「人形遣い」というアナロジーを考慮すれば，他の変数がT1とT3の間でのエラー数の違いを説明するかもしれないということがわかるだろう。

　因果関係成立のために必要な2つ目の条件は，すでに記したとおり，観察可能な相関関係が存在することである。もし両方の変数が変化していることを観察できなければ，あるいは変数の片方が変化しえないような研究デザインであるならば，論理的に因果関係を推論することはできない。たとえばもし，システム変更後のデータと比較するための変更前のエラー率に関するデータを持ち合わせていなければ，そのシステム変更とエラー率の因果関係を推測することはできない。つまり，原因となる変数のレベルや度合いと，効果となる変数のレベルや度合いが関係していることを観察できなければならないのである。

　しかし編集室の例では，エラー率の変化を引き起こす「第3の変数」の問題

1. 内容分析の研究デザインにおける概念化　　**59**

図3.2　時間的順序をともなう研究デザイン

デザインA	時点1 （T1）	時点2 （T2）	時点3 （T3）
新聞A	———————	ソフトウェア 変更あり	エラー率

デザインB	時点1 （T1）	時点2 （T2）	時点3 （T3）
新聞A	エラー率	ソフトウェア 変更あり	エラー率

デザインC	時点1 （T1）	時点2 （T2）	時点3 （T3）
新聞A	エラー率	ソフトウェア 変更あり	エラー率
新聞B	エラー率	ソフトウェア 変更なし	エラー率

に直面する。おそらく，ニュース組織でのマネジメントもまた変化したのだろう。おそらく，スタッフの大幅な変更があったのだろう。おそらく賃下げによって士気が低下し，エラーを引き起こしたのだろう。おそらく……。このように，あらゆる原因が考えられるのである！

　よって，そのような「第3の変数」を組み入れた論理を組み立てるか，多変量のデザインを用いなければならない。編集室の例では，業務管理やスタッフの士気，賃金の水準などを測定することになる。だが，T2時点でソフトウェ

ア変更が起こるニュース組織と，変更が起こらない類似のニュース組織を見つけておき，変更前（T1）と変更後（T3）に双方のエラー率を測定することもできる（図3.2のデザインＣ）。この研究で注目すべき独立変数に必要なバリエーションは，すでに定義した「ソフトウェアの変更あり」と「ソフトウェアの変更なし」という値である。もしソフトウェア変更のあったニュース組織のみでT3のエラー率が上がっていれば，この研究は独立変数の変化に関連する従属変数の変化を発見したことになり，したがって因果的結びつきの推論が支持される。つまりシステム変更はエラーの増加を引き起こすということである（もしT3で両方の組織のエラー率が同じ程度に上がったなら，結論はどうなるだろうか）。

　だが，因果関係を論証するためのこの第３の条件が，もっとも成立の難しいものである。この条件は，なぜ２つの変数の変化が体系的かつ予測可能な形で関係するのかということについて，対抗仮説をすべて（知られているものも知られていないものも）統制することを必要とする（先に書いたように，「あらゆる原因が考えられる」というのに）。対抗仮説とは，２つの変数の間の因果関係としてもっともらしく解釈することのできる代替可能な説明のすべてである。たとえばもし，T2時点での新ソフトウェアシステムへの移行が，人員削減を恐れるスタッフの不安を高めるならば，T3時点でのエラーの増加は，新システムそれ自体というよりもそうした不安の産物であるといえる。人員削減を恐れる社員は，意図的にエラーの数を増やすかもしれない。それに，先ほどエラー率の違いを比較した２つの組織が小さな日刊紙と大きなメトロ新聞（訳者注：駅に置かれているフリーペーパー）であれば，エラー率の違いをもたらした原因がソフトウェアの変更だけであると考えることはできるのだろうか。

　内容分析をデザインする研究者は，観察された関係性についてもっともらしい対抗仮説を生み出す要素を，可能な限り統制するよう試みる。先行研究によって，どのような対抗仮説を統制すべきかの道筋が得られるかもしれない。研究によっては，研究デザインを組み立てるのに用いた論理を通じて，あるいはデータ分析において統計的な統制を可能にするデータを収集することによって，そのような対抗仮説を取り除くことができるかもしれない。

　だが，実験を用いない研究は，それ単体では関心のある関係性に影響を及ぼ

しうるすべての重要な変数を統制することはできない。またそれと等しく重要なのは，単一の原因によって生じる現象はほとんど存在しないということである。たいていの科学者があらゆる研究分野への接点を持ち続けようとするのはこのためである。また，いままで得られた知見の大半が特定の方向性を示しているような領域でも，科学者がアイデアや仮説を「修繕」し続け，その研究デザインにより多くの変数を取り込み，随伴条件を追求し，改訂した仮説を検証するのは，こうした理由による。

　ときには，単に研究の要素を図で確認するプロセスを通じて落とし穴を避けることができる——そして対抗仮説を特定することも可能になる。研究デザインを説明するための手法，あるいはさまざまな仮説や問いの検証方法——そして引き出される推論の種類——を図示するための手法は，Holsty（1969, pp. 27-41）や Stouffer（1977）によって示されてきた。さらに，研究者が関心のある現象を複数の研究によって取り上げようとしている場合，検証された関係性を表す矢印によって知見を図示することで，変数間の相互関連性が視覚化され，研究者が見出そうとしていることに影響するような重要な変数を見定めておくことができる。これについてはデータ分析の章でさらに述べることとする。

2. 良いデザインと悪いデザイン

　Babbie（1995），Holsti（1969），Miller（1977）によれば，研究デザインとは問題の特定から結果の解釈までのあらゆるステップを含む計画や概要のことである。Kerlinger（1973）は，「仮説や作業の含意を書くことから最終的なデータ分析までの間に研究者がするであろうことの概要」（p. 346）が研究デザインの一部であると述べた。Holsti（1969）は研究デザインをシンプルに「研究者の問いに答えるための，データ収集と分析の計画」（p. 24）と記した。シンプルな定義ではあるが，その実利性の強調——研究者の問いに答えるため——は，必要とされる唯一のものであり，研究デザインを評価するための最良の基準を示している。

　どのようにして特定の問いに答えるよう研究がデザインされうるのか。Holsti（1969）によれば「良い研究デザインは，分析のためのサンプルデータの選択，コンテンツのカテゴリとそのカテゴリに分類される単位，カテゴリ間の比較，そしてデータから導き出される推論の種類を定めるための手続きを明確に示して統合する」（pp. 24-26）ものである。また Wimmer and Dominick（1991）にとっては，「理想的なデザインというものは，最小限の時間とリソースの支出で最大限の情報を収集する」（pp. 24-25）ことを意味する。

Stouffer（1977）によると，強靭なデザインは「証拠がいくつもの代替的な解釈を許容しない」（p. 27）ことを保証する。注意深いデザインによって，研究者は考えられる多くのやっかいな代替案あるいは対抗仮説を除外し，「可能な限り妥当で客観的に，かつ正確で効率的に」，関係性を「適切に」検証するための「枠組みを設定する」（Kerlinger, 1973, p. 301）。

したがって Kerlinger（1973）によれば，そのデザインによって研究者がある問いにどの程度答えることができるのか，無関係の独立変数をどの程度統制することができるのか，そして結果をどの程度一般化することができるのかということが，良いデザインの品質証明となるのである。

これらの定義において「代替的な解釈」（Stouffer, 1977, p. 27）や「やっかいな代替案あるいは対抗仮説」（Kerlinger, 1973, p. 301）を強調することは，曖昧さをまったく受け入れないという態度を示している。それは良き妥当な研究デザインを生み出すものの本質を捉えているのである。

送り手によって生み出されたあらゆるコミュニケーション・メッセージに，研究者が特定のリサーチクエスチョンに答えるために用いることのできるメッセージの特性や変数が存在しているところを想像してみよう。不幸にもそれらのメッセージは，研究者にとって関係のない情報や，無数にある他の問いへの答え，そして研究者が追い求める答えを歪めてしまう答えさえも含んでいる。良い研究デザインとは，問いに答えるために必要なデータの位置を研究者が正確に突き止めることを可能にするような作業計画なのである。

研究デザインの要素

しばしば研究デザインの核心は，理論的に重要な意味を持つコンテンツを比較することにある。とくにコンテンツは，異なる時期や，それを作り出す組織

の間で比較されることがよくある。そのようなデザインは通常，1つ以上の仮説や問いを組み合わせていることに注意しておこう。最終的には，過去の研究で有効に用いられたデータの収集方法や変数の測定手法が，別の研究デザインで有効に活用されるかもしれない。実際，社会科学の研究において統合された知の体系を作り上げるにはこれがもっとも有用な方法なのである。

　比較は，メディア間（ある送り手や媒体を別のものと対比させる），あるいはメディア内（あるネットワーク局や新聞の中で対比させる），市場の間，国家間などでもなされるかもしれない。さらに，内容分析の研究者はその研究を他の手法やデータと結びつけるかもしれない。コンテンツのデータと社会調査の結果の間での比較（たとえば先に論じた議題設定研究）や，コンテンツのデータと非メディアのデータとの間での比較（広告におけるマイノリティの出現数と人口の全数調査データとの対比）のようにである。重要な現象を研究するための能力は，複数のデータ収集法によるトライアンギュレーション（異なる方法の併用）によって増加しており，異なる手法で集められたデータから得られた知見が収斂していくことによって知見への信頼が増大する。非常に強力なデザインは，研究の問題へと迫るために複数のデザイン要素とデータ収集方法を組み合わせているものである。

　ここまでは，変数間の関係を検証し，メディア間や時系列での比較をする研究を強調してきた。ここで，そのような比較をしない，いわゆるワンショットのデザインの価値と妥当性もあらためて強調しておく必要があるだろう。これらの研究はすでに挙げた多くの理由から重要である。それらの研究は時期やメディア間での比較とは関わりのない変数の関係を焦点としているかもしれない。または，それらの研究は新たな問題領域にとって重要であるかもしれない。あるいは分析されるコンテンツは，先行する生産過程の結果として，または他の効果を生み出す原因としてみなされるかもしれない。

　だが，仮説で示された関係性とリサーチクエスチョンについてわれわれが強調するのは，研究にとって何が実際に有用なのかをよく考えずに，特定の研究方法や手続きに早まって飛びついてしまいがちな学生たちと何年も付き合ってきたからである。筆者のひとりは，ある学生が論文のために「内容分析をする」ことに決めたとクラスメイトに話しているのを耳にしたことを思い出す。

そのクラスメイトは「どんな内容分析をするの」と尋ねた。最初の学生の答え
は「わからないけど，ただ内容分析をするのさ」というものであった。これは，
何を作ろうかという考えもなしに，物をたたくのが楽しくてハンマーを求めて
いる子供によく似ている。

3. 内容分析の一般的なモデル

　本書における内容分析の定義や，注意深い概念化と研究デザインの必要性に
基づくならば，研究者は内容分析を用いる研究をどのように進めるべきであろ
うか。ここで，研究者がさまざまな段階で気にかけるであろう基本的な疑問と
それに準じる副次的な疑問という観点から，研究デザインのモデルを示してお
きたい。このモデルは，3つのプロセスを表す主要な項目のもとに組み立てら
れている（表3.1参照）。第1のプロセスが研究の概念化と目的の設定であり，
第2のプロセスがその目的を達成するために行う作業のデザインや計画，そし
て第3のプロセスがデータの収集と分析である。
　表3.1は直線的な進行を示しており，いくつかのステップは他のステップに
先行する。とはいえ，分析者は継続的に理論の枠組みを振り返らなければなら
ず，状況に応じて研究の目的やデザイン，分析手法を洗練させ見直さなければ
ならないため，このプロセスは行ったり来たりするものとみなされる。

概念化と目的

研究対象となる現象や出来事は何か
　研究プロセスのモデルによっては，この段階を問題の特定や研究目的の明示
と呼ぶこともある。研究することのできる問題は直接の観察によって得られる
こともあるし，過去の研究や理論によって示されていることもあるかもしれな
い。研究上の問いはつねに，個人的な観察，すなわちコミュニケーションに関
する問題や必要性への関心から始まる。ただし，そうした個人的観察に続いて，
関連する科学的理論と経験的研究を十分に踏まえることが必要となる。
　理想的には，研究目的は「パスツールの四分儀」と呼ばれるものに位置付け

3. 内容分析の一般的なモデル   **65**

表3.1　内容分析の進め方

概念化と目的
　問題を特定する
　既存の理論と分析をレビューする
　リサーチクエスチョンと仮説を明確化する
デザイン
　関連するコンテンツを定義する
　定式化された研究デザインを示す
　ダミーの表を作成する
　作業化する（マニュアルとコーディングシートの作成）
　信頼性検定の手続きを事前にテストする
分析
　信頼性のある手順でデータをコーディングする
　統計的な分析を行う
　結果を解釈し報告する

られうる（Stokes, 1997）。それは，学術研究が理論と調査の体系を発展させる
ために重要であり，また実践的な問題を解決し社会的な要望を充たすためにも
重要であるという議論である。そうした文脈に留意することで，研究のための
外部資金の調達と，適切な査読付き雑誌への掲載に成功する見込みがもっとも
高まる。逆に，議論可能な理論的関連性や実践的重要性を持たない研究は，深
く考え直すべきである（もちろん，進んで資金提供をしてくれる億万長者の友
人や親戚がいるなら話は別であるのだが。そのような場合は本書の筆者に紹介
していただければ幸いである）。

**　その現象についてすでにどれほどのことが知られているのか**

　研究対象となる現象，あるいはそれに関連する現象についてすでに研究が行
われてきたのか。研究者が仮説を立て，関連する変数間の関係を検証するため
に，すでに十分なことが知られているのか。あるいは研究の目的は探索や記述
になりそうなのか。

　初歩的な研究者はおろか，経験を積んだ研究者でさえ，このステップを非常
におざなりな作法で済ませてしまう。結果，既存の研究と理論のレビューは，
問題の枠組みを適切にするうえで重要な知識を欠いたものとなる。既存の知識
に関するレビューは，たいてい4つの理由から不完全なものとなる。（a）不完
全なウェブ検索やコンピュータ索引（関連する学術誌を網羅していなかったり，

学術誌のすべての号を収録していなかったりする）に過剰に依存してしまう。
(b) レビューから重要な学術誌を除外してしまう。(c) 他の領域からもたらされる知識に精通していない。(d) すべての関連する素材が検討される前に，性急にもプロジェクトを進めてしまう。

特有のリサーチクエスチョンや仮説とは何か

その研究は変数間の相関を検証するものなのか，因果関係を検証するものなのか。メッセージの生産や消費の文脈を推論することが目的に含まれているか。

多くの研究が失敗を運命づけられるのは概念化の段階である。理由はシンプルで，研究者が目の前の研究について熟考するのに十分な時間をかけなかったからだ。推論の過程にも関わる重要な理論的概念を特定するのはこの段階である。この段階で，研究者は仮説化された関係が存在するならばコンテンツの中に観察されるであろうものを推論する。さらに，研究の公表と貢献が成功するかどうかは，それが過去の研究の文脈にどれほどうまく適合するかということに関係している。知識の体系に加えられたり，関心のある概念を洗練させたり，これまでの前提や知見を修正したり，概念的な混乱や方法論的な誤りを直したりすることで，既存の研究の文脈に適合することができる。

要するに概念化の段階には，問題の特定，関連する文献の検討，演繹のプロセス，そして研究目的の明確な理解といった要素が含まれる。その目的が研究デザインを導くのである。

デザイン

どのようなコンテンツが必要となるのか

新聞記事，放送のビデオテープ，マルチメディア，ソーシャルネットワーク，あるいは他のコミュニケーションコンテンツの形態が対象となるだろうか。どのようなリソースが利用可能であるだろうか。そしてもっとも重要な点として，問いに答えるためにはどのようなコンテンツの単位を検討すべきだろうか。

計画とデザインというフェイズにおいて生じる別の論点は，分析に適した素材を利用できるかどうかという点に関わっている（たとえば新聞，テープ，テキスト，ウェブページ，ツイート）。残念なことではあるが，こうした他愛もない心配の種が，どのようにしてリサーチクエスチョンにもっともよく答えら

れるかということに影響を及ぼすことがある。たとえば次のように考えてみよう。コマーシャルを録画して繰り返し見ることのできるレコーダーがない状態で，テレビ広告におけるマイノリティキャラクターを研究することがいかに難しいか。あるいは，意図したキーワードを含む記事を分析の単位とする研究にとって，キーワード検索を可能にする電子化された新聞データベースを利用できるということがどれほど重要であるか。

　もちろん研究計画において，情報インフラと利用可能性といった要素が，リサーチクエスチョン自体の理論的なメリットと同等の重要性を持つべきではない，ということを強調しておきたい。だが，あらゆる研究者が無限のリソースを有し，内容分析にとって理想的な素材にアクセスできるわけではない，ということは不幸にも真実である。デザインのフェイズでは，その研究が実行可能であるか，素材へアクセスすることができるかということについて，現実的に判断するべきである。もし図書館が地方の週刊紙のマイクロフィルムしか所蔵していなければ，国の高級紙上位15紙におけるここ40年分の環境記事を内容分析することはできない。

定式化された研究デザインとは何か

　どうすればリサーチクエスチョンや仮説をもっともよく検証することができるだろうか。どうすれば，確実に仮説を検証しリサーチクエスチョンへの解答が導きだせるような研究をデザインし実施することができるだろうか。良い研究デザインとは，研究目的が達成可能であることを保証するような研究の作業計画であるという，先ほどの見解を思い出してみよう。また，定式化された内容分析のデザインとは，研究を達成するための現実に即した詳細な計画であるということも思い出そう。そうしたデザインは概念化のプロセスでの判断によって方向づけられる。とくに，検証可能な仮説を提案したり，より一般的なリサーチクエスチョンを追求しようとしたりするための判断を通して，研究デザインは確定していくのである。これらの目標のいずれもが，研究デザインのプロセスにおいて特定の判断を伴う。研究の時間的枠組みや（たとえばある新聞が *USA Today* のような画像を多用するスタイルへと移行する前後の研究），いくつのデータポイントが利用されるか，あるいは他のメディアや他のソースとの比較がされるかどうか，という判断である。内容分析を用いる研究者の多

表3.2 ダミー表の例

	登場人物の役割	
登場人物の分類	セリフあり	セリフなし
マイノリティの男性	? %	? %
マイノリティの女性	? %	? %
白人の男性	? %	? %
白人の女性	? %	? %
合計	100%	100%

くは，計画を立てる際のこの時点でデータ分析の事前計画を立てるのが有用であると気づいている。実際に研究で収集されるであろうデータを仮定して，さまざまな仮の研究結果を示す「ダミー表」（表3.2参照）を作ってみると，研究デザイン上の判断によって仮説やリサーチクエスチョンがうまく処理できるかどうかを評価することに役立つ。この時点で，研究デザインが目標に到達しないであろうことがわかる研究者もいる。だが，後で気づくよりは早いうちに気づいたほうがいい。

コーダーはデータについてどのように理解するか

どのようなコンテンツの単位（単語，記事面積など）がカテゴリに分類されるだろうか。分析者は，コーダーが扱うことのできる実際の測定方法は何かという観点から，抽象的で理論的な変数を記述して，概念的なレベルから作業的なレベルに移行しなければならない。どのような種類の作業定義が用いられるだろうか。どのような種類の尺度が利用可能なのだろうか（たとえば，男女のキャラクターのようなシンプルなカテゴリ，記事の長さのような実数，あるいは何らかの尺度で測定される公平さや関心の度合いなど）。

内容分析の核心は，マニュアルやコードブックにある。それらは，どのように変数を測定し，コーディングシートや他の媒体に記録するかを説明する。バイアスやひいきといった抽象的な概念は，それらについて話すのは簡単なことであるが，新聞の内容分析を行うコーダーは，それらの概念が紙面にどう表れるのかを知らなければならない。こうした測定方法の疑問については，第4章でより詳細に述べる。

どれだけのデータが必要となるか

コミュニケーションコンテンツのうち，どのような母集団が分析対象となるだろうか。母集団からのサンプリングが必要となるだろうか。その場合，どのような種類のサンプルがどれほどのサイズで必要となるだろうか。

コンテンツの母集団とは，適切な時間の枠組み（もちろんこれも研究デザインの要素である）において存在しうる新聞の版，放送，文書，ウェブページなどの総体である。そうすることが適切な場合には，研究者はすべての単位を分析するよりも，代表的な部分や母集団のサンプルを用いる。しかし，サンプリングが不適切であるような状況もある。もしある時期における特定の重大事件に関心があるのであれば（たとえば9.11のテロ攻撃や，大規模な原油流出事件），確率的サンプリングでは記事の重要な部分をとりこぼしかねない。あるいは，もし重要ではあるが数の少ないコンテンツで作業をするのであれば——たとえばエイズに関する初期報道で示された情報源の分析——エイズに関する記事の母集団を分析したほうが実りのある結果を得られるだろう。サンプリングについては第5章でより詳細に論じる。

データの質を最大化するにはどうすればよいか

作業定義は事前にテストされる必要があるだろう。そしてコーダーはそれらを扱うための訓練を受ける必要があるだろう。コーディングの前，あるいはその最中に，コーダーの信頼性（作業手続きの進め方におけるコーダー間の合意）をテストする必要があるだろう。第6章で，信頼性検定の考え方と方法について述べる。

多くの研究者は，コーディングの指示を作り上げながら，並行してそれを検討もする。それから，その指示に従って作業することになるコーダーを訓練する。信頼性（コーダー間でルールの適用がどの程度一致するか）のプレテストが行われ，コーディングの指示がさらに洗練されるかもしれない。この点については信頼性に関する章（第6章）でさらに論じる。

詳しい議論は後の章に譲るが，コーダーの信頼性を検定して一定の水準へと到達し，それを報告することによってデータの質を最大限に高めるのは，内容分析研究に必要なことであるとここでも強調しておきたい。Lacy and Riffe (1993) は，報告された研究の妥当性を読者が評価するために信頼性を報告す

ることは，内容分析における最低限の要件であると述べた。

データの収集と分析

どのような種類のデータ分析を用いるか

統計的手続きは必要となるだろうか。その場合，どの手法が適当であるのか。データが収集された後，どのような統計的検定をするのが適切であるのか。尺度のレベルや用いられるサンプルの種類といった複数の要因が，統計的検定の選択に影響を与える。内容分析の中には，変数同士の関係性を調べ，それを特徴づけるための複雑多岐にわたる手続きを伴うものもある。その一方で，割合や平均といったシンプルな形で結果を報告する研究もある。この点はデータ分析の章（第8章）で詳しく扱う。

リサーチクエスチョンや仮説はうまく検証されたのか

内容分析と統計的検定はどのような結果になったか。結果の重要性や意義は何か。

結果を解釈し報告するのは最後のフェイズである。それによって科学者は他の研究成果を評価し，それを土台にして新たな研究をすることができる。実際の報告形式は研究の目的と報告先のフォーラム（出版社，博士論文委員会，業界誌の読者，学術界の同僚など）によって異なる。

研究の知見の重要性は，発見した変数間の関係性と研究の根底にある問題との結びつきによって決まる。統計的に強い関係性が見出されたとしても，その結果が学問や社会にとってはあまり重要でないということもありうる。知見の重要性を統計的に決定することはできない。それは，その知見が理論の発展と問題の解決にどれほど寄与するかによって決定される。関係性の強さを示す統計的な尺度が，理論と既存の知識の文脈に置かれるときのみ，その重要性が評価されうる。

4. 研究プログラムのデザイン

本書の筆者のひとりは，博士課程の学生（それと博士課程を修了したばかり

4. 研究プログラムのデザイン

で求職中の研究者）につねづね「君の従属変数は何かね」と尋ねている。この問いかけは多くのものを含んでいる。この研究者は，特定の問題や現象に粘り強く関心を持っているのか。その関心と研究には全体として理論的一貫性があるのか。コミュニケーション世界の一端を明らかにして理解するという，果てしない研究を動機付ける情熱がこの研究者にあるのか。

この章の焦点は単体の研究をデザインすることにあった。しかしもしコミュニケーション科学において，とくに「パスツールの四分儀」にかなうように知の体系を構築するのであれば，複数の研究が必要となるであろう。科学の目標とは現象を予測し，説明し，コントロールすることであるのを思い出してほしい。たいていの場合，異なる影響力を持つ複数の要素がさまざまな条件下で相互に作用しており，それらが原因となって，ある現象に影響を及ぼしているだろう。そのすべてを一挙に明らかにできる研究（および単体の研究者）は存在しない。そこでこの章では，何らかの具体的な研究プログラムを示すのではなく，研究者（たち）がそのような研究プログラムをどのように組み立てるかということについて，簡単な示唆をして結論としたい。

Shoemaker and Reese（1996）は，コンテンツに影響を及ぼす先行条件に関する研究プログラムを計画するための，一般的な枠組みを提供した。彼らが行った基礎分析は，コンテンツの変化が5段階の影響を受けているということである。Shoemaker and Reese は，高レベルの制約が低レベルの要素を制限するという観点で，これらのレベルを概念化している。しかしより広い視点で，高レベルの要素が低レベルの要素に積極的に影響しているという可能性を見てとることもできる。それどころか，低レベルの要素が高レベルの要素の影響を受けていない，あるいは逆に高レベルの要素に影響を及ぼす可能性まであることがわかるかもしれない。

研究はこれらのレベルの中で，あるいは異なるレベルの間で行われうる。そしてそれらすべての研究は，結局のところ関心のあるいくつかのコンテンツという従属変数に注目する。Shoemaker and Reese（1996）によって強調された5つのレベルは以下の通りである。個々のメディア産業に従事する者の特性，メディア組織の日常業務，メディア組織の特性，メディア組織の環境，そして社会のイデオロギーと文化である。

メディア産業に従事する者の特性

　メディアの職員が，コンテンツに対してもっとも直接的で創造的な影響力を持っている。彼らの仕事に影響する可能性のある変数には，彼ら自身のジェンダーや人種などのような，よく社会学研究の焦点となる人口統計学上のものが含まれる。政治的志向，価値観，態度なども，心理学的過程と同様に，それらがコンテンツへ影響を及ぼすがゆえに検討されるだろう。ブログやソーシャルネットワークのコンテンツを含む新しいメディア研究にとっては，メディア産業に従事する者の特性というこのレベルは研究プログラム全体に関わるかもしれない。

メディア組織の日常業務

　日常業務とは，ある組織を機能させ，確実に目標に到達することを可能にするような，相互作用のパターンである。そうした日常業務には，メディアコンテンツを作り出す際の締め切り，どれだけのコンテンツをどのように盛り込むかという見込み，そして発行間隔が含まれるだろう。Shoemaker and Reese (1996) は，ニュースの情報源，受け手，そして情報の処理装置を含めて日常業務として示した。明らかにそうした日常業務は，同種のメディアコンテンツ（たとえばニュース）を作り出す組織の間でも，異なる種類のコンテンツを作り出す組織の間でも（たとえばニュース組織と広告組織），違ったものであるだろう。研究プログラムはこの日常業務レベルの範囲内に，あるいは日常業務がコンテンツを実際に生み出す人々の働きにどのように影響するかという点に注目する。

メディア組織の特性

　メディア組織の特性には，メディアコンテンツを生み出す組織の目標やリソース，そしてそうした目標を設定するのは誰かということが含まれる。また，そうした目標を達成するための賞罰の配分方法が含まれる。そして，組織内部における権限や責任の所在を明確にすることと，組織が外的な環境と相互作用を交わすやり方が含まれる。外的な環境（他の組織や制度）との相互作用とは，メディア組織がどれだけのリソースを外部に依存しているか，他の組織とどのような権力関係にあるか，といったことである。研究プログラムは，異なる組織の特性や，そうした組織的特性の違いがいかにして組織の日常業務やメディ

ア従事者の情報発信に影響するかということに注目する。

メディア組織の環境

このレベルには，メディア組織の働きに影響する要素として，他の組織と社会制度の両方が含まれる。たとえば研究プログラムでは，法律や政府の規制がメディア組織にどのように影響するかに注目する。またはメディア組織が競争相手や批判，当事者グループにどのように対抗するかということが含まれるかもしれない。たとえば報道機関は，PR会社とはまったく異なる環境で業務をしている。

社会のイデオロギー

Shoemaker and Reese のアプローチは，支配的な経済勢力が組織の環境や特性，日常業務，そしてメディアに従事する者にどのように影響するかということについて，イデオロギーに注目する。しかし研究プログラムはより広範に，国家の文化やサブカルチャーまでもがメディアコンテンツにどのように影響するかということに注目することもできる。このレベルでの研究プログラムは，きわめて国際的なものになるかもしれない。またある国の中でさえも，マイノリティや民族的コミュニケーションの研究が行われるかもしれない。もし「ワールドワイドウェブ（www）」と呼ぶにふさわしいものがあるとすれば，インターネットの研究は，形成されつつある新しい国際的な文化や，ある国におけるサブカルチャーの成長について，特定の信仰や価値観に注目する事例を生み出すかもしれない。

5. ま と め

内容分析は概念化，デザイン，そして分析のフェイズからなる。研究デザインとは，ある内容分析がどのようにして特定のリサーチクエスチョンに答え，特定の仮説を検証するかを示す計画である。デザインのフェイズでは，対象となる期間，他のメディアやデータソースとの比較，作業化や測定に関する決定，サンプリング，信頼性，そして適切な統計的分析について検討する。究極的には，どれほどよくリサーチクエスチョンへの答えが得られ，研究目的を達成で

きるかという観点で，良い研究デザインを評価することができる。

第4章■

測　　定

　量的な分析方法はBabbie（1995）が呼ぶいわゆる変数言語を使用しており，人々や人々の行為が持つ多様な特性を研究するための方法である。変化を示す概念は変数と呼ばれる。変数は変化を示す数値が割り当てられ，量的に要約されたり，分析されたりする。内容分析は，数値を割り当て，コミュニケーションコンテンツにおける変化を示す量的な分析方法なのである。

　測定は，第3章で議論した概念化，データ収集，分析の各ステップを結びつけるものである。それらを結びつける過程について注意深く考えることで，研究者はまず関心がある理論的な概念（たとえば，バイアスとかフレーム）を含むコンテンツの特性を特定する。次にこのような特性を統計的に分析できる数値へと変換するのである。

　より具体的な言い方をすれば，測定とは信頼のできる妥当なやり方でコンテンツの単位へ数値を割り当てることである。逆に言えば，測定を失敗すれば，信頼ができず妥当でもないような，不正確な結論を導くデータを生じさせてしまう。内容分析においては，複数のコーダー間での十分な信頼性を確立することが，測定の成功を評価する際に重要となる。コーダー間の信頼性は，異なるコーダーが同じ分類規則を同じコンテンツに当てはめた際に，同じ数値を割り当てるということを意味する。さらに測定の妥当性を得るためには，測定の信頼性を高めるだけでなく，その数値の割り当てが研究上の概念を正確に表していることが求められる。

　Rapoport（1969）は次のように述べている。

はっきりと認識できる言葉の出現頻度を数えて指標にすることは簡単だ。しかし，こうして得られた指標がその人の精神的状態をしっかりと表しているかどうかを判断することはそれとは異なる問題である。あらゆる社会科学の測定と同様に，この分析でもいくつかのエラーが生じるだろう。しかし，実際に使用することを念頭に置いて注意深く測定手順を構築すれば，妥当で信頼できる測定が可能になるだろう（p. 23）。

　Rapoport によって暗に示されているように，内容分析も，調査研究や実験で用いられるような他の観察手法に伴う一般的なアプローチや問題点を共有している。現象を分離することでわれわれはその現象を研究することができる。しかし，まさにその分離こそが現象をその文脈から切り離してしまうために，現実の世界におけるその現象への理解を歪めてしまう。これは，内容分析においても，コンテンツ全体をより容易に研究できるコンテンツ単位へと還元することで，より豊かな意味を生むコミュニケーションの文脈を見失う危険性が生じることを示している。しかし，コンテンツを単位へ還元することは，人間のコミュニケーション行為を研究し予測するために用いられる変数を定義し測定する上で重要である。最終的には，コンテンツ単位を使用して予測を成功させれば，自分たちが研究で用いた変数とそれらの測定方法を正しく選択したことが確認できるはずだ。すべての科学はこのような検証によって特徴付けられている。内容分析は人間のコミュニケーションに関する科学的予測の中核を成す。第1章において記したように，われわれは先行する原因に応じてコンテンツ変数が変化する関係性を検証する。または，後続の影響を生み出す原因としてのコンテンツ変数を検証する。

1. 内容分析におけるコンテンツ単位と変数

　このような関係性を踏まえて内容分析に対する適切な変数をどのように特定するかは，まず仮説とリサーチクエスチョンの設定の仕方によっても決まって

1. 内容分析におけるコンテンツ単位と変数　　**77**

くる。言い換えれば，先行研究から観察すべき変数のアイデアを得て，そこから導いた仮説とリサーチクエスチョンによってよりいっそう明確な指針が得られるのである。関連が深い変数をどのように明確にし，それをどのように観察するかは，観察可能なコミュニケーション世界においてそれらの変数がどのように埋め込まれているのかによって決定される。これは部分的には内容分析の妥当性の問題である。これについては後述する。しかし，この妥当性の問題の一部は，観察可能なコンテンツの理論母集団をコンテンツのより管理可能な部分，つまりユニット（単位）へと分割する方法から生じている。まさにこれらの単位から変数を得るのである。この変数の数値を測定することで仮説とリサーチクエスチョンにアプローチできる。先行研究や仮説からの指針がなくても，そのような変数を探すことが容易な場合もある。たとえば，もし意識調査を行う場合，客観的な現実世界はひとりひとりの個人から成り立っていることをわれわれは知っている。そして，世界を成立させているひとりひとりを区別することにはほぼ問題はない。したがって，この場合，変数は個人レベルの分析で観察される人々の特徴である。たとえば，ある人の身長，政治観，または，職業が他の人とどのように異なるのかを調べればいいだろう。しかし，2人組や集団，組織，社会システム，社会について調べようとするときには，単位の区別は複雑で曖昧なものになるかもしれない。つまり，これらの対象を調べるときには，単位をどこで切り分けるのかが明確ではないかもしれないのである。

　すでに述べたように，内容分析では，論理や理論によって裏付けられた方法で観察可能なコミュニケーション行為を「分割する」ことが求められる。個人を観察対象にした場合と同じように，分割するのはシンプルに思える。たとえば，新聞の記事やウェブサイトの投稿におけるコメント，女性誌の広告などを考えてみればいい。言い換えれば，コミュニケーションが生じる媒体によって，ある種類のコミュニケーションコンテンツとそれ以外のものとの見分けがつき，観察しようとしているものが発見できる見込みが得られるのである。

　このコンテンツの分割は媒体の中でも比較的容易に思えるかもしれない。たとえば，女性誌を見ているとして，女性誌に掲載されている記事などと明確に区別して，その雑誌の中の広告（製品を売ろうとするコンテンツ）を評価したいとする。最終的には，広告の中で変数を決めて，それを探し，測定するだろ

う。具体的に言えば，ある広告が女性のイメージを含んでいるかどうかを調べ，もしそうならば，女性のイメージに関連する他のさまざまな変数（たとえば，体型，服装，他者とのやり取りなど）を調べる。この章で後述する点を先取りすると，どの程度正確に体型や服装，やり取りなどのような変数を測定することができるのかということも考えなければならない。正確さの程度，変数に対する「尺度のレベル」は，仮説における変数間の関係に関する表現と一致していなければならない。そして，これらの変数に関する尺度のレベルによって，仮説を検証するために行うことのできる分析の種類が決まる。

　この章では，コンテンツの形態，観察単位，分析単位という3つのレベルでコンテンツを概念化し，理論と測定を結びつける。この3つのレベルは，上位のレベルがそれよりも下位のレベルを包含する階層的な構造になっている。繰り返すが，仮説とリサーチクエスチョンによって，この階層構造をどこまで下ればいいのかがおおよそ明確になる。もっとも高いレベルであるコンテンツの形態は，コミュニケーションの「理論母集団」を部分へと分解するためのもっとも明白な方法である。この形態というレベルの下に観察単位というレベルが存在し，そこから関心のある変数を含むコンテンツをより明確に見つけ出すことができる。つまりもっとも低いレベルである分析単位とは，このような関心のある変数を含むコンテンツのことなのである。そうした変数は，仮説やリサーチクエスチョン，統計的な分析の種類に応じた方法で測定される。

2. コンテンツの形態

　次の3つの仮説を考えてみよう。

仮説1：新聞記事はたいていの場合，組織のトップの視点から公共政策の争点を伝える。

仮説2：プライムタイムのコメディ番組に登場する人物たちの間で交わされるやり取りはたいてい意地の悪いユーモアに満ちている。

仮説3：10代の女性をターゲットにしたオンラインマガジンの広告に見られる女性像はほとんどが痩せ型である。

2. コンテンツの形態

　これらの仮説は，分析可能なコンテンツの形態とそれらの組み合わせが非常に多様であることを示している。第1章と第2章では紙媒体，放送，オンラインメディアとの間によく見られる違いを強調したが，より幅広い分類枠組みでは，文字（文語・文書），音声（口語・口頭），ビジュアルでのコミュニケーションに区別される。この3つの形態は基本的なものであり，さまざまなメディアで確認されるだろう。

　文字でのコミュニケーションはテキストで伝えられる。つまり，記号を組み合わせて用いる思慮のある言語の提示である。仮説1では，文字で記述されたコンテンツ形態を観察する必要がある。そのテキストは，紙，電子スクリーン，または他の物理的な表面に書かれているだろう。文字のコミュニケーションの重要な特徴は，そのコミュニケーションを理解するために読み手がその言語を知っていなければならないことである。歴史的に，たいていの内容分析はテキストを含んでいる。大量に生産されたコンテンツを保存する際の主な方法がテキストだからである。もちろん，新たなメディアのプラットフォームが成長するにつれて，コンテンツ研究もそれを追随してきた。

　テキストの内容分析すべてに当てはまるわけではないが，関心がある変数を明確にするためにテキストを理論的に意味がある方法で分割するのが普通である。マスコミュニケーション研究の多くは新聞のニュース記事や雑誌の記事に注目してきた。

　典型的な例は Golan and Wanta（2001）の研究に見出せる。彼らは，*Nashua Telegraph* と *Manchester Union Leader* と *Boston Globe* における選挙に関する記事を調べ，2000年のニューハンプシャー州の予備選挙における第2レベルの議題設定を研究した（訳注：議題設定には，どの争点に着目するかという第1レベルと，ある争点のどの側面に注目するかという第2レベルとがある）。Golan and Wanta は，すべての適切な記事を選択し，各段落に対して認知的，感情的変数をコーディングした。この内容分析のデータは，世論調査によって測定された人々の態度と比較された。結果としては，新聞は投票者の感情的な見方を変化させるよりも，彼らの認知により影響を及ぼすことに成功していることが示された。テキストを対象とした他の事例では，McCluskey and Kim（2012）は118の新聞が2006年に掲載した4304件の記事の中で，208の権利擁護

団体のイデオロギーがどのように記述されているのかを調べた。彼らはそこで
より穏健な団体が他の急進的な団体よりも小さく扱われていることを発見した。
　一方，音声のコミュニケーションとは，それがメディアによって媒介された
ものであるか否かを問わず，聴覚的に処理されることを意図して話されるコミ
ュニケーションである。仮説2では，そのような音声のコミュニケーションの
分析が求められる。とくにビデオコンテンツの文脈においてはそうした分析が
必要とされる。音声のコンテンツは，文字起こしされたテキストとして記録さ
れていることもある。Shimanoff（1985）の研究は通常の会話を分析した事例で
ある。そこでは，参加者による1日の会話を記録したテープを用いて，感情の
状態に関する言語的な言及を研究している。それから Shimanoff は，これらの
会話をランダムに選ばれた5分間の区切りで文字に起こし，それを用いて感情
の状態を検証した。
　Jone（1994）は，無免許ラジオいわゆる「海賊」ラジオの放送局が実際に商
業放送とは大きく異なったコンテンツを提供しているのかどうかを検証しよう
として，いつ放送されるのかが不規則で予測のつかない「海賊」ラジオ放送の
コンテンツをどのように手に入れるかという問題に直面した。Jones がとった
解決策は，雑誌とインターネットを通して利用可能な，その海賊ラジオに関わ
っている人々が残した放送記録を使用することだった。これらの記録をコーデ
ィングすることの潜在的な限界に気づいていたにもかかわらず，Jones はこれ
らの記録を用いることは妥当であるともっともらしく述べ，たいていの海賊放
送はコンテンツ面で商業放送と大きな違いはないと結論づけた。
　ビジュアルコミュニケーションとは，文字を使用せず，視覚による意思伝達
をする行為である。仮説3では，このようなビジュアルの内容分析が求められ
る。ビジュアルコミュニケーションには，写真のような静止画と，映画・ビデ
オなどの動画がある。静止画はしばしば動画よりも内容分析が容易である。な
ぜなら，静止画はビジュアルの要素間の関係が固定されているからだ。第2章
でテレビ広告の研究におけるエスニック・マイノリティの作業化を議論した際
に述べたが，動画はそのビジュアル空間における要素やシンボル，関係性を特
定するために繰り返し見なければならないことも多い。
　たとえば，*Ebony*（訳注：アフリカ系アメリカ人向けの月刊誌）の広告に登

場するモデルの特徴を静止画から分析したLeslie（1995）の研究がある。Leslie は服装と顔のタイプ，髪型に注目し，1950年代から70年代，80年代の広告で使用されている人々の写真を分析して，「1960年代の黒人暴動が *Ebony* の広告を『黒く染めた』一方で，1980年代後半までに肌の白いヨーロッパ人のモデルが身体的な基準として再び主張され始めた」（p. 426）と結論づけた。

　同様に，Kurpius（2002）は市民ジャーナリズム賞（訳注：Pew Center for Civic Journalism が James K. Batten 氏の遺志を継いで1996年に創設した賞であり，毎年市民ジャーナリズムの推進に貢献したジャーナリストに贈られる）を受賞したニュース放送の情報源の人種とジェンダーをビデオからコーディングした。Kurpius の結論では，市民ジャーナリズム賞を受賞したニュースは，伝統的なテレビニュース放送よりも情報源が多様であった。

　文字，音声，ビジュアルの形態にくわえて，1つ以上のコミュニケーション形態を用いる多形態の表現がある。たとえば，ニュース放送では，音声のコミュニケーション，静止画の情報，動画が使用される。Foote and Saunders（1990）は，ビジュアルの種類に応じて1988年の主要なネットワークニュース放送から得た430件のニュースのビジュアルコンテンツを内容分析した。その際のカテゴリは，静止画（地図，写真，イラスト）と動画であった。当然のこととながら，ネットワークニュース放送は図とビデオ，または，図と写真というようにビジュアルコミュニケーションを組み合わせて使用していた。

　情報を得るためにインターネットやモバイル端末のようなマルチメディアを使用する人々が増えるにつれて，異なるコミュニケーション形態を組み合わせたコンテンツが広まっていくだろう。多くのウェブサイトは文字，音声，ビジュアル（静止画と動画）の表現を巧みに扱っている。Papacharissi（2002）は，人々がどのように自分をオンラインで表現しているのかを調べるために，個人のウェブサイトを対象として，図，テキスト，双方向性の有無をコーディングした。それによってPapacharissi はウェブサイトのデザインはプロバイダーによって提供される機能によって影響されるということを発見した。

非テキスト形態を測定する際の特殊な問題

　すべての内容分析のプロジェクトが直面するのが，サンプリング，信頼性，

コンテンツの収集などに伴う共通の問題であり，本書の大部分はそうした共通の問題に答えるものである。しかし，非テキスト形態のコンテンツを研究対象とするプロジェクトは特殊な問題に直面する。それは，非テキスト型のコミュニケーションには，コミュニケーションの明示的な内容をより曖昧にする特徴が加わるからである。たとえば，発話によるコミュニケーションはテキストと同じように語や記号の意味に依存しているが，抑揚や口調も受け手が読みとる意味に影響を与えるのである。「このハンバーガーおいしい」という単純な音声表現は，ある強調を単語に加えることで，そのままおいしいという意味にもなりうるし，皮肉に聞こえることもあるだろう。しかしテキストにはっきりと記載されていなければ，「このハンバーガーおいしい」という字面だけからどのような強調がなされたのかを推測することは難しい。抑揚と口調は解釈や分類が難しい要素だろう。音声コンテンツに対する完全なコーディング指示（インストラクション）を作り上げようとすると，それは内容分析に対してさらなる負担を与えることになる。

　同様に，ビジュアルコミュニケーションは分析上の問題を生じさせる。なぜならば，メッセージそれ自体だけでは簡単には解決できない曖昧さがあるからだ。たとえば，「ジョン・スミスは35才である」というような数を用いた記述があれば，その人物の年齢を簡単に特定できる。しかし同じ人物であってもビジュアルの表現はもっと曖昧になる。Olson（1994）はソープオペラのテレビ番組における登場人物の年齢をコーディングする際，年齢に幅を持たせることで信頼性を確立できることを確認した。たとえば，20歳から30歳，30歳から40歳などである。このような方法が問題とならない研究もあるかもしれないが，広告内での人物の年齢のような変数を研究するときには，このような方法で信頼性を向上させようとすることによって，妥当性が犠牲になるかもしれない。16歳と18歳の人物を区別するのは難しいが，内容分析では18歳以上を大人とし，17歳以下をティーン・エイジャーとして区別して提示しなければならないこともあるだろう。

　一般的に使用される多くの語には共有された意味があるため，書かれたテキストには曖昧さを減らす助けとなる手がかりが含まれているかもしれない。それに比べて，ビジュアルのイメージについての意味はそれほど一般的に共有さ

れているわけではない。研究者は，そのようなビジュアルの手がかりから引き出される意味を持つシンボルに数値を割り振ることに細心の注意を払うべきである。たとえば，テレビ番組における登場人物の社会経済的な身分を推測することを考えてみよう。軽トラックを運転する40代の白人男性を，その服装（デニムのジーンズ，フランネルシャツとベースボールキャップ）をもとに労働者階級として特定することは，同じ手がかりに基づいてティーン・エイジャーを労働者階級に割り当てるより信頼のできる妥当なコーディングであるだろう。

コミュニケーション形態の組み合わせ（たとえば音声とビジュアル）は，形態間の曖昧さからコーディング上での問題を生む可能性がある。つまり，多形態のコミュニケーションでは，もし正確なコミュニケーションを成立させようとするならば，形態間での一貫性が求められる。もし，ビジュアルとテキスト，音声の各形態が一貫していないと，コンテンツの意味は曖昧なものになり，コンテンツを分類することはより難しくなる。テレビニュースのパッケージでは，付随するビデオ映像が瓶を投げる人々を映す一方で，テキストはデモを非暴力的なものとして描写しているかもしれない。研究者はその2つの形態を区別して分類することができるが，その2つの形態を組み合わせて意味を一貫させ，分類するのは難しくなる。

3. 観 察 単 位

研究上の関心に合うコミュニケーション形態を決定したならば，次は観察単位というレベルへと降りていくことになる。そうすることで，その関心に対応する変数データを含んだコンテンツにアクセスしやすくなる。観察単位とは，関心のあるコンテンツの観察をさらに絞り込んでいくのに役立つ，より具体的なコンテンツの区分である。ここで事態がより複雑になり始める。なぜなら，仮説やリサーチクエスチョンに対応するような分析対象となるコンテンツ単位へとたどり着こうとすると，「観察単位」を定義しなければならないことが多いためである。比喩として，インターネットの地図プログラムを考えてみよう。このプログラムを使用すると，まず衛星軌道上の広い視点から始まり，最終的

に目的の街角か住所に到達する。その際に，視点が連続的にクローズアップしていく過程を経験するだろう。この始点と終点の間に連続的に存在するすべての「中間にある視点」が観察単位なのである。

前述の仮説は，観察を絞り込んでいくというプロセスを記述するのに役立つ。たとえば，仮説1では，新聞が他のテキスト媒体すべてとどのように異なるのかということをまず定義しなければいけない。これを，観察レベル1と呼ぶことにしよう。次に，新聞の中にあるニュース記事が他のコンテンツ（たとえば，社説や広告，投書）とどのように異なるかを定義しなければならない。これは観察レベル2である。ニュース記事というものを定義して初めて，その中から仮説1に対応するコンテンツを探すための準備が整うのである。

このプロセスは仮説2でも同様である。分析者は，観察レベル1でテレビ映像が他のあらゆる映像とどのように異なるかを定義し，観察レベル2ではプライムタイムのテレビ番組がそうでない時間帯の番組とどのように異なるかを定義し，観察レベル3ではプライムタイムの中でコメディショーが他の番組とどのように異なるかを定義し，そして，観察レベル4では登場人物の間で交わされるユーモラスな会話のやり取りが，他の会話のやり取りとどう異なるかを定義しなければならない。

関心があるコンテンツに到達するまで，どのくらい多くの観察単位のレベルを定義し，どのレベルまで降りていけばいいのかを決めるための「体系」はない。それは，まさにコミュニケーションが複雑な世界だからである。われわれが研究するコンテンツは，内容分析をする研究者の目的など考えたこともない他者によって作られている。したがって，内容分析をする研究者は「観察単位」を連続的に定義して，その世界の「地図」を作らなければならない。そうすることで，その分析者が得られたデータを理解するためにどのレベルに至ったのかを他の研究者がたどることができ，彼らが必要とするならそのデータを見つけることもできるようになるだろう。

内容分析で使用される基本的な観察単位

どのような研究であれ，研究の目標を達成するためにもっとも関連性のある有効な観察単位を決定する必要がある。これまで強調してきたように，観察単

3. 観察単位　　　　　　　　　　　　　　　　　85

位を選択するうえですべての分野に関連するような単一の「体系」は存在しない。それでもなお，そうした観察単位を物理単位と意味単位に広く区分し，研究プロジェクトに役立つであろうそれらの単位の事例を挙げることはできる。

物理単位

　もっとも基本的な物理単位は，コンテンツの時間的・空間的尺度である。これらの物理単位もまた，無数の定義されたコンテンツ単位と多かれ少なかれ密接に関係しているかもしれない。それらのコンテンツも空間または時間を占有しているのである。たとえば，テキストや静止画を測定することは，記事と写真の数を数えることであるかもしれない。そして，記事や写真はあるコンテンツ形態の中で物理的な空間を占有しているので，平方インチやセンチメートルで測定される。ある研究では，記事の本数とスペースの2つがどのくらい強く相関しているかを評価している。Windhauser and Stempel（1979）は地方新聞の政治報道の6つの変数（記事，スペース，主張，単一の争点，複合の争点，ヘッドライン）の間の相関関係を調査した。順位相関係数は，ヘッドラインと複合争点の.692からスペースと記事の.970までの値をとった。Windhauser and Stempel は，いくつかの物理的な尺度は代用できる可能性があると結論づけた。どの種類の測定を使用するかは，その研究で必要とされる情報の種類，調査する変数，研究の理論的基礎に基づくべきなのである。

　音声と動画のコミュニケーションに対する空間の測定は，もちろんほとんど意味がない。音声のコンテンツは空間を伴わず，ビジュアルの要素に充てられる空間のサイズはそのビジュアルを映し出す設備に依存している（大きいスクリーンのほうが小さいスクリーンよりスペースは大きくなる）。空間の代わりに，音声と動画のコミュニケーションは，そのコンテンツへと割り当てられる時間という次元で測定される。たとえば，テレビのニュース番組は各トピックのカテゴリに与えられた秒数を測定することによって評価することができる。各トピックに与えられた時間の平均の長さが，報道の深さに関係していると考えられるかもしれない。あるニュースがより多くの時間を消費すればするほど，そのニュースはより多くの情報を含むようになるためである。

　物理単位は内容分析で用いられる単位の中でもっとも主観を挟まないもののひとつであるが，報道の深さに関する先ほどの例のように送り手の価値や受け

手への影響を推論するためにもよく用いられている。たとえば，ある研究では2004年の大統領選挙に関するテレビネットワークの報道において，レポーターのジェンダーが取材される情報源のジェンダーとどのような関係があるのかを調べるために，放送時間の尺度が用いられている（Zeldes & Fico, 2010）。女性レポーターは，同僚の男性レポーターと比較すると，女性の情報源に多くの放送時間をあてていたことが示された。Zeldes and Fico は，この違いは女性レポーターが女性の情報源を探すことにより積極的であるためにもたらされたものだと推論した。この積極性は記事により多くの女性を情報源として登場させようとするニュース編集室の指示があったためだとされている。しかし，他の説明ももっともらしく思われる（たとえば，女性の情報源は女性レポーターに対して話すほうが気楽だと感じているかもしれない）。だから，そのような推論を物理的なコンテンツの測定のみで行う場合にはつねに注意が必要である。

　より基本的には，物理的または時間的なコンテンツ単位を測定し，コンテンツの先行条件またはその影響に対する推論をする場合，2つの前提がこの推論を補強する。第1の前提は，コンテンツの空間または時間の割り当てが体系的であり，ランダムなものではないという前提である。この前提の一部は，これらの体系的な割り当てが意図的なコンテンツのパターンとして識別可能ということである。第2の前提は，コンテンツの空間または時間がある争点，主題，人物に割かれれば割かれるほど，そのコンテンツによるオーディエンスへの影響が大きくなるであろうということである。たとえば，オンラインニュースサイトが所在地である都市についての記事にスペースの75%を割いている場合，そのサイトがその地域の出来事に関心を持つ読者に意識的に訴えようとしていると推定することができるだろう。同時に，地域の報道に75%のスペースを割いていることによって，少なくともそのコンテンツに接触する可能性という点で，40%だけ割いている場合よりも全体の読者層に対して異なる影響を与えると考えることができるのである。

意味単位

　意味単位はすでに述べた物理的，時間的な性質を含むが，物理単位よりも標準化しにくい。たとえばニュース記事の中での情報源は，一定量の空間または時間を占める言葉を使って説明されるだろう。しかし，その言葉の意味がまさ

に研究の焦点であり，これらの意味が先行条件または後続の影響を推論するための豊かさと曖昧さを提供する。

内容分析において象徴単位（意味単位）のもっとも基本的な種類のひとつが，Krippendorff（1980）が統語単位（syntactical units）と呼ぶものである。統語単位は個別の単位として言語または媒体の中で生じる。言語におけるもっともシンプルな統語単位は語であるが，文，段落，記事，書籍もまた統語単位である。写真やビデオも，オーディエンスに関連し内容分析するのに適した意味を伝えることができる。たとえば，聖書の中にある統語単位は章の中の特定の節であるだろう。戯曲の中では，単位はシーンや幕での会話である。テレビでは，そのような会話が，コマーシャルや番組の中で見られるだろう。

統語単位を内容分析する際に伴う特別な問題が文脈である。どのように特定のコンテンツ単位，たとえばコメディ番組の会話を，その単位の前後にある会話から妥当な形で切り離すのか。とくに，文脈から切り離すことによって，伝達された意味を歪めてしまうのではないか。妥当性に関する章でより詳細に論じるが，より根本的な問題は分析するコンテンツ単位内の語から推論する意味そのものにある。ほとんどすべての内容分析は，何らかの統語単位に注目するため，こうした問題に取り組まなければならない。たとえば，バイアス，フレーミング，多様性，説得力，性的特徴，暴力といった研究テーマにおいて，そのような単位が調査対象となる。

観察単位のサンプリング

高い観察レベルから低いレベルへと，研究対象となるコンテンツへの観察の焦点を絞り込んでいくプロセスにおいて，入れ子の観察単位をどのように定義するのか思い出してほしい。定義したすべての観察単位に対する全データを収集できないならば，何らかの方法でサンプリングしなければならない。すべての観察単位の全数データまたは目的にかなった有意サンプルを持っていれば，後はその決定を正当化する論拠を示すだけでよい。しかし，もしデータがあまりに多いために観察単位からランダムサンプリングするならば，ランダムサンプリングした際の推論のルールを心にとどめておく必要がある。具体的にいうと，あるレベルの観察単位から抽出したサンプルで一般化できるのは，そのサ

ンプルを取り出した観察単位の母集団だけである。そしてそうした推論には一定量の誤差が伴う。そこで，先ほど言及した女性週刊誌の広告に対する研究で，複数の観察単位からランダムサンプリングをしたとして，この例が意味するものについて考えてみよう。

　仮説 3 ：10代の女性をターゲットにしたオンラインマガジンの広告に見られる女性像はほとんどが痩せ型である。

　このようなサンプリングはクラスターサンプリングや多段サンプリングに似ている（これらのサンプリング手法については次の第 5 章でより詳しく述べる）。まず10代の女性をターゲットとしたオンラインマガジンの母集団からサンプリングする。次にサンプリングしたオンラインマガジンの中で見つかるすべての広告をサンプリングしなければならないだろう。そして，女性の写真が掲載されている広告をサンプリングしなければならないだろう。それぞれの段階のサンプルにはサイズに応じた一定のサンプリングエラー（標本誤差）が生じる。すべての観察単位のレベルにわたるサンプリングによって最終的に累積されたサンプリングエラーには特別な計算が必要となるだろう。

4. 分 析 単 位

　分析単位は，理論的に関心がある 1 つかそれ以上の変数を定義し観察することができるよう分割されたコンテンツを意味する。すでに述べた事例のいずれの仮説でも，答えを得られるデータを観察することができるレベルに最終的に到達していた。いままさに，価値ある結果を得るために内容分析で行わなければならない作業の核心へとたどり着いたのである。コンテンツで観察できるように仮説の変数を定義しなければならず，もし関連した観察がなされたなら，発見したものを量化しなければならないということである。仮説 3 の例を引き続き使用すると，女性の体型をどのように定義するのか，その定義を用いて収集した女性の体型をどのように測定するのかということである。たとえば，体型に関する複数の観察可能な評価方法（たとえば，体重と身長の比率の計算，推定体脂肪など）に注目するだろう。関連した広告すべてを観察したとすると，

4. 分析単位　　　　　　　　　　　　　　　　　　89

それぞれの観察された体型の女性が出てくる広告の割合を計算するだろう。

　ところで，単一の「分析単位」が知りたいことや測定したい変数ときれいに一致することがあるかもしれない。たとえば，広告に女性が描かれているかどうかといったように。しかし，単にイエスかノーか，あるかないか，ということ以上の変数を扱うためには，分析単位を「発掘」しなければならない。この広告の例では，描かれている女性の人種や年齢を評価することもできる。また，モデルが着ている服装やそのモデルが購買を促している製品などに注目することもできるのである。

　内容分析が分析単位のレベルでなされているとき，分析者は理論的かつ経験的にきわめて重要な2つの決定をする。それは，コンテンツの定義（カテゴリへの分類）とコンテンツの測定（とくに，測定のレベル）である。これらの決定が仮説を提示する方法やリサーチクエスチョンに回答する方法を確定させる。

分類の体系

　内容分析では，コンテンツを観察する方法と変数を作り上げるカテゴリへと分類する方法を定義する。言い換えれば，仮説における各独立変数と従属変数はこれらの変数を表す少なくとも1つの内容分析のカテゴリでなければならない。独立変数と従属変数のカテゴリは，変数を測定する際のレベルに一致した値を持っているだろう。よって，仮説3の例を引き続き用いると，「女性の体型」という従属変数のカテゴリを設定するだろうし，その値は，(1)痩せている，(2)ふつう，(3)太っている，になるかもしれない。もちろん，すでに述べたように，広告の写真において観察されるどのようなものがモデルの体型のタイプを示しているのかを慎重に定義しなければならない。

　分類の体系は，仮説またはリサーチクエスチョンにおいて観察対象のコンテンツを理論的・概念的変数へと結びつける諸定義の集合である。先の例のように，変数が名義尺度レベルのとき，その変数はカテゴリという形をとる。違う例では，コンテンツの政治的傾向に基づいた数値を割り当てる変数は，リベラル，保守，中立というようなカテゴリを持つことになる。その変数とすべてのカテゴリは，カテゴリに対する値の割り振り方を指示する定義を有しているだろう。

変数の定義は，コンテンツの多様さを強調することができる。ニュースに関する研究では，記事が強調する地理的な位置に注目しているものがある一方で，紙面またはニュース番組内でのニュースの物理的な位置に基づいた重要度を示す数値を割り当てるものもある。分類体系はコンテンツを変数に変換する。

コンテンツは変数の定義に伴って多様な方法で分類される。繰り返しになるが，内容分析をする研究者が現在の研究と関連がある過去の研究において使用された概念定義と作業定義を参考にするのは賢明である。研究目的が知の体系を築くことだとすると，その目的に近づくためのもっとも効率的で効果的なやり方は，研究者が共通の定義を使用することである。もちろん，適切な定義や測定がなければ，新しい領域が開拓されなければならないだろうし，過去の誤りが修正されることもあるだろう。

Deese（1969）は内容分析の変数を概念化する際に役立つ6つのタイポロジーを提供している。以下でその6つの項目を見ていくが，個々の内容分析に使用されている分類体系は関連する過去の研究から導き出されるのがもっとも有用で，研究の具体的な仮説やリサーチクエスチョンによって導き出されるのがもっとも効率的ということを強調しておきたい。

Deese の分類は以下のとおりである。

　グルーピング（Grouping）　　分析単位（たとえば，ニュースの情報源）がある共通の属性（たとえば，ある争点におけるその情報源の位置づけ）を有しているとき，コンテンツはグループに分けられる。たとえば，Hickerson, Moy, and Dunsmore（2011）が行ったアブグレイブ刑務所における捕虜虐待に関する *New York Times* の報道の研究では，その記事をフレーミングするために使用された情報源の種類が分類されている。

　階層構造（Class Structure）　　階層構造はグルーピングに似ているが，こちらは序列的な関係性を持つ。ある階層（またはグループ）は他のものよりもより高い位置にある。Deese（1969）によると，「抽象的に，カテゴリカルな構造は階層的に順序立てられた樹形図として表される。その樹形図では，それぞれの結節点がそれよりも下位にあるすべての概念の性質を示す属性や特徴を表している」（p. 45）。コンテンツの抽象度を3つのレ

ベル（一般的，教義的，実体的）で扱う Strodthoff, Hawkins, and Schoenfeld（1985）の分類体系は，雑誌の情報がどの程度具体的かということに基づいた階層構造を伴っている。

次元的な順序または尺度（Dimensional Ordering or Scaling）　数的な測定に基づいてコンテンツを分類することができる。Deese（1969）は測定に典型的に伴う5つの抽象的な性質を挙げている。それは(a)度合い，(b)数，(c)確率，(d)位置または長さ，(e)時間である。多くの内容分析は，これらの測定タイプのどれかを含む。Washburn（1995）は3つの商業放送と3つの非営利放送ネットワークを用いてラジオニュース放送のコンテンツを研究した。Washburn の変数には，分，秒単位での放送の長さ，個別のニュースの本数と各ニュースへと割り当てられた平均時間がある。Washburn はまた大統領選挙，外交政策，国内政策のような特定のトピックに割り当てられるニュースの本数を調べた。ここに挙げたものはすべて次元的な尺度のひとつの形を示している。

空間的な描写とモデル（Spatial Representation and Models）　言語は認知空間や地図を表すものとして考えられている。語と言語の意味は，心的空間モデルの中に位置づけられる。人はその空間モデルの中で，連続体や次元に沿って主題や争点，人々を評価することができる。多くの研究者が，言語を空間地図に例えることを試みてきた（Haney, 1973）。Osgood, Suci, and Tannenbaum（1957）は，人々がある概念に与える意味を測定するために，意味の差異を明確にするための意味空間という概念を使用した先駆者たちである。

空間モデルは，コンテンツには記述すべき2つ以上の次元があると想定している。これらの意味の諸次元に従ってコンテンツを記述することは，内容分析を通して意味の差異を適用することに似ている。ある映画は「良い―悪い」「効果的である―効果的でない」のような7段階尺度に沿って記述されることがあるだろう。このような複数の次元を持つ空間モデルを使用することによって，内容分析をする研究者はシンボルに付与された複雑な意味を探求することができる。たとえば，Hua and Tan（2012）は中国とアメリカのメディアが2008年のオリンピックにおけるアスリートたち

の成功を描いた際の文化的な次元を特定した。中国のメディアは社会的なサポートを強調する次元をより頻繁に用いており，一方でアメリカのメディアはアスリート個人の特質を強調する次元を頻繁に用いていた。

　抽象的な関係性（Abstract Relations）　次元的な尺度と空間的な描写は，両方とも言語をより具体的にするための試みである。これらは抽象的な概念を考えたり測ったりする実践的な方法なのである。しかし抽象的な概念の中には，空間的な描写や次元的な尺度には適合しないものもあるかもしれない（テレビの登場人物の間での友情など）。次元的な尺度と空間的な描写はコンテンツを，そのコンテンツの中の要素間に存在する関係ではなく，共通の特徴によって分類するためである。だが，コンテンツの中に表現されている抽象的な関係性を明記し具体化することができるような分類体系もある。

　たとえば，Wilson, Robinson, and Callister（2012）らは，*Survivor* というリアリティ番組の内容分析において，登場人物が関わる反社会的な振る舞いのタイプに注目した。彼らは，間接的な攻撃と言葉による攻撃がもっとも頻繁に描かれていたことを発見した。この間接的な攻撃は，攻撃対象となる登場人物が知らないところで起こるものであり，その登場人物を傷つけるか，その登場人物の人間関係を破壊するための行為または言葉によって定義されていた。言葉による攻撃は攻撃対象の登場人物を貶めるまたは屈辱を与えるための直接的な試みとして定義された。また彼らはそのような振る舞いが先行研究と比較して増えていたことも発見した。

　二元的な属性構造（Binary Attribute Structure）　英語とそれに関連する言語において，人またはモノに付与される特徴はしばしば対義語を有している。「良い（good）」の反対は「悪い（bad）」，「明るい（bright）」の反対は「暗い（dark）」である。必ずしも概念をこのような二元的な用語において考える必要はないが，これらの二元構造はしばしばコンテンツの中で見られる。ジャーナリズムの分野では，レポーターは多くの読み手によって主観的とも客観的とも評価される。

　Kenney and Simpson（1993）は *Washington Post* と *Washington Times* に掲載された1988年の大統領選挙戦の写真におけるバイアスを調査した。

4. 分析単位   **93**

　写真は民主党と共和党の候補者に対して好意的な写真，非好意的な写真，
中立的な写真に分類された。この2人と同様に，Brown and Campbell
(1986) もミュージック番組（MTV）のコンテンツを研究し，向社会的・
反社会的のようにミュージックビデオのコンテンツを分類した。

　Deese が挙げたような分類体系は特定の研究にとってきわめて重要である。
しかし，個々の研究を超えた示唆も得られる。なぜならば，コンテンツの分類
は概念の妥当性とその概念の測定方法の妥当性に関連しているからだ。コンテ
ンツに対する分類体系の選択は，理論的な基礎を持たなくてはならない。その
ような体系における変数の妥当性は論理的に示されるか，経験的に確立されて
いなければならない。このことについては第7章にてより深く議論する。

分類体系の要件

　どのようなコンテンツの分類体系が有用なのかは研究によってさまざまであ
るが，それらすべての分類体系は経験的研究の論理によって方向付けられたあ
る要件を満たさなければならない。内容分析において使用される概念や測定方
法の妥当性を確立するためには，これらの要件を満たすだけでは必ずしも十分
ではないが，必要ではある。とくに，カテゴリを作る過程ではコンテンツ内の
変数を定義するための明確な指示が必要となる。これにより変数を信頼性があ
る形でコーディングすることができる。変数を定義するためのこれらのコーデ
ィングの指示は5つの要件を満たさなければならない。変数の定義は，(a) 研
究の目的を反映し，(b) 相互排他的であり，(c) 網羅的で，(d) 独立してお
り，(e) 単一の分類原理に由来するものでなければならない（Holsti, 1969, p.
101)。

　研究目的を反映させるために，研究者は理論的に変数を適切に定義しなけれ
ばならない。そして，コーディングの指示は，コンテンツ単位をこれらの変数
におけるカテゴリに位置づける際の手順と理由を明確にしなければならない。
これらの指示は変数の理論的な定義と合致する作業定義を提供する。作業定義
は理論的な概念の信頼できる妥当な測定方法でなければならない。

　記録単位に数値を割り当てる際に，分類体系は相互排他的でなければならな
い。もし環境問題に関する雑誌の記事が，環境保護を重視する記事とそうでな

い記事として分類されなければならないとすると，記事はその両方に当てはまりうると論理的には考えられてはならない。コンテンツのパターンを研究するために統計を使用するには，これらの意味において単位が一義的であることが必要であり，あるコンテンツ単位へ2つ以上の数値を割り振ることは曖昧さを生むのである。

　もちろん，ひとつの記事が環境保護を重視する記述とそうでない記述の両方を含むかもしれない。そのような場合，問題を解決するためには，相互排他的に分類することができるより小さい分析単位を選択することになる。記事を分析単位として選択するのではなく，記事の中にある発言・意見を分析単位として，コンテンツを環境保護を重視するものとそうでないものに分類する。相互排他的なカテゴリを設定する際には，曖昧さを減らすまたは排除するために，カテゴリの綿密な検討と慎重な検証が求められる。これに関しては，コーダー間の信頼性に関する第6章でより詳しく扱う。

　変数のカテゴリにおける相互排他性に加えて，分類体系は網羅的でなければならない。すべての関連するコンテンツ単位はいずれかのカテゴリに属していなければならない。この条件は大きな注目を集めているコンテンツ研究の分野では容易に満たすことができる。しかしながら，ウェブコンテンツのような比較的まだ研究されていない分野では，網羅的なカテゴリ案を作ることはより難しくなるだろう。しばしば，研究者はすでに定義されたカテゴリに適合しない単位を「その他」のカテゴリに放り込んでしまいがちである。たとえばローカルニュースというひとつのカテゴリに主な関心があるならば，こうした処理も適切かもしれない。そのような場合，重要な情報を失うことなくローカルニュース以外のニュースをひとつにまとめることができる。

　しかし，「その他」を使用することは慎重に行うべきだろう。関連するコンテンツ単位が「その他」のカテゴリに分類されればされるほど，研究者がそのコンテンツについて得る情報は少なくなっていく。研究対象のコンテンツと類似するコンテンツを用いて幅広く事前テストを行うことが，網羅的なカテゴリを作るのに役立つ。事前テストをしながら，研究者は分類体系を見直し，定義を調整することができる。

　分類における独立性という要件は，あるコンテンツ単位を1つのカテゴリに

4. 分析単位

分類するということによって，他の単位の分類が影響を受けないことを意味する。このルールは，コンテンツを順位付けする際に，またはある変数のコーディングが他の変数の値を規定する際に，しばしば無視されるルールである。独立性はコーダー間の信頼性の評価と，その後の集められたコンテンツデータに対する統計的分析にとっても重要な特性である。コーダー間の信頼性という点では，たとえば変数2に関する一致（不一致）が変数1に対するコーディング指示によって「強制」されているかもしれず，結果として変数2に対する信頼性評価を歪めてしまう。また，集めたデータに対する統計的な分析という点では，コンテンツのサンプルの中での関係性からなされる母集団に対する推論が妥当でなくなるかもしれない。

ある例がこの点を明確にしてくれる。ある時期におけるマイノリティの登場人物の数を調べるために2つのコメディ番組と2つのドラマ番組を調査したとしよう。それぞれの番組は1年あたり新しいエピソードを20回放映する。ある分類体系においてはアフリカ系アメリカ人，ヒスパニック，ネイティブアメリカン，アジア人の登場人物の数に基づいて順位をつけていく。ある期間にもっとも多くの登場人物を登場させた番組は1位になり，2番目に多い番組が2位，と続いていく。他の分類体系では，ひとつのエピソードあたりの登場人物の平均値が計算される。

放映シーズン全体で，マイノリティの登場人物がコメディAには5人，コメディBでは3人，ドラマAでは4人，ドラマBでは2人だったとしよう。順位付けの体系では，「テレビのコメディ番組はドラマ番組より多くのマイノリティを登場させている。なぜならば，コメディ番組が1位と3位でありドラマ番組は2位と4位だからだ」という結論を得るだろう。この分類体系は，順位付けの割り当てが独立ではないので，コメディ番組とドラマ番組に大きな違いがあるという印象を与える。上位3つの順位が割り当てられると，結果的に4位が決まる。しかし，異なるコーディング基準を用いて計算すると，コメディ番組1回あたりのマイノリティの登場人物は平均.20人（登場人物8人／エピソード40回）という値となり，ドラマ番組1回あたりの登場人物は平均.15人（登場人物6人／エピソード40回）という値となる。2つ目の分類体系から得られる結論は，「どちらの番組もマイノリティをあまり登場させてはいない」

ということである。したがって，エピソード1回あたりの登場人物数のような独立性がある体系は，テレビ番組に関するより妥当な結論を提供してくれる。

最後に，それぞれのカテゴリは単一の分類規則を持つべきであり，その規則によって異なる分析レベルが区別されていなければならない。たとえば，何が重視されているかによってニュース記事を分類する体系は，地理的な位置（地域，全国，国際）とトピック（経済，政治，文化，社会）という2つの次元を持つことがあるだろう。それぞれの次元は単位を分類するための個別の規則を持つだろう。地理的な位置を表す地域，全国，国際というカテゴリと，トピックを表す経済というカテゴリが1つの次元を表すかのように扱う分類体系は，単一の分類規則を持つべきであるというルールに違反している。そのような枠組みの中で分類をさせる規則は，コンテンツの中の地理的な手がかりとトピックの手がかりを混同してしまう。

単一の分類規則を持たない体系はしばしば相互排他性という規則を破ることにもなる。地域，全国，国際，経済という4カテゴリを1つの次元として使用する分類体系では，地域の経済問題に関わるコンテンツを分類することが難しい。

5. 尺度のレベル

コンテンツに割り当てられる数値は，名義尺度，順序尺度，間隔尺度，比率尺度という4つのレベルのうち1つを表している。これらのレベルは，その数値が持つ情報の種類に関わるものであり，すべての社会科学において使用される尺度のレベルと同じものである。

名義尺度では，コンテンツのカテゴリに数値を割り当てる。もし新聞記事の中でもっとも報道されている国はどこかを調べたいとすると，研究者はそれぞれの国に数値を割り当て，記事の中で書かれている国に基づいて適切な数値を記事に割り振るだろう。ドイツには1，日本には2といったように，それぞれの国に割り当てられた数値は任意のものである。

ドイツに10を，日本に101を割り当ててもよいだろう。この数値は記事にそ

5. 尺度のレベル

の国が登場しているという意味でしかない。言い換えれば，名義尺度では同じ数値であれば同じカテゴリに属し，異なる数値であれば異なるカテゴリに属する（もし41がアイルランドに関する記事をコーディングするために使用されると，それらの記事はすべて41という値を与えられ，それ以外の数値がアイルランドに関する記事を表すことはない）。

アメリカの非営利公共ラジオ放送である National Pacific Radio と Pacifica Radio のラジオニュースを比較した Stavitsky and Gleason（1994）の研究では，それぞれの情報源を政府，市民，専門家，ジャーナリスト，活動家という5つのカテゴリに割り振った。これらのカテゴリにはコンピュータに入力するための数値が割り振られた。しかし，その数値は任意のものであり，それぞれのカテゴリごとの割合を計算するためのものでしかなかった。この論文では，カテゴリに割り振られた数値そのものではなくて，カテゴリのラベルによって結果が報告されていた。

名義尺度は2つの異なる形態をとる。1つ目が変数に含まれるカテゴリ群のどこに属するかを表すものである。その変数内でのそれぞれのカテゴリは1つの数値を与えられる。先ほどの国に関する例のように，ドイツは1，日本は2，ブラジルは3を与えられ，それぞれが国のカテゴリを表す。

名義尺度の2つ目の形態は，それぞれのカテゴリを個別の変数として扱い，あるケースがそれぞれのカテゴリに当てはまるかどうかを表すものである。ドイツに関する記事に1，日本に関する記事に2を割り振るかわりに，それぞれの記事がドイツに関わるものなら1，そうでないなら0を割り振る。同様の作業を他の国についても行い，各記事はそれぞれの国の変数に対して1または0の数値を持つことになる。

1つの変数でアプローチする場合，その変数の中に複数のカテゴリが含まれ，1つずつ数値が割り振られることになる。複数の変数によるアプローチでは，それぞれのカテゴリが個別の変数になり，その変数の特性を持つ場合は1，その特性を持たない場合は0というような数値を伴う。複数の変数によるアプローチにより，同じ記事をいくつものカテゴリに分類することができる。このアプローチは，ある単位を2つ以上のカテゴリに分類する必要がある場合はとくに有用である。たとえば，個々の新聞記事が2つ以上の国を扱う場合，複数の

変数によるアプローチのほうがよく機能するだろう。

　順序尺度もまたコンテンツ単位をカテゴリに分けるが，そのカテゴリはコンテンツ単位に対して順序を与える。それぞれのカテゴリは他のカテゴリと大小関係を持つ。カテゴリを順序付けることによって，単位をカテゴリにただ分類するよりもコンテンツについてのより多くの情報を伝えることができる。単位の順序付けはどのような特徴に基づいていてもよい。たとえば，目の付きやすさ（ある出版物においてはじめに登場する記事はどれか）によって順序付けることもできるし，その単位の中に含まれるなんらかの要素の数（出版物の中で述べられた主張の多さ）によって順序付けることもできるし，ある出版物内での単位の位置（新聞の一面はそれ以外のページよりも重要性があることを意味する）によって順序付けることもできる。

　間隔尺度は順序の性質を持っているが，数値それぞれの間隔は他のすべての間隔と同等であることを想定している。2と3の差は，3と4の差と同等である。コンテンツ単位の数を数えるような単純な作業は，間隔尺度の良い例である。もし研究者がある時期の間でニュース雑誌に掲載された記事の数を調べたいなら，その時期に発行されたそれぞれの号で公開された見出しを持つ記事を数えるだろう。

　比率尺度は間隔尺度と似ている。なぜなら，数値の間の差は同等だからである。しかし，比率のデータは意味があるゼロを持っている。雑誌に書かれた単語の数を数えることは，意味があるゼロを持たない。それは，そもそも，雑誌とは単語を持つものだからだ。しかし，もし研究者が雑誌の能動態の動詞の数を数えるならば，その尺度は比率尺度になる。雑誌全体が受動態の動詞で書かれていることは（まずないだろうが）ありうる。比率のデータは意味のあるゼロを持っているので，研究者はデータ間の比率を発見することができる（たとえば，雑誌Aは雑誌Bの2倍の数の能動態の動詞を使用している）。

　いくつかの状況では，あるカテゴリに含まれる単位が全単位のうちに占める比率を計算すれば，名義的な分類体系から比率データを作ることができる。たとえば，Beam（2003）は強いマーケティング志向を持つ新聞とそうでない新聞のコンテンツが異なるのかどうかを研究した。Beamはコンテンツ単位をトピックと記事のタイプから多様なカテゴリに分類した（その単位はページ上で

他のコンテンツとは独立していると理解できる単位である）。Beam はそのカテゴリ内でのコンテンツ単位の割合を計算した（たとえば，政府や「公共圏」に関するコンテンツの割合）。そして，マーケティング志向が強い新聞での割合とそうでない新聞での割合を比較した。名義データが比率データに変換された理由は，一般的には発行部数によって，コンテンツ単位の数が新聞ごとに異なるからだ。比率尺度は単位の数を問わず相対的に強調の度合いを比較できる。

間隔レベルと比率レベルの変数を内容分析で使用することの利点は，これらによってより洗練された統計的手続きを採用することができるようになる点である。なぜならば，平均やばらつき（分散や標準偏差）の値を計算できるからだ。重回帰分析のような手続きは，研究者が多様な変数の影響を統計的に統制し，関心がある関係性だけを取り出すことを可能にしてくれる。数ある事例の中で，Hindman（2012）は医療制度改革が家庭に恩恵をもたらすことの信用性を説明する要因を特定するために階層的重回帰分析を使用した。

尺度レベルの重要性

変数に対する尺度レベルの選択は，2つのルールに拠っている。選択された尺度レベルは理論的に適切であり，変数に関する情報を可能な限り多く伝えなければならない。理論的に適切という意味は，その尺度がコンテンツの性質と特定の仮説を反映しているということである。もし仮説が「女性の物書きは男性の物書きよりも描写的な形容詞を多く使用する」であるなら，コンテンツは書き手のジェンダーという名義変数に割り振られなければならないだろう。描写的な形容詞という変数はいくつかの形態をとりうる。描写的な形容詞があるかどうかによって記事を分類すると，それは名義尺度となる。しかし，この名義レベルは，文章の実態を汲み取っていない。なぜならば，記事には形容詞がひとつしか使われていないこともあれば，100回使われていることもあるが，それらすべてを同等に扱ってしまっているからだ。より多くの情報を含む望ましい測定方法は，それぞれの記事にある描写的な形容詞の数を数えることだ。これは比率レベルの尺度であり，より洗練された統計的手法を可能にするだろう。

実際，変数が測定されるレベルによってどのタイプの統計的手法が使用可能

となるかが決まる。なぜならば，それぞれの手法は一定の尺度レベルを満たしていることを前提とするからだ。間隔レベルか比率レベルを前提とする手法はパラメトリック手法と呼ばれる。これは，サンプルから母集団のパラメーターをより詳細に記述するために，母集団が一定の分布（正規分布など）になっていることを必要とするものである。名義レベルと順序レベルの測定は母集団の分布についての前提を持たず，関心がある母集団を記述するには正確さが低くなる。そのようなノンパラメトリックな統計的手法によってデータセットから得られるパターンの情報は少なく，より解釈しにくいものであることが多く，統計的な統制も難しくなる。

コーディングのルール

どの分類体系を使用するとしても，量的内容分析はコーダーがコンテンツに数値を割り当てる際に従うべきルールを作成しなければならない。もちろん，数値の割り当て方は選択された尺度レベルを反映しており，その尺度のレベルは関心のあるコンテンツ変数と関係がある。そのルールはあるコンテンツ単位に，ポジティブな記事なら1，ネガティブな記事なら0と割り振るようなシンプルなものかもしれない。名義的なデータに対するコーディングのルール では，グループに対して恣意的に数値を選ぶことが求められる。しかし，事前に分析の種類を見通しておけば，数値の割り振り方が定まる。たとえば，ある従属変数を予測するための多変量解析は名義レベルの独立変数を使用するかもしれない。この例では，「ある」場合は1，「ない」場合は0と独立変数を2値でコーディングすることで，円滑に分析をすることができる。またたとえば，もし分析がジェンダーを扱うならば，関連するコンテンツのうち男性を含むものは0，女性を含むものは1とコーディングすることができるだろう。

間隔または比率レベルのデータに対して，このコーディングのルールは，空間または時間の測定に関する指示になるかもしれない。たとえば，新聞記事の長さを測定する際のルールには，紙面のどこを測定するのかという物理的な記述が必要である。この場合，比率尺度が使用され，相関分析や重回帰分析といった手法が円滑に使用できるようになる。

コンテンツに数値を割り当てるためのルールがどのようなものであれ，ルー

ルは明確で一貫していなければならない。すべてのコンテンツ単位に同じ方法
で数値が割り当てられる。もし研究者がテレビ番組で暴力行為に割かれる時間
の割合を調べるならば，コーディングのルールは暴力行為の開始時点を明確に
指示しなければならない。

このルールの完成度は研究の妥当性と同様に信頼性に影響するため，そのル
ールに基づいた数値の割り当ては一貫していなければならないのである。

6. 測定のステップ

コンテンツを測定するプロセスは次の5つのステップにまとめられる。

1．仮説またはリサーチクエスチョンを立てよう。この2つは，研究したい変
　　数とそれを観察するための尺度レベルを特定するよう促し，研究の基盤を形
　　成する。データが分析され説明される際に，仮説やリサーチクエスチョンは
　　明示的に述べられるべきである。
2．研究したい変数を使用している，またはその変数の測定方法に関して議論
　　している既存の文献を調べよう。社会科学の研究はすでに知られていること
　　に立脚すべきである。この知見は定式化された理論の形でもっともよく提示
　　されている。しかし，明示的に提示されている理論は存在しないこともあり，
　　その場合，新規の研究は既存の経験的な研究を基礎とする。また，解説論文
　　は方法論や測定の問題を扱っていることもある。どのような形態であれ，既
　　存の文献をレビューすることは正確な測定のためには必要不可欠である。

はじめに文献を参照することで，その研究で取り扱う変数の理論的な定義を
得ることができる。理論的な定義は測定を方向づけるために重要である。なぜ
ならば，測定の表面的妥当性を確立する際に機能するからだ。もし，変数の測
定が理論的な定義を合理的に表していれば，その測定は表面的妥当性があると
言えるのである（詳しくは第7章を参照）。

3．すでにある優れた測定を踏襲するか，既存の測定では十分ではない場合は，自分で測定を調整しよう。文献をレビューすることで，変数の理論的な定義が得られ，それらの変数を作業化できるようにもなるだろう。しかし，研究者は既存の測定を注意深く使用する必要がある。既存の測定は，批判的に用いられるべきである。自分が研究する変数はそれらとは少し異なるかもしれず，すべての測定はエラーを含んでいる。

　もし修正した測定を使用するならば，新しい測定は表面的妥当性を持つべきであり，既存の測定と一貫していなければならない。この修正によって，自分が研究する変数を理論的な定義に則してより一貫性があるものとし，測定のエラーを減らすことを目指すべきである。

　このステップの間に，研究者は変数に対して適切な尺度レベルを決定しなければならない。このレベルは理論的な定義を反映していなければならない。もし新しい測定を開発するならば，それが可能なときには，より高い尺度レベルを目指すべきである。より高い尺度レベルは仮説検証をより正確なものにする。

4．コーディングマニュアルを作ろう。明確なコーディングマニュアルでは，コンテンツのカテゴリはできるだけ詳細に定義され，かつ，実践的でなければならない。その定義が詳細であればあるほど，信頼性も高くなる。しかし，コーディングマニュアルをあまりに細かくすることで，適用することが困難になることのないよう注意しなければならない。

　カテゴリを定義することは，コンテンツの種類を選択し，分類体系を設定し，コーディングのルールを決定することを伴う。これらの判断は，論理的な順番でなされ，かつ，説明されなければならない。それによりコーダーはコーディングする際に容易にマニュアルに従うことができるようになるだろう。

　マニュアルはコーディングの過程がどう進められるかについて具体的な手続きに関する情報をも含んでいる。たとえば，研究対象となるコンテンツの範囲を限定するために，数値や物理的な境界をどのように切り上げるかというルールを含んでいるだろう。

5．コンピュータに入力することを見越して，データを記録するためのコーディング体系を作ろう。どんな量的内容分析のプロジェクトでもデータ分析にはコンピュータを使用するだろう。データをコンピュータに直接入力しないのであれば，紙のコーディングシートが必要になる。その場合，カテゴリに関する数値は紙のコーディングシート上に記載され，次にコンピュータへと入力される。コンテンツとコンピュータの間を行ったり来たりする場合には，コーディングの流れを阻害しないようなプロセスを構築するよう心がけ，コーディングにかかる時間を増やさないよう注意すべきである。

さまざまな形式のコーディングシートが使用されるだろう。もっとも重要な点は，データ入力の際の効率性とコストダウンである。また，コーディングマニュアルとコーディングシートは，相互に参照しやすいことが重要である。そしてその両者の間で一貫するように，変数が整理され，数値が記録されるべきである。コーディングシートについては第6章で詳しく述べることにする。

7．ま と め

測定は，概念の理論的な定義から変数という数字へと移行するプロセスである。このプロセスは作業化と呼ばれる。測定のプロセスは，関心のある適切なコンテンツを特定し，そのコンテンツに対する適切な分類体系をデザインすることである。分類体系はコンテンツ単位を用いることで，変数の定義を明確にし，その変数に対するカテゴリを洗練させる。これらの変数カテゴリは数値へと変換されなければならない。この際に，適切な尺度レベル，コンテンツを分類する際の体系，そして，コンテンツに数値を割り当てるためのルールを選択することが必要になる。

このプロセスは，コンテンツに含まれる概念を測定する際の妥当性と信頼性を最大化するコーディングマニュアルによって統率されている。コーディングマニュアルによってさまざまなコーダーが測定を再現できるようにしなければ

ならない。そして，測定して得られたデータは，仮説を検証したりリサーチク
エスチョンに答えたりするために，統計的に分析される。ほとんどの場合，そ
のような分析はコンピュータの統計パッケージによって実行される。

第5章■

サンプリング

　第3章で示した内容分析のモデルで残されていた疑問は,「仮説を検証しリサーチクエスチョンに答えるためにどれだけのデータが必要となるだろうか」というものであった。この問いに答えるにあたっては,関連するすべてのコンテンツと,それらのコンテンツのサンプルを区別しなければならない。社会科学者にとっては,サンプリングなどというものが問題にもならず,関連するすべてのコンテンツを研究に使用することができるというのが理想的な状況だろう。たとえば,テレビにおけるジェンダー表象の研究において,関連する全期間,全チャンネルのあらゆる番組を検証することが可能という状況である。

　しかし現実には,研究者は時間や金銭面とのトレードオフに直面してしまう。母集団に何千,何百万ものコンテンツ単位が存在するとき,関連するすべてのコンテンツを検証することは現実的ではない。また別の状況では,研究者がすべてのコンテンツを入手することができないこともある。このような障害によってすべてのコンテンツ単位を調査できないことがあるため,サンプリングを用いることが必要となる。

　サンプルとは,研究対象となる母集団全体から抽出された単位の集まりである。通常,サンプルは母集団を代表していなければならない。確率的サンプル(単位はランダムに選ばれる)を使用するならば,研究者は研究対象となるコンテンツの母集団について妥当な推論を導くことができる。確率的サンプルから導き出される推論にはサンプリングエラーが生じるが,研究者は統計的な手法によって,どの程度の幅のサンプリングエラーが存在するかを一定の確率で

推定することができる。一方，研究者がランダムサンプリング以外の方法でサンプルを抽出する場合（多くの人がそうしているに違いない），サンプルの代表性にはバイアスが生じ，サンプリングエラーを正確に計算することはできない。そうなると，サンプルと母集団とがどれほど異なっているかを知ることは不可能である。したがって，そのようなサンプルから母集団に行われる一般化はどれも疑わしいものとなる。

　コンテンツのサンプリングは，社会調査で行われるサンプリングと同様の手順を踏む。いずれの場合も，研究者は研究の目的やデザインにとって適切な理論母集団（universe），母集団（population），サンプリングフレーム（sampling frame）を決めなければならない。理論母集団とは，考えうるすべてのコンテンツ単位を含むものである。母集団とは，すべてのサンプリング単位から構成され，推論の対象となるものである。サンプリングフレームとは実際の単位のリストであり，サンプルはそこから選ばれる。

　ひとつの例を示して，これらの関係を明瞭にしよう。ウィリアム・シェイクスピアによる戯曲の歴史的正確さを研究しようとしている場合，その作品が世に知られているか否かを問わず，シェイクスピアによって書かれたすべての戯曲が理論母集団となる。しかし，シェイクスピアの書いた戯曲には未発表のものや時代を経て失われたものがあるかもしれないため，母集団は現在知られているすべての戯曲となる。最後に，サンプリングフレームは研究者が利用可能な戯曲のリストである。サンプリングフレームと母集団が一致する場合，リストからランダムに抽出されたサンプルは母集団のサンプルとなる。もし戯曲のひとつが絶版となっていてコピーも利用できない場合，母集団とサンプリングフレームは異なったものとなる。母集団の完全なセットが利用できないときには，サンプリングフレームはあくまでも利用可能なコンテンツに限られ，推論はその範囲についてのものとなる。

　このシェイクスピアの例は，研究しようとするコンテンツが必ずしもサンプリングのために利用可能なコンテンツと一致しないことを示している。たとえば，テレビドラマにおいてアフリカ系アメリカ人の登場人物が担う職業的な役割を探索する内容分析では，当然ながらコンテンツをサンプリングする前にすべての登場人物のリストを手に入れることはできない。つまり，すべてのアフ

リカ系アメリカ人の登場人物を母集団とすることはできるが，サンプリングフレームのリストは事前に入手することができない。この問題は，多段サンプリングと呼ばれるサンプリング手法によって解決できるかもしれない。この手法では，サンプリングフレームのリストを簡単に用意できるテレビドラマ群からまずサンプリングし，次にそれらのテレビドラマ群におけるアフリカ系アメリカ人の登場人物を分析する。こうした問題を解決するためには何種類かのサンプリング手法が利用可能であるが，それらの手法を選択する際には，コンテンツ単位の理論母集団と，研究者が分析しようとしている単位の母集団，そして研究の実施を可能にするサンプリングフレームとの間の違いを理解しておく必要がある。

1. サンプリングの期間

　社会調査をする研究者はたいてい，ある時点での横断的な研究を行う。そのような研究者は，人々の態度や認識を調べるためにある時点でサンプルとなる回答者を抽出する。内容分析をする研究者も横断的な研究をすることはあるが，たいていの場合は複数の時点で生じるコンテンツを研究する。コミュニケーションは現在進行形であり定期的に生じるため，一定の期間を複数の時点で分析しなければ，コンテンツを形成する力やコンテンツによる効果を理解することは難しい。

　コンテンツがいくつかの時期で利用可能である場合，時系列の変化を扱う縦断的なデザインが可能となる。たとえば，Danielson, Lasorsa, and Im（1992）は1885年から1989年までの新聞や小説の読みやすさを比較した。Danielson らは，この104年間で *New York Times* と *Los Angeles Times* の読みやすさが低下した一方，小説の読みやすさは上昇したことを発見した。第3章で論じた長期的な内容分析のデザインでは，コンテンツと同様に時点もサンプリングの対象と考え，母集団とサンプリングフレームを定義する必要がある。

　内容分析においてはコンテンツ単位と時点をサンプリングする必要があるが，そのためにどういった母集団の推定が適切であるかということについて混乱を

招きうる。たとえば Kim, Carvalho, and Davis（2010）は，新聞とテレビにおける貧困のニュースフレームを研究した。彼らは３つの放送局（ABC, CBS, NBC）を選んでテレビのコンテンツを抽出するという有意サンプル（後述）を用いた。新聞については，世帯収入の中央値によるランク付けから，上位10位以内の４つの州と下位10位以内の４つの州を選び，そこから１紙ずつ日刊紙を抽出した。さらに研究対象の15年間で60本以上のニュースが報じられていれば，そこから60本の記事がランダムに抽出された。このようにコンテンツをランダムサンプリングすることで，コーディングにかかる時間を短くしながら，対象となる全期間でこれらの報道機関に対する推論が可能となった。だが，報道機関は有意サンプリングで抽出されているため，研究対象となっていない他の組織についての推論はできなかった。

　ウェブ上にコンテンツが投稿されるタイミングに関心を示した研究者もいる（Mahrt & Scharkow, 2013）。ウェブコンテンツには予測可能な発行間隔がなく，ほぼ誰でもコンテンツを投稿することができるため，オンラインコンテンツをいつサンプリングするかがよりいっそう重要となる。だが，たしかにインターネットはサンプリングにおける時間の問題を生じさせるが，そうした問題は他のメディアでもある程度生じるものであって，インターネットに固有のものではない。メディアコンテンツには脈々と続く変化の歴史がある。19世紀には複数の日刊紙があり，今日では複数のテレビニュースがある。さらに，手紙と電話を通じた対人コミュニケーションは，刻々と変化するコンテンツをつねに生み出してきた。そうしたコンテンツは，識別可能な周期に従うことは決してない。

　コンテンツがタイムスタンプとともに保存されていなければ，ウェブコンテンツのサンプルに対する時間の影響はもっとも大きな問題を生じさせる。保存されたコンテンツは検索され，サンプリングフレームを作り上げる。保存されずタイムスタンプもない素材は，それが投稿されたときに収集しなければならないが，このことがサンプリングの問題を生む。それは，インターネット上のコンテンツをあらかじめ決めた時間にランダムに収集するソフトウェアを使用する際の問題である。実際，アーカイブ化されておらずタイムスタンプも記録されていないコンテンツを分析しようとする研究者は，ソフトウェアを使って

自前のアーカイブを作り上げなければならない。このようなオンラインコンテンツをサンプリングする際の論点については後述する。

どのような情報流通システムであれ，内容分析で推論をする場合には，その推論がコンテンツに関係するのか，時間に関係するのか，あるいは両方に関係するのかを明示するべきである。適切な推論の次元（コンテンツまたは時間）は，何に対して確率的サンプリングを用いたのかによって決まる。

2. サンプリングの手法

もっとも基礎的なレベルでは，サンプリングとは分析のためのコンテンツ単位のグループを選ぶことを意味する。サンプリングがどのようになされたかということが，そのコンテンツ単位の分析から引き出される結論に影響を及ぼす。サンプリングエラーを推定し，コンテンツの巨大な母集団を推測するためには，そのサンプルは確率的サンプルでなければならない。非確率的サンプルに対するサンプリングエラーの推定は無意味であり，そのサンプルが抽出された母集団を記述する推測統計は十分な妥当性を持たない。

サンプルの収集は，研究者が直面する基礎的な問題である。サンプルによって，過度の時間を費やすことなく，より大きなグループについて妥当な結論を導くことが可能となる。そしてこのサンプルを収集する際にサンプリング手法が重要となるのである。

全数調査

全数調査とは，母集団の全単位を内容分析の対象とすることである。Harp, Loke, and Bachmann（2010）は，2003年から2007年までの間に *Time* に掲載されたイラク戦争に関する記事406件を分析し，戦争を非難する主張が1609回なされているのを発見した。この主張に関する全数調査は，母集団についてもっとも妥当な議論を提供している。なぜなら，そこにはすべての単位が含まれているからだ。しかし，あらゆる研究には対象とする期間と関連する出版物の量について限界がある。たとえばこの研究では，記事の確率的サンプルを用い

ることでコーディングの時間を減らすことも可能である。その分の時間を使え
ば，分析する雑誌の数を増やし，*Newsweek* と *U.S. News & World Report* を
含めることもできる。

　特定の出来事や一連の出来事を検証する研究にとっては，全数調査がもっと
も有意義な方法であることが多い。Jung（2002）は，*Time* と *Fortune* が親会
社である Time, Inc. の関わる 3 つの企業合併をどのように伝えたかを研究しよ
うとした。その研究で Jung は，*Time* と *Fortune* を含む 3 つのニュース雑誌
と 3 つのビジネス雑誌で，合併の告知がなされる前月に発行されたすべての号
を調べることから始めた。これらの 6 誌は期間内に合計22号を発行しており，
そこからこの企業合併に関するすべての記事と画像が分析対象とされた。企業
合併を取り上げるこれらのコンテンツの母集団は比較的小さいため，ランダム
に抽出されたサンプルでは関連する記事全体の傾向を推論しようもないだろう
し，おそらく結果を歪めてしまうだろう。

　全数調査とサンプルのどちらを用いるかは，研究目標を達成するためにコー
ダーの時間をどのように使うのがベストであるかという点によって決まる。全
数調査が適当であるか否かは，個々の研究プロジェクトのリソースや目標によ
る。したがって，次のような原則が当てはまるだろう。サンプルサイズが大き
いほど結果のバイアスは小さくなるが，そのプロジェクトはより大きなリソー
スを必要とする。

非確率的サンプリング

　非確率的サンプリングは，サンプリングエラーの推定において限界があるに
もかかわらず，しばしば使われる方法である。そのようなサンプルはいくつか
の条件下では適切なものであるが，十分なサンプリングフレームが利用可能で
ないという理由で用いなければならないことも多い。2 つの非確率的なサンプ
リング手法がよく用いられる。便宜的サンプリングと有意サンプリングである。
Riffe and Freitag（1997）は，1971年から1995年までの*Journalism & Mass
Communication Quarterly* に掲載された内容分析の論文を取り上げ，9.7% が
便宜的サンプリングを用いており，68.1% が有意サンプリングを用いていたこ
とを発見した。

便宜的サンプリング

便宜的サンプリングとは，利用可能なコンテンツを用いるということである。歴史的に見れば，ローカルテレビニュースの研究が良い例を提供してくれる。インターネットが普及するまでの間，ローカルテレビのニュースは特定の市場の外ではめったに利用することができなかった。結果として，番組は放送される地域で録画されていなければならなかった。その市場の外部へと一般化しようとする研究では，ニュースを録画するために全国各地に住む人々の協力が必要であっただろう。しかしいまでは，すべてのローカルテレビ局が自局のコンテンツをオンラインにアップロードしている。さらに，多くのテレビ局はニュースの映像と同様にテキストの記事も掲載している。その結果，全国にあるローカルテレビニュースの確率的サンプルを収集することができる（Baldwin, Bergan, Fico, Lacy, & Wildman, 2009）。また別の例を挙げると，たいていの大学図書館は教員と学生のリクエストに基づいて新聞を購読しているだけであって，母集団の代表性を高めるように新聞を選んでいるわけではない。これが意味するのは，図書館の新聞はランダムに選ばれたものではなく，したがって統計的にはどのような母集団も表していないということである。

便宜的サンプルに対しては，リサーチクエスチョンではなく利用可能性によって定義される母集団を全数調査しているという考え方ができる。だが，この母集団は歪められた理論母集団を表しており，しかもその歪みは計算することができない。インターネットもまた，新聞のサンプリングを容易にした。すべての日刊紙，そして70%以上の週刊紙がコンテンツをウェブサイトに掲載しており（Coulson, Lacy, Riffe, & Blom, 2012），ニュースコンテンツへのアクセスはかつてないほど容易になった。しかし日刊紙による課金制の利用が増えたことにより，内容分析を行う研究者が新聞のコンテンツにアクセスするためには，資金を調達するか，再び図書館に頼らなければならなくなった。結果として，今後は便宜的サンプルの使用が増えていく可能性がある。

便宜的サンプルから母集団を十分に推論することはできないが，3つの条件下ではそうしたサンプルが正当化できる。1つ目の条件とは，研究対象となる素材の入手が困難な場合である。たとえば，1900年に出版された雑誌のランダムサンプルを手に入れることはできない。当時の雑誌を網羅したリストを用い

ることができないため，そのような定期刊行物のサンプリングフレームは不完全なものとなる。さらに重要なのは，当時の雑誌はほとんど現存していないということである。それでも研究者は，国中の図書館で所蔵雑誌のリストを手に入れ，1900年から現存している雑誌コピーのランダムサンプルを作り上げることはできる。だが，これではあまりにも時間と費用がかかりすぎる。

　この例から，便宜的サンプルを用いる際の2つ目の条件も見えてくる。つまりリソースに限界があり，母集団のランダムサンプルを作り出すことができないという条件である。どれだけの時間と費用を費やせばこの条件を正当化できるのか，各研究者は考えなければならない。ただし，研究者がどのような判断を下したとしても，結局はレビュワーの評価に委ねられることになるのだが。

　便宜的サンプルを正当化する3つ目の条件は，重要ではあるがまだ発展途上の領域において探索的な研究を行う場合である。ある研究トピックについてわかっていることがほとんどない場合，さらなる研究に向けて仮説を作り出すためには便宜的サンプルでさえも価値のあるものとなる。そのような探索的な研究を行う場合，そのトピックは研究者，専門家，あるいは政策立案者のコミュニティにとって重要なものであるべきだ。もちろん，いつまでも発展途上のままの領域もある。それは，その領域がまったく関心を引かず，重要でもないからである。

　便宜的サンプルは，サンプリングフレームを作ることが難しく，重要な関係性がまだ十分に検証されていない場合に有用である。たとえば Duncan（1989）によれば，1986年の「ポルノグラフィに関する司法長官委員会」は量的な分析を行わずにポルノグラフィに関する結論を出し，その領域における新たな研究関心を呼び起こした。異性愛のポルノグラフィに関する体系的な研究は存在していたが，ゲイのポルノグラフィに関する委員会の結論を検証した研究はほとんどなかった。Duncan は1960年から1984年にかけてのゲイポルノ雑誌158誌に対して便宜的サンプルを用いた。サンプルの一部は1970年から1984年にかけて，アメリカの2つの大都市で成人向け書店から5つの間隔をもとに系統抽出で収集された。さらに研究対象を1960年までさかのぼって広げるため，中古の雑誌を買い求めた。こうして集められた中古雑誌にどのようなバイアスが含まれるかは不明である。

2. サンプリングの手法

　参照できる先行研究がほとんどない場合，このような便宜的サンプルも学術研究にとっての起点となる。だが，それでも研究者はバイアスを減らすよう努力すべきだし，限定的なサンプルを利用する際はそれを正当化するよう尽力すべきである。もちろん，便宜的サンプルを用いた研究の価値も矮小化されるべきではない。科学とは理論という形での体系的な一般化を目指す累積的なプロセスである。一定の期間で，多くの便宜的サンプルから一貫した結果が得られれば，理論の構築と検証に寄与することができる。さらに，これらの便宜的サンプルから，のちに確率的サンプルや全数調査によって検証すべき重要なリサーチクエスチョンや仮説が示されることもありうる。もちろん，そうした知見の再現は異なる時期に行われるため，時間の経過によってコンテンツが変化し，一貫した知見が得られていないと解釈されるかもしれない。

有意サンプリング

　有意サンプリングでは非確率的なサンプルを用いるのだが，それは研究プロジェクトの性質による論理的あるいは演繹的な理由からである。ある種の出版物や特定の時代を対象とする研究が関心を集めるのは，その出版物が重要であったり，その時代が歴史的意義を持っているためである。*New York Times* や *Wall Street Journal*, *USA Today*, そして *Washington Post* などは，国際報道の有意サンプルとしてよく用いられる。それは，これらの新聞が自らを国を代表する新聞と定義し，海外特派員を抱えているからである。

　たとえば Di Cicco（2010）は，1967年から2007年までの40年間に *New York Times*, *Washington Post*, *Seattle Times*, *Sun Francisco Chronicle*, そして *Los Angeles Times* に掲載された政治的な抗議運動に関する記事を分析した。*Seattle Times* と *Sun Francisco Chronicle* が選ばれたのは，シアトルやサンフランシスコが抗議運動の中心地だったからである。そして他の3紙が選ばれたのは，分析期間において発行部数の上位5位以内に入っていたからである。このように，ある期間中に大量のニュースが発信されている場合，時期や出版物を限定することで研究を実施しやすくすることができる。

　有意サンプリングと便宜的サンプリングは異なるものである。なぜなら有意サンプリングは，資金や利用可能性の欠如とは異なる，明確な研究上の正当化を必要とするからである。有意サンプリングのうち，よく用いられるのは連続

する単位のサンプリングである。このサンプリングは，ある時期に作り出された一連のコンテンツを扱う。2週間にわたってローカルニュース放送を内容分析する場合，それは連続する日付のサンプリングである。連続する日付のサンプリングは，継続的なニュースや特集記事を研究する際に重要な手法となる。なぜなら，そうしなければ連続する出来事を適切に検証することはできないためである。そのようなサンプリングは，選挙や論争に関する研究においてもよく見られる。

確率的サンプリング

確率的サンプリングの中心的な考え方は，母集団の各構成要素がサンプルに含まれる機会を等しく有するということである。そうなっていれば，テレビドラマでもニュース記事でも詩でも，母集団でよく見られる特徴がサンプルでもよく見られることになる。逆に母集団であまり見られない特徴は，サンプルでもあまり見られないだろう。この現象は確率の法則によって生じるのである。

この複雑な過程がどのように働いているかを示すために，シンプルな例を用いて考えてみたい。たとえばコインを投げてみよう。このとき，母集団には表と裏があり，コインを1回投げたときに表（あるいは裏）が出る確率は50%である。コインを100回投げれば，ほぼ半分の回数で表が出るだろう（ただしちょうど半分になることはあまりない）。そしてコインを1000回投げれば，表が出る割合はさらに50%に近づくだろう。無限回コインを投げた場合，表が出る割合の「期待値」は50%である。同じように，関連するコンテンツ単位が十分にサンプルに含まれていれば，分析対象のコンテンツに関する変数の期待値も，母集団における実際の値に近づくだろう。そして後述するように，そこで母集団とサンプルの間にどれほどの誤差（サンプリングエラー）が生じるのかも計算することができる。

この論理を展開していくと，同じ母集団から複数のサンプルを抽出するということになる。各サンプルにおける平均値の期待値は母集団の平均値と等しくなるはずだが，実際には各サンプルの平均値は母集団の平均値とは異なる。しかし，もしサンプルの抽出を無限回行ったならば，各サンプルの平均値を合計してそれらの平均値を算出すると，その値は母集団の平均値と等しくなるだろ

う。各サンプルの平均値をグラフ上に表すと，結果はサンプルにおける平均値の分布となる。これは標本分布と呼ばれる。

　サンプルを無限回抽出した場合，どのような母集団の標本分布も正規曲線の性質を持つことになる。その性質とは，以下のようなものである。まず，平均値，中央値（ケースを低い値から高い値へと順番に並べた際，中間に位置する値），最頻値（もっとも頻繁に現れる値）の3つが等しい。さらに，各サンプルの平均値は，母集団の平均値よりも大きいものと小さいものが50%ずつとなる。そして，母集団の平均値からある範囲内に，各サンプルの平均値の68%が収まる。その範囲とは，標準誤差（SE: Standard Error）と呼ばれる値を母集団の平均値から足し引きした範囲である（標準誤差とは，標本分布におけるサンプルの平均値が母集団の平均値とどの程度異なるかを推定したものである）。実際，標準誤差を用いることで，あるサンプルの平均値が母集団の平均値から一定の範囲内に含まれる確率を計算することが可能である。このように，無限回サンプルを抽出した場合に標本分布が正規曲線の性質を持つことを，中心極限定理と呼ぶ。

　もちろん，実際は無限回のサンプル抽出など不可能であり，研究者がサンプルを抽出するのは一度だけである。そのサンプルの平均値は，無限個のランダムサンプルにおける平均値の分布のどこかに位置する。一度しかサンプルを抽出しなくても，中心極限定理によって，確率的サンプルにおけるサンプリングエラーの大きさを一定水準の確率で推定することが可能になるのである。言い換えれば，あるランダムサンプルから算出された平均値が母集団の平均値と近い値となる確率を，無限個の（とはいえ理論的に「抽出可能」な）ランダムサンプルの分布に基づいて計算することができる。この確率が計算可能であるのは，無限個のサンプル（標本分布）の平均値が，母集団の平均値と等しくなり，正規分布に従うためである。

　サンプリングエラーを計算することで，サンプルの平均値や比率から母集団の平均値や比率を一定の幅と信頼度で推定することができるようになる。母集団の平均値や比率という未知のものを推量するために，サンプルの平均値や比率を用いるのである。そしてサンプリングエラーを計算することで，この推量における誤差の範囲を推定することができる。

116   第5章　サンプリング

　このように，確率的サンプルから母集団を推論するうえでもっとも重要なの
が，サンプルの正確さを示すサンプリングエラーという指標なのである。ある
サンプルのサンプリングエラーは標準誤差によって表される。平均値の標準誤
差と比率の標準誤差とで，計算方法は異なる。平均値の標準誤差はサンプルの
標準偏差（サンプルにおける，各ケースと平均値との差の平均）を用いて計算
され，標準偏差をサンプルサイズ（サンプルに含まれるケース数）の平方根で
割ることで求められる。その計算式は以下の通りである。

$$SE(m) = \frac{SD}{\sqrt{(n-1)}}$$

$SE(m)$ = 平均値の標準誤差
SD = 標準偏差
n = サンプルサイズ

　平均値の標準誤差は間隔尺度か比率尺度のデータに対して計算される。名義
尺度のデータに対しては，平均値を計算することはできないので，同様の計算
式を用いて比率の標準誤差を計算する。その計算式は以下の通りである。

$$SE(p) = \sqrt{\frac{p \cdot q}{n}}$$

$SE(p)$ = 比率の標準誤差
p = ある特徴を持つケースがサンプルに占める比率
$q = (1-p)$
n = サンプルサイズ

　標準誤差の計算式は，サンプルサイズに従ってサンプルのばらつき（標準偏
差や比率のバランス）を調整するものである。なぜならサンプルサイズは，サ
ンプルの平均値や比率による推定がどれほどうまくいくかに影響を与える3つ
の要素の1つだからである。サンプルが大きくなるほど，母集団の推定がより
正確になるため，サンプルサイズは重要である。どのようなサンプルであって

2. サンプリングの手法 117

も，極端に大きい（または小さい）値を持つケースが含まれる。だがサンプルサイズが大きくなるほど，そのような極端なケースがサンプルの平均値や比率に及ぼす影響はより小さくなるだろう。

サンプルに基づく推定の正確さに影響を与える2つ目の要素は，サンプルにおけるケースの値のばらつき（標準偏差や比率のバランス）である。各ケースには大きい値を持つものも小さい値を持つものもあるので，もしサンプルにおけるケースの値が大きくばらつくのであれば，そのサンプルに基づいて母集団の平均値や比率を推定する際にはより大きな誤差が生じる。しかしサンプルが大きくなればケースの値のばらつきは小さくなりやすいため，これら2つの要素は関連している。

サンプルに基づく母集団の推定の正確さに影響を与える3つ目の要素は，母集団からどれだけの割合をサンプルとして抽出したかである。もし母集団の大部分がサンプルに含まれていれば，標本における値の分布は母集団の分布により近くなるため，誤差は小さくなるだろう。だが，この要素が意味を持つには，母集団の20%以上がサンプルに含まれなければならない。実際，統計に関するほとんどの書籍では母集団に対する割合の影響は無視されている。なぜなら，心理学や社会学，政治学のような分野で実験とともに広く用いられる手法である社会調査では，得てして非常に巨大な母集団からサンプルを抽出するためである。

しかし内容分析を行う研究者は，それほど大きくない母集団から高い割合でサンプルを抽出できることも多いため，母集団に対する割合の影響を無視するべきではない。サンプルとなるコンテンツが母集団の20%を超えるならば，有限母集団修正項（fpc: finite population correction）を用いてサンプリングエラーを修正すべきである。母集団の20%を超えるサンプルのサンプリングエラーを修正するには，以下の式で計算される修正項を標準誤差に掛け合わせる。

$$fpc = 1 - \left(\frac{n}{N}\right)$$

fpc = 有限母集団修正項
n = サンプルサイズ
N = 母集団のサイズ

有限母集団修正項に関するより詳細な議論は，Moser and Kalton（1972）を参照してもらいたい。

サンプリングに関する判断と，抽出する時間やコンテンツとの関係を思い出してみよう。サンプリングエラーの計算が可能なさまざまな確率的サンプリング手法がある。そしてどの手法をどの場面で使うかという判断はさまざまな側面からなされるのだが，すべての判断には実質的に時間とコンテンツという次元が関わってくる。研究者はこれらの次元で確率的サンプリングを用いることが適切であるかを判断し，どのように無作為性を担保するかを決めなければならない。確率的サンプリングを時間とコンテンツの抽出に用いる場合，次のようなパターンが考えられる。

・時間とコンテンツの両方に用いる場合（例：1982年から2012年までの間で10年をランダムに選び，その期間から映画を無作為抽出する）
・コンテンツの抽出だけに用いる場合（例：2000年に公開されたすべての映画からランダムサンプリングする）
・時間の抽出だけに用いる場合（例：1982年から2012年までの間でランダムに選ばれた10年における，すべてのパラマウント映画を分析する）
・時間とコンテンツのいずれにも用いない場合（例：2000年における全映画を分析する）

厳密には，あらゆるコンテンツが時間という次元を有している。だがここで用いられる時間のサンプリングという概念は，1年以上の長い期間における時系列的な変化に関する研究に関わるものである。たいていのメディアにとっては1年という期間が自然なサイクルであるため，1年間が時間の区切りとしてよく用いられる。

すべての確率的サンプリングは，母集団を代表するサンプルを作り上げることを目標としている。だが，代表性の程度はさまざまである。代表性のあるサンプルは，母集団についての妥当な推論をするために欠かすことができない。単純無作為サンプリングが最良の確率的サンプリングとなる場合もあるが，後

2. サンプリングの手法

述する層化サンプリングあるいは系統サンプリングがもっとも有効な場合もある。

単純無作為サンプリング

　単純無作為サンプリングは，母集団のすべての単位が等しく抽出される可能性を持つ場合に行う。ある年に大手の映画スタジオで制作されたすべての長編映画におけるジェンダー表象を研究したければ，ランダムサンプリングには全映画のリストが必要となる。それから研究者はサンプルに含める映画の数を決める（たとえば375本の母集団から100本を抽出する）。そして，コンピュータか乱数表を使い，リストにある1番から375番までの映画のうち100本を選別するのである。

　単純無作為サンプリングを用いる際には2通りの条件が存在する。抽出された単位を母集団に戻す場合と，戻さない場合である。単位を母集団に戻す場合，ある単位は2回以上サンプルに抽出されることがある。戻さない場合，各単位がサンプルに抽出されるのは1度きりである。そして単位が戻されない場合，それぞれの単位が抽出される確率は厳密には等しくならない。たとえば母集団が100ある場合，最初の単位が抽出されるとき，各単位が選ばれる確率は100分の1である。2回目の抽出では，残りの各単位が選ばれる確率は99分の1となる。だがこの違いは重大な問題にはならない。なぜなら，各単位が抽出される確率が等しくなかったとしても，重複のない一定サイズのサンプルが選ばれる確率は等しいためである。母集団が巨大であるとき，単位を戻さないことによる抽出確率のわずかな違いは，サンプリングエラーの推定に対して無視できる程度の影響しか及ぼさない。

　単純無作為サンプリングは確率的サンプルを抽出する際に機能するが，万能のサンプリング手法ではない。母集団のリストが著しく長い場合，あるいは母集団のリストを作ることが容易でない場合，単純無作為サンプリング以外のサンプリング手法を用いるのが適切かもしれない。

系統サンプリング

　系統サンプリングとは，サンプリングフレームのリストでn番目ごとの単位を選択する手法である。nという数はサンプリングフレームに含まれる単位の数をサンプル数で割ることで決まる。もし1万のセンテンスを含む本から

1000のセンテンスを抽出する場合，10番目ごとのセンテンスを選択する。始点をランダムに決定していれば，n番目ごとの単位を抽出することで確率的サンプルが得られる。研究者は，抽出される最初のセンテンスを1番目から10番目までの間からランダムに選ぶ。そこから10番目ごとのセンテンスが，サンプルが完成するまで抽出されるのである。始点がランダムに選ばれているため，すべての単位に等しく抽出される可能性がある。

　系統サンプリングは，単純無作為サンプリングでは問題が生じるときにうまく機能する。たとえば，*Editor & Publisher International Year Book*から日刊紙100紙をサンプルに選ぶ際には，各エントリーに番号を振ってランダムに100紙を抽出することもできるし，本に書かれている全エントリーの総数を100で割り，系統サンプリングで100紙を抽出することもできる。いずれのサンプルにも同じように代表性がある。

　だが，系統サンプリングは2つの条件下で問題を生じさせる。第1に，この手法は全単位のリストを必要とする。サンプリングフレームが不完全で母集団全体がリストに含まれていないのであれば，母集団に対する推論はできない。たとえば，*Editor & Publisher International Year Book*のリストには，アメリカにおけるすべての日刊紙が含まれる（年によってはわずかに欠落していることもある）。しかし週刊紙のリストは不完全なものである。よって，*Editor & Publisher International Year Book*から抽出された日刊紙のサンプルは代表性のあるものとなるが，週刊紙のサンプルはアメリカにおけるすべての週刊紙を代表しない。

　第2の問題は，系統サンプリングがn番目の単位を抽出するという周期性を持っており，それがリストにおける単位の配列においてバイアスとなることである（Wimmer & Dominick, 1997）。たとえば，研究者が商業誌におけるたばこの広告を分析しようとし，*Field & Stream*が対象となる雑誌のひとつであるとしよう。その研究者が系統サンプリングを使って，1年ごとに4つのサンプルを20年分抽出した場合，サンプルはバイアスのあるものとなる。ランダムな始点として1番目の単位を抽出し，そこから3番目ごとの単位を選択したとすると，1月号を20冊，4月号を20冊，7月号を20冊，10月号を20冊手に入れることになる。1月号と7月号はページ数が少ないことが多く，また広告が大

量に掲載される8月号が除外されているため，このサンプルには問題がある。

層化サンプリング

　層化サンプリングとは，母集団をより小さなグループに分割し，そのグループ内でランダムサンプリングを行う手法である。これらのグループに含まれる単位はある重要な特徴を有しているという点で均質的である。もし，1964年から1974年の間に議会上院で行われたスピーチにおけるヴェトナム戦争に関する主戦論の言葉を研究しようとすれば，サンプルはランダムに抽出するか，年によって層化サンプリングすることになる。スピーチで用いられる言葉は時期とともに変化しそうなので，層化無作為サンプリングがより適切であるだろう。ヴェトナム戦争は1974年よりも1966年のほうが強く肯定されていた。単純無作為サンプリングでは，この期間に含まれるほとんどすべてのスピーチからサンプルが抽出される。しかし年を層として用いることで，より代表性のあるサンプルを保証するより小さく均質的なグループが作られる。それぞれの年に行われたスピーチの割合によって，その年からサンプルに選ばれるスピーチの数が決まるのである。

　層化サンプリングには2つの目的がある。第1に，単純無作為サンプリングによって起こりうる過剰抽出や過少抽出を避けるため，単位の分布に関する知識を用いてサンプルの代表性を高めることである。これは比例サンプリングというサンプリング手法である。この手法では，ある層の中から選ばれるサンプルのサイズを，その層が母集団に占める割合によって決める。フェイスブックの投稿に関する研究では，トピックの分野によって層化するだろう。あるトピックの分野から抽出されるサンプルの割合は，そのトピックの分野が母集団に占める割合を表している。もし映画のトピックが全メッセージの20%を占めていれば，サンプルの20%は映画分野から抽出されるべきである。これにより，サンプルはすべての投稿をより代表するものとなる。

　第2に，あるタイプの単位が母集団に占める割合が小さい場合，層化サンプリングを用いることによって，サンプルに含まれるそれらの単位の数を増やすことができる。これは非比例サンプリングという手法である。この手法では，ある層からサンプルを選び出す際，その層が母集団に占める割合以上に多くの量を抽出する。この方法によって，比較するのに十分な大きさのサンプルが得

られる。もしフェイスブックユーザー1000人のうち5％が60歳以上であり，年齢とフェイスブックに投稿するメッセージとの関連を研究しようとするならば，研究者は60歳以上のユーザー層から非比例サンプリングをしたいと考えるだろう。60歳以上のユーザーが5％だとすると，単純無作為サンプリングで200人のサンプルを抽出した場合，60歳以上というカテゴリには10人程度しか含まれない。1000人のサンプルでもわずか50人であり，他のグループと妥当性のある比較をするのに十分な数ではない。一方，非比例サンプリングでは，妥当な分析をするのに十分な数のケースを得るため，特定の単位を過剰抽出する。だが，そのサンプルはもはや母集団全体を代表するものではない。なぜなら，サンプルにおいて一部の単位が過剰に表出されるためである。

　マスコミュニケーションのメディアは，1日や1週間という周期に基づいてコンテンツを発信するため，これらの周期の中に存在するとわかっている変化を層化サンプリングに利用することが可能である。たとえば日刊紙は，広告の周期的な変化によって，1週間の中で曜日によって分量が異なる。メディアにおけるこれらの体系的な変化については，後により詳しく検討する。

　層化サンプリングを用いる際には，サンプリングエラーの推定を修正する必要がある。均質的なサブグループからサンプリングを行うため，標準誤差が小さくなるのである。すでに述べたように，単純無作為サンプリングにおける比率の標準誤差を表す式は以下の通りである。

$$SE(p) = \sqrt{\frac{p \cdot q}{n}}$$

　層化サンプリングにおける比率の標準誤差は，すべての層の標準誤差を合計したものと等しい（Moser & Kalton, 1972）。

$$SE(pst) = \sqrt{\frac{1}{N^2} \sum \frac{N_i^2 p_i q_i}{n_i - 1}}$$

$SE(pst)$ ＝層化抽出サンプルにおける比率のサンプリングエラー
N ＝全体の母集団数
n_i ＝i番目の層から抽出されたサンプル数

$N_i = i$番目の層における母集団数
$p_i =$ 階層的な性質を持つi番目の層におけるサンプルの比率
$q_i =$ （$1 - p_i$）

クラスターサンプリング

　単純無作為サンプリング，系統サンプリング，層化サンプリングといった手法には，サンプリングフレームのリストが必要になる。このリストによって，どれだけの単位が母集団を形成しているかを知ることができ，確率の計算が可能となる。しかしコミュニケーション研究では，単位の完全なリストを利用できないことも多い。利用可能なリストが存在しない中でサンプリングをするためには，クラスターサンプリングを用いることになる。これは，コンテンツのクラスターないしグループからコンテンツ単位を選択する手法である。

　マスメディアはコンテンツのクラスターという形をとることが多い。たとえば，それぞれの新聞は多くの記事からなるクラスターであり，通常新聞はスポーツやビジネス，エンターテインメントのようなトピックのクラスターに分けられる。同様に，テレビのニュース番組も各ニュースのクラスターである。また，すべてのウェブサイトを網羅したリストを作ることは不可能であるが，検索エンジンによって都市ごとのローカルなウェブサイトを見つけることは可能である。研究にとって地理が重要である場合，これがサンプリングのためのクラスターとなる。クラスターサンプリングでは，まずグループを確率的に選び，そのグループに含まれるサブグループの一覧からいくつかを選ぶことが可能である。それらサブグループの中から，ランダムサンプリングによってコンテンツ単位が抽出される。

　クラスターサンプリングは単純無作為サンプリングと比べてさらなるサンプリングエラーをもたらしうる。それは級内相関（intraclass correlation）のためである。先に挙げた新聞のクラスターを例に挙げれば，コンテンツ単位があるクラスターに集められるのは，それが似通った特徴を持っているからである。そしてこれらの特徴が共有されているために，その性質によって正の相関が生まれる。クラスターを選ぶことによって，そのクラスターからは類似した特徴を持つ単位が抽出されやすくなり，異なる特徴を持つ単位が除外されやすくな

る。結果として，ランダムに抽出されたものであるにもかかわらず，サンプルの代表性はなくなってしまうかもしれない。級内相関は予想可能であり，統計に関する書籍ではそうしたバイアスを推定するための式を示している（Moser & Kalton, 1972）。

多段サンプリング

多段サンプリングは，単純無作為サンプリング，系統サンプリング，層化サンプリングといった確率的サンプリングの手法ではない。むしろ，これらの手法を異なる段階で用いるという実践的なやり方である。思い出してもらいたいが，確率的サンプリングのもっともシンプルな形は，すべての単位のリストを作り，そこからランダムに単位を選択して分析へ移るというものであった。しかしすでに述べたように，たいていのコンテンツ，とくにメディアによるコンテンツは，容易にリスト化することができない。コンテンツはパッケージやクラスターとなっていることが多い。さらに，ほとんどのコンテンツは時間という次元も持っている。実際，Berelson（1952）はメディアのコンテンツをサンプリングする際に考えなければならない3つの次元について述べている。それは媒体名と，その媒体の号あるいは日付，そしてその号における対象のコンテンツである。サンプリングの手順を設計する際には，これら3つの次元すべてが多段サンプリングの段階として扱われることがある。それぞれの段階で，母集団に関する推論をするためにはランダムサンプルが用いられなければならない。

たとえば，ラジオトーク番組のコンテンツを研究する場合は，ラジオ放送局，番組を記録する日にち，そして分析対象となるラジオトーク番組をランダムに選ばなければならないだろう。しかし別の段階では，ラジオトーク番組における特定のトピックがランダムサンプリングの対象となるかもしれない。雑誌の場合は，タイトル，日付，そしてコンテンツがランダムサンプリングを行う段階となるだろう。純粋な多段サンプリングでは，各段階でランダムサンプリングが必要となる。

多段サンプリングでは，複数のサンプリング手法を組み合わせることもできる。どの手法を用いるかは研究の目的によって決まるのであり，また母集団を推論するために可能な限り代表性のあるサンプルを目指すという原則もある。

Danielson and Adams（1961）は，1960年の大統領選期間中に一般読者が読むことのできたキャンペーン記事の網羅性を分析した際，よく練られた多段サンプリングを用いた。Danielson and Adams は，オーナーシップの種類（グループ企業かそうでないか），地域，出版時刻（午前か午後か）を層化する手法で，90の日刊紙を抽出した。南部の新聞をやや過剰に抽出したことを除けば，サンプルの特徴は母集団と合致していた。キャンペーンイベントのサンプリングは，12の主要な日刊紙が1960年の9月1日から11月7日までに報じたイベントという母集団から行われた。こうして1033件のイベントが，系統サンプリングによって42件に絞り込まれた。

　多段サンプリングにおける段階の数は研究者によって決定される。たとえば有名人のツイートを分析する場合を考えてみよう。1段階だけの単純無作為サンプリングでは，一定期間に有名人が投稿した全ツイートをリスト化し，そこから一定数をランダムに抽出する。これに対して多段サンプリングでは，1〜3の段階が存在しうる。第1段階では有名人のタイプ（スポーツ選手，映画俳優，テレビタレントなど）をランダムに選択することが考えられる。そして第2段階では，選ばれたタイプから複数の有名人を選択する。最後に第3段階では，選ばれた有名人が投稿したツイートをランダムにサンプリングする。こうした多段サンプリングを用いることで全ツイートのリストを作成する手間が省けるので，所要時間はかなり短縮されるだろう。

　クラスターサンプリングや層化サンプリングと同様に，多段サンプリングにおいても標準誤差の計算式を修正する。多段サンプリングではそれぞれの段階でサンプリングエラーが発生するので，誤差の推定を修正しなければならないのである。

3. 伝統的メディアを分析する際の層化サンプリング

　単純無作為サンプリングと層化サンプリングのどちらを使うかは，たいてい効率という点で決まる。従来の企業メディアによって発信されるコンテンツは，一定の周期に従っていることが多い。たとえば，ネットワークテレビの番組

（ドラマやコメディ）は秋・冬・春の間に放送され，夏の間に再放送される。ケーブルテレビのエンターテインメントチャンネルでは，1週間や1日のうちに何度も同じ番組を放送することもある。また日刊紙は広告の量によってページ数が変わるが，その広告の量は曜日によって決まっている。そのような規則的な変化がコンテンツに影響を与えるのである。日曜の新聞には他の曜日より多くのニュースや情報が掲載されるが，それは日曜の新聞により多くの広告が掲載されることによって，記事のスペースも大きくなるためである。もしコンテンツの規則的な変化があらかじめわかっていれば，代表性のあるサンプルをより効率的に抽出するためにこれらの変化を役立てることができる。これらの規則性に従って，より均質なコンテンツのサブセット（たとえば曜日など）を特定することができ，そこから抽出される層化サンプルは数が少なくても巨大な単純無作為サンプルと同じくらいの代表性を備えているだろう。

　いくつかの研究では，一定の期間内のコンテンツを推論するためにどれほどのサンプルサイズをどういったサンプリング手法で抽出しなければならないかという点で，さまざまな形態のメディアにおける層化サンプリングを検討している。またこれらの研究は，同様に変数（コンテンツなど）の種類を検討していることも多い（表5.1参照）。

日刊紙

　伝統的にジャーナリズムを担う重要なマスメディアと考えられてきたため，サンプリングの効率を扱う研究において，日刊紙は他のメディアよりも注目されてきた。これらの研究では，典型的なコンテンツに対する推論を行う際のサンプリングの効率が焦点になっていた。その際には，曜日ごとにランダムに抽出して1週間分のサンプルを作るという方法が用いられた。

　Stempel（1952）による初期の研究では，サンプリングについて検討するために，1951年の *The Capital Times*（ウィスコンシン州で週6回発行される新聞）で1面に掲載された写真の数を用いた。Stempel は1年分の母集団から，1週間分，2週間分，3週間分，4週間分，8週間分のサンプルを10回ずつ抽出した。その際の始点はランダムに決め，曜日が重複しないよう n 番目ごとに系統サンプリングした。Stempel の採用したサンプリング手法によって，擬

3. 伝統的メディアを分析する際の層化サンプリング **127**

表5.1 コンテンツを推論するために有効な多段サンプリング手法

コンテンツの種類	サンプルの性質
1年間の日刊紙	1年間から擬似的な2週間分のサンプルとなるように各曜日を抽出する（月曜日をランダムに2日間，火曜日をランダムに2日間……と抽出する）
1年間で日刊紙に掲載された健康関連記事	擬似的な6週間分のサンプルとなるように各曜日を抽出する
年間のオンライン版 *New York Times*	ランダムに6日間分を抽出する
5年間の日刊紙	擬似的な9週間分のサンプルとなるように各曜日を抽出する
1年間のオンライン版AP通信の記事	擬似的な8週間分のサンプルとなるように各曜日を抽出する
1年間の週刊紙	各月からランダムに1号を抽出する
1年間の夜のネットワークニュース番組	各月の放送からランダムに2日間分を抽出する
1年間のニュース雑誌	各月からランダムに1号を抽出する
5年間の生活情報誌	擬似的な1年分のサンプルとなるように各月からランダムに1号ずつ抽出する
1年間のオンライン版プレスリリース	擬似的な12週分のサンプルとなるように四半期ごとに3週間分を抽出する

注：これらは一般的なルールであるが，研究者は記事やテキストの引用にもアクセスすべきである。そこからルールの例外が見出されるのである。

似的な1週間分のサンプルが作り上げられる。そして Stempel は，1年間のコンテンツを代表するサンプルを得るために，12日分（つまり擬似的な2週間分）あれば十分であるという結論を下した。また，Davis and Turner（1951）や Jones and Carter（1959）も Stempel（1952）と類似した結果を示している。しかし前者の研究では母集団がたった2か月であり，後者の研究では母集団が3週間しかなかった。

　Riffe, Aust, and Lacy（1993）は3万9000部の日刊紙から6か月分のローカル記事を用いて，Stempel（1952）の研究をより綿密に再現した。彼らは単純無作為サンプリングと，各曜日から擬似的な1週間分を構築するサンプリングと，連続する日付のサンプリングをどれがより効率的かという点で比較した。それぞれの手法で7日分，14日分，21日分，28日分というサンプルを20回ずつ抽出したのである。これらの手法の効率は，各サンプルの平均値が正規曲線に

おける標準誤差1つか2つ分にどれだけ収まるかによって判断された。結果，単純無作為サンプリングは28日分あれば有効に機能し，連続する日付のサンプリングでは28日分あっても決して母集団の平均値を十分に代表することはなかった。一方，擬似的な1週間分を構築するサンプリングは十分に母集団の平均値を予測でき，2週間分あれば予測の精度はさらに高くなった。ここからRiffe et al.（1993）は以下のように結論付けた。

　　この研究で明らかになったのは，6か月分のローカル記事という母集団に対しては，擬似的に1週間分のサンプルを構築すれば4週間分のサンプルを構築するのと同程度に効率よく母集団を推定でき，その推定は確率論に基づく予期を上回っていたということである。これを拡大して考えれば，擬似的な2週間分のサンプルを構築することで，1年分のローカル記事への信頼可能な推定ができるだろう。この結論は週に6日発行される新聞の一面に掲載された写真に関するStempelの知見と一貫している（p. 139）。

　日刊紙に関する擬似的な2週間分のサンプルは，代表的なコンテンツ1年分を推論するのに有効であるが，より長期にわたるコンテンツの変化を研究するのに関心がある研究者もいる。Lacy, Riffe, Stoddard, Martin, and Chang（2000）は，5年分の新聞から代表性のあるサンプルを抽出する際の効率を検討した。その結論として，変数に大きなばらつきがなければ，5年間から抽出された擬似的な9週間分のサンプルは，それぞれの年から抽出された擬似的な2週間分のサンプルと同程度に代表性を有していた。

　100年間のような長期間にわたって日刊紙をサンプリングする際の戦略は，多様な要素の影響を受けるだろう。100年間の新聞記事を5年ごとに分けて分析しようとすれば，それぞれの5年間に対して10週間分のサンプルを抽出する代わりに，9週間分のサンプルを抽出することで，内容分析に必要な作業量を減らすことができる（200週分ではなく180週分のサンプルとなる）。

　これらの研究は新聞のコンテンツに対して代表性のあるサンプルを抽出する方法を検討している。記事スペースに周期的な変化があったとしても，それはニュースにおける特定のトピックの有無に影響を与えないかもしれない。ある

トピックの記事は記事スペースよりも外的な環境の変化を反映するものである。たとえば，新聞は市役所の会議の翌日に市役所に関する記事を載せることが多い（Baldwin, Bergan, Fico, Lacy, & Wildman, 2009）。Luke, Caburnay, and Cohen（2011）が日刊紙における健康記事のサンプリングを検討して発見したのは，擬似的な週を構築するサンプリングが有効ではあるが，2週間分の抽出よりも，6週間分の抽出のほうがより代表性のある健康記事のサンプルを作り出せるということであった。彼らはまた，6週間分のサンプルを構築すれば，1年間に対するのと同様に5年間に対しても代表性のあるサンプルが得られるということも発見した。これは，Lacy et al.（2000）によって示された，代表性のあるコンテンツを抽出するためには9週間分が必要であるという知見とは異なっている。わずかな日数しかサンプルに抽出されない年が生じかねないため，5年間を6週間で代表させることには懸念が残る。もし5年間で重大な出来事（たとえば2008年から2009年の大不況や，イラク戦争の開戦など）があれば，そうした出来事によって健康のようなトピックの記事が減らされることが考えられる。よって研究者は，サンプルの性質と，プロジェクトを完遂できるかどうかを慎重にチェックすることが求められる。

週 刊 紙

　日刊紙のサンプリングに関する研究もそれほど多いわけではないが，週刊紙のサンプリングに関する研究と比較するとまだ豊富に存在している。週刊紙に関するサンプリング研究の不足が目立つようになってきた。というのも，日刊紙が縮小する一方で週刊紙の発行部数が増加し，この30年間でその重要性が増してきたためである。

　Lacy, Robinson, and Riffe（1995）は，層化サンプリングが週刊紙に対しても日刊紙の場合と同様にサンプリングの効率を高めるか否かを研究した。彼らは2つの週刊紙と5つのコンテンツ変数を用いた。その変数とは，全記事数，全写真の数，地方政府に関する記事数，地方政府に関する記事の面積，そして地方政府に関する記事の割合である。その結果，層化サンプリングは無作為サンプリングよりも効率的であるが，発行間隔が週刊紙のコンテンツに与える影響は，日刊紙ほど強くないことがわかった。

Lacy et al.（1995）は次のように結論づけている。

> したがって，週刊紙のコンテンツを研究しようとする場合は，1年に14号
> を無作為に抽出するか，それぞれの月に1号ずつ12号を抽出するべきであ
> る。誤差というリスクを許容するのであれば，前者の方法が好ましい。こ
> うした状況では，正確性が重要となる。後者の方法は，その判断にあまり
> リスクがなく，金銭と時間の制約をまず考慮するような場合にもっとも有
> 効であるだろう（p. 344）。

雑　　誌

　雑誌のサンプリングに関する研究では，週刊のニュース雑誌や月刊の生活情
報誌に対する効率的なサンプリングが論じられてきた。Riffe, Lacy, and Drag-
er（1996）は，ニュース雑誌におけるコンテンツの周期性によって層化サンプ
リングがより効率的なサンプリング手法となるのか否かを，*Newsweek* を用い
て検証した。その結果，ある年のコンテンツを推論するには，それぞれの月か
らランダムに1号ずつ抽出するのがもっとも効率的なサンプリングの方法であ
ることを見出した。それに次いで効率的なのは，1年のうち14号を単純無作為
サンプリングで抽出するという方法であった。

　しかし擬似的な1年間を構築するアプローチには危険が伴う。ニュース雑誌
は年末に総括号を発行するが，その号ではいくつかの変数が通常の号と大きく
異なる。研究者は，そうした総括号を研究に含めることが論理的に必要である
かどうかを判断しなければならない。なぜなら，その号を含めることで母数が
大きく変わってしまうためである。

　また生活情報誌は，ニュース雑誌と違って月刊誌であることが多く，1年の
コンテンツを研究する際にはすべての号を分析することが最良のアプローチで
ある。しかし，生活情報誌の長期的なトレンドを調べたいのであれば，単純無
作為サンプリングよりも層化サンプリングのほうが有効である。Lacy, Riffe,
and Randle（1998）は *Field & Stream* と *Good Housekeeping* を例として用い
て，5年分の号から擬似的な1年を構築する（5年分の1月号の中からランダ
ムに1冊，2月号から1冊，3月号から1冊，などと抽出する）ことによって，

その期間について代表性のあるサンプルを得られることを発見した。一方，単純無作為サンプリングで代表性のあるサンプルを得るには，5年間で20号のサンプルが必要であった。生活情報誌に関する長期的な研究では，期間を5年ごとに分けることができ，擬似的な1年を構築するサンプリングを行うことで研究対象の雑誌について妥当な推論が可能となる。

テレビニュース

テレビの内容分析を行った研究事例は豊富に存在するが，妥当で効率の良いサンプリングの方法を明らかにする研究はほとんどない。既存の研究で見られるサンプルには，60か月から12週分の日数をランダムに抽出するもの（Weaver, Porter, & Evans, 1984），1972年から1987年までの各年から同じ2週間（3月1〜7日と10月1〜7日）を抽出するもの（Scott & Gobetz, 1992），9年間で3か月ごとに擬似的な2週間を構築するように抽出するもの（Riffe, Ellis, Rogers, Ommeren, & Woodman, 1986），そして6か月ごとに連続する4週間を抽出するもの（Ramaprasad, 1993）がある。

こうしたサンプリング手法の違いはリサーチクエスチョンの違いに応じて生まれるのだが，このことは，テレビニュースのサンプリングに関して指針となる研究が欠如していることを反映してもいる。Riffe, Lacy, Nagovan, and Burkum（1996）はテレビニュースのサンプリングを検討するにあたって，25日分の単純無作為サンプリングと，3か月ごとに擬似的な1週間を構築するサンプリング，そしてそれぞれの月から2日分を無作為に抽出するサンプリングを比較することから始めた。彼らは母集団として ABC と CBS における月曜から金曜までの放送を1年分用いた。

その結果，テレビニュースに対してもっとも有効なサンプリングは，それぞれの月から無作為に2日分を抽出し，1年で合計24日分のサンプルを得る方法であった。単純無作為サンプリングで1年のコンテンツを正確に予測するには35日分のサンプルが必要であった。ただし彼らは，あるコンテンツのカテゴリにおける極端なばらつきに注意すべきだと警告した。たとえば Riffe et al.（1996）の研究では，ニュースの総本数という点では局ごとあるいは日ごとに小さなばらつきしか見られないが，経済ニュースの秒数という点では日によ

って大きなばらつきがあり，誤差が大きくなることが明らかになった。

　メディアについて有効なサンプルを分析している一連の研究が示唆するのは，とくに印刷物ではないメディアに関してさらなる研究が必要だということである。週刊紙や雑誌の研究にはその再現が求められるが，それは放送メディアの研究も同様である。にもかかわらず，ローカル放送のニュースや系列局のエンターテインメント番組，ケーブルテレビのコンテンツや生活情報誌，そしてラジオといったメディアは，サンプリングの効率が検討されてこなかった。これらのメディアは新聞やニュース雑誌といった他のメディアよりもサンプリング効率の検討が困難である。

4. インターネットのサンプリング

　研究者はますますインターネット上でのコミュニケーションの流れを分析するようになっている。インターネットによって，データ送信や電子メール，音声チャットのようなさまざまなコミュニケーション形式が可能となっているが，その中でも研究者の関心はたいていワールドワイドウェブ（www）に向けられてきた。ウェブはインターネットの利用法のひとつであり，多くの人々に影響を及ぼすと考えられてきた。研究者たちはインターネットとウェブが大きな影響力を持っていることを予想し，これらの領域の研究を増やすよう求めてきた（Tomasello, 2001）。

　Karlsson（2012）はオンラインコンテンツのサンプリングに伴う問題について論じ，双方向性，即時性，モードの複数性，そしてハイパーリンクという4つの次元から生じる問題点を述べた。これらはすべて，インターネットのデジタルな性質に由来するものである。結果として Karlsson は，オンラインの情報は不規則で予測のつかないものであると主張した。ユーザーの目から見た予測不可能性は，サンプリングの課題を提起する。それによって層化サンプリングを使うことが難しくなり，また単純無作為サンプリングにもより長い期間を必要とするためである。もちろん，オンラインニュースが予測不可能でありうるからといって，すべてのサイトがそうであることを意味するわけではない。

また，Stempel and Stewart（2000）はインターネット上のコンテンツを用いた研究に伴ういくつかの問題を指摘した。彼らによれば，インターネットの研究が直面する重大な問題とは，母集団に対するサンプリングフレームの欠如という問題である。インターネットとは，人々を案内するための電話帳や地図がない街のようなものである。その街ではつねに新たな家が建ち，古い家は変化の中で忘れ去られていく。つまりインターネットのサンプリングには画期的な解決策が必要なのである。

こうしたサンプリングの問題があるにもかかわらず，インターネット上のコンテンツに関するサンプリングの研究は増えつつある。たとえば Hester and Dougall（2007）は，既存のメディア組織（Associated Press, *USA Today*, CNN など）から記事の提供を受けている Yahoo! ニュース 6 か月分のコンテンツを用いた。彼らはニュースに関する 8 種類の変数を分析し，擬似的な 1 週間を構築するサンプリングがもっとも有効なランダムサンプリング手法であると結論付けた。しかしニュースの種類によっては，擬似的な 5 週間以上を構築する必要のあるものもあれば，2 週間を構築すれば済むものもあった。たとえば，スポーツやエンターテインメントに関する記事の割合については，代表性のあるサンプルを抽出するのに擬似的な 4 週間を構築する必要があった。しかし健康やテクノロジー，科学，ビジネスに関する記事の割合については，擬似的な 2 週間を構築するだけで事足りた。なぜ擬似的な 1 週間を構築するサンプリングが Yahoo! に有効であるのかははっきりしていない。というのも，この研究における母集団は，Yahoo! のサイトに掲載された全記事ではなく，記事のサブセットの 1 つでしかなかったためである。

別の研究では，*New York Times* のウェブサイトを用いて，1 年間のコンテンツからサンプリングをする際，どのような方法がもっとも有効であるかが検証された（Wang & Riffe, 2010）。検証された変数は，トピック，地理的な偏り，リンクの数，そして記事中のマルチメディア演出の使用であった。彼らは，たった 6 日分をランダムに選ぶだけで 1 年間のコンテンツを代表できることを発見した。しかし彼らは，この結果が他のウェブサイトに一般化できないかもしれないと警告した。この結果は，アメリカの日刊紙でもっとも多くのスタッフを擁する *New York Times* であるからこそ成り立つものなのである。スタッ

フの数が少なければ，コンテンツには日によってより大きな違いが生じることとなるだろう。

　もちろん，既存の報道機関以外の組織もオンライン上にニュースを掲載している。Connolly-Ahern, Ahern, and Bortree（2009）は，2つのプレスリリースサービス（PR Wire と Business Wire）および1つのニュースサービス（Associated Press）による1年間のコンテンツを研究した。彼らが出した結論は，擬似的な1週間を構築するサンプリングが有効であるが，代表性のあるサンプルを抽出するには2週間以上を構築する必要があるというものであった。Connolly-Ahern et al.（2009）が見出したのは，プレスリリースをサンプリングする場合，四半期ごとに擬似的な1週間を構築するほうが，1年ごとに1週間を構築するよりも有効であるということであった。これはビジネス関連のトピックに限って成り立つ結果であった。総合的にいえば彼らは，オンラインプレスリリースに対しては擬似的な12週間（四半期ごとに3週）を構築し，Associated Press のウェブサイトに対しては8週間を構築することを推奨した。しかし，必要なサンプルサイズはトピックによって大きく異なっていた。これらのサービスをサンプリングする際には，この論文に掲載された表を参照すべきである。新聞や雑誌，テレビといった既存メディアのサンプリングと比べてより大きなサンプルが必要となるのは，有効な層化サンプリングを可能にする一貫した変化が存在しないためである。

　McMillan（2000）はウェブコンテンツの研究をした19の研究論文を内容分析し，一連の忠告をした。第1に McMillan は，ウェブがどれほど伝統メディアと類似しているか，あるいは類似していないかを認識するよう警告した。ウェブは双方向的なものであり，一方向的であるとは限らないので，人々がウェブを伝統メディアとは異なるやり方で利用していることを研究者は理解しなければならないのである。第2に，サンプリングフレームを容易に利用することができず，コンテンツの変化が速いために，ウェブのサンプリングは非常に困難なものとなる可能性がある。第3に，ウェブの状況は変わりやすく，コーディングは困難である。コンテンツは何らかの形で「記録」されなければならず，サンプリングする際には，コンテンツが変化することを考慮しなければならないからだ。第4に，ウェブのマルチメディア環境がさまざまな研究の単位に影

4. インターネットのサンプリング

響を及ぼすことを，研究者は認識しなければならない。第5に，サイトの状況は変わりやすく，それによって信頼性検定が困難になる。なぜなら，コーダーが同一のコンテンツをコーディングするとは限らないためである。

　オンラインコンテンツのサンプリングは他のあらゆるサンプリングと同様に，どのように研究を概念化するかということによって決まる。たとえばニュースポータルサイトの代表的なコンテンツを研究する際に生じる問題と，ブロガーのホームページをサンプリングする際の問題は異なる。便宜的サンプリングであればわずかな問題しか生じないが，いずれの場合にも，研究者はウェブコンテンツが変化する時間の要素について認識しなければならない。

　利用可能なサンプリングフレームがない他のあらゆる母集団の場合と同様に，ウェブサイトから代表性のあるサンプルを抽出する際には，多段サンプリングを用いることができる。第1段階では，いくつかの検索エンジンを用いて複数のウェブサイトのリストを入手する。こうした検索においては検索エンジンに入力する正確な用語が必要となる。リストの重複する部分を除外すれば，これらの検索結果がサンプリングフレームとなるのである。第2段階では，サンプリングフレームのウェブサイトからサンプルを抽出する。もしサンプルを作り出す際に地理のような他の変数が重要なのであれば，さらに多くの段階がありうるだろう。

　このアプローチにはいくつかの問題がある。第1に，検索エンジンが作り出すウェブサイトのリストは長く，ランダムに選ばれたものでもない。さまざまな検索エンジンが異なるアルゴリズムでリストの順序を決めているのである。結果として，検索結果からサンプリングフレームを作るのは時間の浪費になることがあり，サンプルは個人のサイトよりも商業的なサイトや組織のサイトをより多く含むかもしれない。第2に，ウェブページのコンテンツが更新される頻度はさまざまである。ウェブページをサンプリングするプロセスは，手紙と書籍，雑誌と新聞を母集団として代表性のあるサンプルを作ろうとするようなものである。ウェブページを分類するのにトピック以外のカテゴリを使うことが答えになるかもしれないが，そのような分類法はまだ開発されていない。

　このようなサンプリングの問題にもかかわらず，ウェブを通じて配信されるコンテンツに関する研究が増えているという状況は，ウェブサイトのサンプリ

ングがうまくいく可能性を示唆している。それらの研究の著者は，さまざまな方法でサンプリングの問題を解決している。Wicks and Souley（2003）は2000年の大統領選に際してオンラインで行われたネガティブキャンペーンに着目した。彼らはブッシュとゴアのウェブサイトに毎日，あるいはディベートがあったときのような活発な時期にはそれ以上の頻度でアクセスし，キャンペーンの最後の50日間で487件のプレスリリースをダウンロードした。また Druckman, Kifer, and Parkin（2010）は，2002年，2004年，2006年の選挙におけるネガティブなメッセージを分析するために，アメリカ議会の上院と下院のウェブサイトを研究した。彼らはまず *National Journal, Congressional Quarterly*，そして州や国の政党のウェブサイトを用いて，候補者を特定した。彼らは層化ランダムサンプリングを使って各人種の候補者から20%ずつ抽出し，それから *National Journal* を使って候補者のウェブサイトを探し出した。Leccese（2009）は，2008年に上位3位にランク付けされたリベラルと保守のブログを便宜的サンプルとして使い，ネット上の政治的ブログの情報源を検証した。Leccese は連続する7日間のサンプルを抽出したが，利用するブログを特定する際には，4つのランキングサイトでのアクセス数をチェックした。

　McMillan（2000）が示唆したように，インターネットにおける代表性のあるサンプリングの標準型を確立するための方法論的研究がなされるだろう。そのときまでは，自身の理論的枠組みと仮説，そしてサンプリング理論に従ってサンプリングをするのがよい。サンプリング手法に関して研究論文で十分な説明をすることも，再現という目的にかなっている。

5. 個人コミュニケーションのサンプリング

　マスコミュニケーションのサンプリングには，発信サイクルが一定であるという利点があることが多い。そうしたマスコミュニケーションはたいてい何らかの組織によってなされるため，保存されたコンテンツが利用できることも多い。一方，手紙や電子メールのような個人コミュニケーションの研究にはより多くの問題がある。もし南北戦争の間に兵士が書いた手紙を内容分析しようと

思えば，サンプリングフレームの特定は非常に困難な作業となる。しかしそれは避けて通ることのできない最初のステップなのである。個人コミュニケーションに関する研究の妥当性は，そうしたコミュニケーションのリストをどれほど完全なものとできるかによって決まるだろう。

　もちろん，政治家や作家，芸術家のような特定の個人によるコミュニケーションは，すべての記録が利用可能であることもある。そうではない場合，つまり有名でない人々の個人コミュニケーションを研究しようとする場合にも，たとえ理論母集団の全体が特定不可能であっても，確率的サンプリングを用いるべきである。しかし，そうしたコミュニケーションの記録を入手するだけでも困難なのである。それゆえにしばしば便宜的サンプルが用いられることになる。たとえば，インターネット上の個人コミュニケーションに関する初期の研究において，Dick（1993）はオンライン上の議論を持続させるのにユーザーの活発さがどれほど重要であるかを検証した。そのようなフォーラムをランダムに選ぶことはできないため，Dick は GEnie™ システムから選んだ３つのアクティブなフォーラムを用いて，1987年４月から1990年９月までを期間とし，53のカテゴリにおける920のトピックに関して２万1584件のメッセージを入手した。Dick の関心はフォーラム参加者の振る舞いを記述することではなく，参加者同士の関係性を検証することであったため，厳密には全数調査となるメッセージのセットは，彼の探索的研究にとって適切なものであった。

　ランダムサンプリングができないことに対しては，科学的な方法が解決策となる。もし巨大な母集団において関心のある強い関係性が存在するなら，非確率的サンプルにおいてもそうした関係性が一貫して見られることが多い。それらのサンプルがさまざまな状況で得られたもの（たとえば複数の場所や期間で抽出されたもの）であれば，便宜的サンプルによる仮説検証の積み重ねであっても有効に働くだろう。

6. ビッグデータとサンプリング

　デジタルメディアの発達は，「ビッグデータ」と呼ばれる現象を生み出した。

この言葉はさまざまな意味を持ち，商業やアカデミックな文章で広く議論されてきた（Harvard Shorenstein Center, 2013; Lewis, Zamith, & Hermida, 2013; Mahrt & Scharkow, 2013）。これらの議論では，ビッグデータの特徴として以下の点が挙げられてきた。まずオンライン上の活動によって発生するという点，そしてExcel や SPSS，SAS といったこれまでのデータ処理ソフトウェアで分析できるデータよりも巨大であるという点である。ビッグデータの分析では，社会科学の理論にとらわれずにデータにおけるパターンを特定するという経験的アプローチを強調する（Lewis et al., 2013; Mahrt & Scharkow, 2013）。しかしコンテンツのビッグデータを理論に基づいた内容分析に用いることができないという理由もない。

　ビッグデータとはランダムに集められたものではないため，それらは定義上，データの母集団である。くわえて，ビッグデータはさまざまな形態をとる。その中には，内容分析をするのに都合の良い形もあれば，そうでない形もある。インターネット由来のデータの多くは，ウェブサイトへのアクセスや，ゲームをプレイするのに費やした時間，フェイスブックの友人リストなど，オンライン上の行動を反映する。コンテンツデータと組み合わされた場合，これらのデータはコンテンツに先行する影響要因の指標，あるいはコンテンツによって生まれる効果の指標として用いられる。しかしインターネットは，内容分析に利用しうる膨大な量のコンテンツを生み出しもする。これらのコンテンツデータには，何らかの組織によって掲載された素材から，個人によって投稿されたコメントやツイート，ブログまでが含まれる。

　コンテンツのビッグデータが巨大であるために，研究者はある決定をすることとなる。コンピュータを用いて全数データを内容分析するか，ヒューマンコーディングのためにサンプルを抽出するか，あるいは何らかの混成的アプローチを用いるか（Lewis et al., 2013）という決定である。これらの選択肢については第9章で述べるが，この決定は本質的にサンプリングと結びついている。コンテンツのビッグデータに関するサンプリングについてもっとも重要な論点は，サンプリングフレームを作ることの難しさである。あらゆるサンプリングフレームと同様に，ビッグデータのサンプリングが可能となるのは，研究者がリサーチクエスチョンにとって意味のあるようにコンテンツを構築する場合で

ある。このとき，時間と変数によってコンテンツデータを構築するためにはソフトウェアを用いる必要がある。そうしてデータが構築されたならば，すでに論じてきたさまざまなサンプリング手法を用いることができる。

7. ま と め

　内容分析をする研究者は，コンテンツの選択をする際にさまざまな手法を用いる。どのような手法が適切であるのかは，それぞれの研究プロジェクトにおける理論的な論点と実践的な問題によって決まる。もし記録単位の数が少なければ，コンテンツの全数調査がなされるべきである。また記録単位の数が多ければ，サンプルから母集団の推論ができるため，確率的サンプルがより適切である。

　確率的サンプリング手法には，単純無作為サンプリング，系統サンプリング，層化サンプリング，クラスターサンプリング，そして多段サンプリングがある。どの手法を用いるのが適切かということも，研究プロジェクトの状況による。しかし統計的な推論をしようと考えるのであれば，確率的サンプルが必要となる。

　1年分のマスメディアのコンテンツについて推論するためには，層化サンプリングが有効であることが多い。なぜなら，マスメディアのコンテンツはある期間で規則的に変化することが多いためである。内容分析をする研究者は，確率的サンプリングを時間という次元で行うのか，コンテンツという次元で行うのか，両方の次元で行うのかを認識する必要がある。

第6章■

信 頼 性

　第3章で示された問いの1つは，「データの質を最大化するにはどうすれば
よいか」であった。データの質はかなりの程度，測定の段階での信頼性によっ
て決まる。つまり内容分析においては，測定が信頼できるということが非常に
重要なのである。もし測定が信頼できなければ，それを用いてどのような分析
をしたとしても，結果を信頼することはできないのである。

　信頼性の基本的な考え方はシンプルである。つまり用いられる測定方法が，
時間，場所，コーダー，そして環境を問わず一貫していなければならないとい
うことである。何らかの測定をする際は，ものさしが歪んでいないことを確信
できなければならない。たとえば，もし誰かの身長の変化を毎日測らなければ
ならないとして，金属製のものさしとゴム製のものさしではどちらがより適し
ているだろうか。当然，ゴム製ものさしの長さはその日の気温や湿度の変化に
よって変わりやすく，測定者が引っ張ることで伸び縮みもする。測定者は意図
的に，ゴム製ものさしを伸ばしてしまうかもしれない。それと同じように，も
しテレビ CM にどれほどマイノリティが登場するかを測定したいのであれば，
何のトレーニングも積んでいないコーダーを用いた場合と，コーディングのイ
ンストラクションを受けたコーダーを用いた場合とで，結果の一貫性が異なっ
てしまうだろう。

　この章では，内容分析における信頼性について扱う。内容分析での信頼性に
特有の論点とは，コーディングマニュアルにおける概念の定義と作業化，それ
を扱うコーダーのトレーニング，そしてマニュアルとコーダーにどれほど信頼

性があるかを評価するための指標である。

1. 信頼性——基本的な考え方

　内容分析における信頼性の定義とは，コンテンツのカテゴリへの分類がコーダー間で一致していることである。実際，研究ツールとしての内容分析は，概念の定義を明確にして共有することによって，コーダーによるカテゴリへのコンテンツの割り当てをコントロールするという前提に基づいている。もしカテゴリの定義によってコンテンツの割り当てをコントロールできなければ，コーダーは各人のバイアスによって予想もしなかったような方法で割り当てを行うだろう。そうなれば，研究の知見は解釈も再現もできないものになる。しかし第2章で述べたように，再現可能性とは科学を特徴付ける要素なのである。したがって，内容分析が科学的手法であるためには信頼性が重要になる。結局のところ信頼性を評価するという課題は，コーダー間の一致を検定するという点に行き着く。そうすることで，マニュアルにおける概念の定義と作業化によってコーディングをコントロールできているという前提を確かめるのである。

　内容分析において信頼性を獲得するためには，まず研究目的に沿って変数とカテゴリ（変数の中の区分）を定義する。それから，それらの定義に従ってコンテンツを分類できるようにコーダーをトレーニングする。そして最後に，コーダー間の信頼性を検定する。こうした検定をすることで，コンテンツを適切な分析カテゴリへと割り当てるという作業が，概念の定義によってどれほどコントロールされていたかが数値で示される。

　これらのステップは明らかに連関しており，もしどこかのステップでミスをしていれば，必ず全体の信頼性が影響を受ける。明瞭かつ簡潔に概念を定義していなければ，コーダーはコンテンツを適切に当てはめることができないだろう。またコーダーに注意力と判断力が欠けていれば，信頼性を適切に評価することはできないだろう。そして信頼性の評価がなされていなければ，あらゆる研究結果に対して「コーダーのバイアスがかかっている」と解釈されてしまうことになる。コンテンツの研究において信頼性を獲得するのに失敗すれば，同

じコーダーあるいは他のコーダーによって作業を再現しても，その結果は疑わしいものになるだろう。

2. 概念の定義とカテゴリの構築

　内容分析において信頼性を得るには，まず変数とカテゴリを定義し，それらにコンテンツを分類するためのルールを決める。カテゴリの定義やそれらを作業化するルールは，コーディングマニュアルで明示される。コーディングマニュアルとは，第3章での「コーダーはデータについてどのように理解するか」という問いに答えるためのガイドブックなのである。

　たとえば筆者のうちの2名は，非営利の専門家によるオンラインニュースサイトと，日刊紙のニュースサイトを比較するために，コーディングマニュアルを作成した。そのマニュアルにおける最初のステップは，「非営利の専門家によるオンラインニュースサイト」という概念に合致するウェブサイトをコーディングすることである。その変数名は「ニュースサイトの種類」であり，カテゴリは「1」か「2」である。「1」は非営利のニュースサイトであり，「2」は日刊紙のニュースサイトを表す。そしてあるサイトに「1」を割り当てる際のルールは以下の通りである。

(a) 運営団体が501c団体（訳注：免税非営利団体）に該当する
(b) 運営団体が複数のスタッフに給料を支払っている
(c) 地理的な販売エリアが都市，地下鉄の駅売り，または地域である
(d) ニッチな情報よりも，一般的なニュースや意見を発信している
(e) それらの情報を，1週間に複数回発信している

　それからこのマニュアルでは，上記の性質を示す情報をどのようにして見つけるかを説明している。

概念的な定義および作業的な定義

概念的な定義と作業的な定義は，関心のある概念がコンテンツの中でどのように認識されうるかを定義する。つまりこのように考えてほしい。概念とは，物事のあり方についての，あるいは物事の関連についての広く抽象的な考え方である。内容分析における各変数は，そうした広範で抽象的な概念に関する作業的な定義である。また各変数におけるカテゴリも同様に作業的な定義であるが，それらは変数の一部であり，そこに包摂される。

シンプルな例を挙げて，このプロセスを明瞭にしておこう。州議会議員の政治的知名度に関する研究では，顕出性（prominence）という概念が定義され測定された（Fico, 1985）。抽象的な概念として考えると，顕出性とは，はじめに扱われるか，またはもっとも重要であり，他のものから明確に区別されるということを意味する。立法プロセスに関するニュース記事において，顕出性はいくつかの方法で測定（作業化）される。たとえば，記事における議員の顕出性を，その議員の名前が「どれだけ先に」現れるかという点で測定することができる。あるいはその議員による主張や，その議員に関する意見に対して，どれだけのスペースや記事の本数が割かれたかによって測定することもできる。議員の写真が記事に載るか，または議員の名前が見出しに現れるかという点で測定することもできるだろう。Fico（1985）の研究では，記事中で最初に登場する議員の名前によって，政治家の顕出性を作業化した（ただし見出しやキャプションを除く）。

顕出性という概念とその測定方法について，何点か述べておこう。たしかに，本来の概念は作業化した変数よりも広範な意味を持つものである。多くの概念の意味には複数の次元があり，そうした意味の次元を測定するための方法も1つではないことがほとんどである。たとえば，Fico（1985）は政治的な活発さという概念も用いたが，その際にこの概念を議員名簿における登場回数として作業化した先行研究に言及している。その作業化は，実質的には議員が議会で演説した頻度を表している。しかしFicoは，異なる方法で政治的な活発さを作業化することを選んだ。その測定方法とは，議員が提出した法案の数である。おそらく両者の作業化は——あるいは他の方法をとったとしても——政治的な

活発さについて異なる次元を表しているだろう。

　たしかに顕出性という概念は，これまで述べてきたような尺度——記事の位置，スペース，写真の有無——によって十分に作業化できると主張することができるが，それらを総合的な指標に組み合わせることもできる。実際，多くの概念はこの方法で作業化されている。もちろん，指標を作るために複数の尺度を用いる場合には，それらの尺度が同じ概念の存在を示していると確かめておく必要がある。たとえば，ある政治家が最後のパラグラフでしか言及されない記事があった場合，その記事のスペースやパラグラフ数は顕出性の尺度としては適切ではないだろう。

概念の複雑さと変数の数

　したがって，変数やカテゴリが概念的に複雑になるほど，十分な信頼性を達成することは難しくなるだろう。この項ではその理由について説明する。複雑な概念を用いた研究では，信頼性を達成するために，より多くの時間と労力が必要になる。そのどちらも確保できないのであれば，分析自体を簡略化しなければならないかもしれない。逆に言えば，概念をシンプルで扱いやすいものにすれば，信頼性を得るのは容易である。複雑な概念が大量に存在すると，コーダーが間違いを犯す可能性が高まり，研究の信頼性を減少させてしまう。

　概念がより明示的であれば，信頼性を得るのは容易になる。第2章の内容を思い出してもらいたいが，明示的なものとは「表面的に」観察可能なものであり，したがって暗示的なコンテンツよりも認識しカウントすることが容易である。コンテンツに登場する概念が，認識しやすいシンプルなものであるほど，コーダー間の一致が得られやすくなり，その研究に信頼性が得られる可能性は高くなる。たとえば，ある政治家の名前がテレビのシチュエーション・コメディ番組に登場したかどうかを認識することは，その政治家が言及された文脈をカテゴリに分類するよりも容易である。あるいは，政治的知名度を作業化する際，ある議員の名前がニュースに登場した回数をシンプルにカウントするだけであれば，コーダー間の一致は容易に得られるだろう。しかし，その議員がある法案について議論しているのか，または何らかのより一般的な政治的トピックにコメントしているのかを分類するという作業には，より複雑な判断が必要

になるのであり，よってコーダー間の信頼性に影響を及ぼすだろう。

　対象となるコンテンツがより明示的である場合（たとえば名前をカウントするだけの場合），もっとも容易に信頼性を得ることができるが，明示的なコンテンツが必ずしも興味深く重要なコンテンツであるとは限らない。よって，コンテンツに関する研究はある程度暗示的な意味を持つコンテンツも扱うことになる。もっとも，そもそも明示的な意味だけを持つコンテンツ，あるいは暗示的な意味だけを持つコンテンツはめったに存在しない。そして，コンテンツが暗示的な意味を含むということによって生じるのは，コーダー間の不一致と，意味の解釈という2つの問題である。前者の問題は，暗示的な意味の強いコンテンツほど，コーダー間での一致が困難になるということである。そこで一致度を高めるために，暗示的な意味を読みとるコーダーのトレーニングを綿密に行ったとしても，研究結果の解釈に関する後者の問題が生じかねない。具体的には，トレーニングを受けたコーダーの判断が一致したとしても，一般の受け手（新聞の読者やソープオペラの視聴者など）がマニュアルに定義された意味でそのコンテンツを経験しているかは不明なのである。テレビCMを何度も巻き戻しながら繰り返し見直し，そのCMにおける役者同士の関係性を記述している視聴者などそうはいないだろう。こうして信頼性という論点は，いくつかの意味で，研究とその作業化が現実の社会にとってどの程度「重要な意味を持つか」に関わっている（したがってこの論点は，第7章で扱う妥当性にも関係がある）。

　これは，暗示的な意味を扱う研究をするべきではないとか，それらの研究に広範な意義や重要性がないということではない。それは研究の目的によるのである。たとえばSimon, Fico, and Lacy（1989）は，地方の論争に関する記事における中傷を研究した。この研究における中傷の定義は，法廷での判断に沿って「特定可能な個人の評判を貶めようとする言葉」とされた。さらにSimonらの研究では，相手の評判を表立って貶める「直接的」中傷（"per se" defamation）と，評判を貶めているという解釈を必要とする「間接的」中傷（"per quod" defamation）を作業化した。当然，何が評判を貶める言葉であるかは，読者や視聴者の判断による。指導者に対して「タフな（tough）」という言葉を使った場合，ある人にとっては称賛の意味となるが，別の人にとっては軽蔑

の意味となる（訳注：tough には「見事な」といった意味もあれば，「頑固な」などの意味もある）。さらにいえば，この記事を読んだ多くの人が中傷という概念を思い浮かべるかも疑わしい（たとえ論争の当事者たちが互いに罵り合っていたことを知っていたとしても）。しかし Simon らの研究目的は，どのようなときに記事がある重要な読者グループの怒りを買うのかを明らかにすることであった。そのグループとは，ニュース内で中傷の対象となり，訴訟を起こす可能性のある人々である。

　明示的な意味や暗示的な意味といった概念は，明確に区別できるものではなく，連続的なものであると考えられる。あるシンボルについて意味を共有する受け手の割合がより多いとき，そのシンボルは他のシンボルよりも明示的である。「車（car）」という言葉の一般的かつ明示的な意味を共有できない人はほとんどいないが，「クール（cool）」という言葉は一般的な辞書において動詞としても名詞としても扱われる。同様に，シンボルの暗示的な意味も，その言語を扱う集団の中でどれだけ多くの人々がその暗示的な意味を共有しているかによって異なる。また第 2 章で述べたように，暗示的な意味は時が経てば変化することがある。1950年代のアメリカでは，多くの人にとってキャデラックは裕福さを表す最高のシンボルであった。たしかに今日でもキャデラックは裕福さの象徴であるが，それはもはや万人が認める最高のシンボルではなくなっている。そして現在では，メルセデス・ベンツや BMW といった他の車がキャデラックと同じかそれ以上に裕福さを象徴している。

　ポイントとなるのは，その原因が概念の複雑さであれ，一般的な意味の欠如であれ，コーダーに困難な判断を求める変数は制限されるべきだということである。複雑なカテゴリが多いほど，コーディングはよりいっそうルールによるコントロールを必要とする。コーディング作業を行う前に，インストラクションにおいてコーダーはまずカテゴリへの割り当てルールを見直す必要がある。コーダーが疲労し，作業の終盤にコーディングの精度が低下する可能性を低減するように，コンテンツの量や作業時間を制限するのもよい。

3. 内容分析のマニュアル

概念がシンプルであれ複雑であれ，その定義は明瞭に示されなければならない。内容分析のマニュアルには，そうした明瞭な定義が記される。マニュアルの重要性はいくら強調しても足りないほどである。マニュアルとはその研究全体，とりわけコンテンツに適用されるコーディングルールを定義する文書である。

マニュアルの目的

第1に，マニュアルは研究を規定するルールを取り決める。このルールが，どのようにコンテンツを定義し測定するのかを規定する。これらのルールはその研究全体を通して不変のものである。研究の初日にコーディングされたコンテンツは，100日が経過しても同じようにコーディングされなければならない。

第2に，マニュアルは研究上の操作や定義，あるいはどのようにしてその研究が管理されたかを記録するものである。よってマニュアルを参照することで，他の研究者は結果を解釈し研究を再現することができる。そうした再現がなされることで科学は発展し，知の体系を作り上げてコミュニケーションのプロセスや効果を明らかにする理論が確立される。

たとえるなら，内容分析のマニュアルは料理の本である。料理の本には材料やその分量と，それらの材料を調理する手順が書かれている。同じように，内容分析のマニュアルには研究の概念的で作業的な定義と，その適用方法が書かれている。さらにこのたとえを続けると，わかりやすく書かれた料理の本があれば，美味しいシチューを作るのにシェフを雇う必要はなくなる。同じことが内容分析のマニュアルについても当てはまる。概念と作業手順が十分に明瞭で，それらの扱い方がわかりやすく示されていれば，そのマニュアルを読んだ人は誰でも同じようにコーディングできるようになるだろう。逆に概念や作業手順が複雑であれば，マニュアルの使い方を訓練された人だけが同じやり方でコーディングできるようになるだろう。

マニュアルの明確化

　もちろん，概念を十分明瞭にし，作業手順をわかりやすくするのは，それほど単純なことではない。概念は，研究者の頭の中にとどまっていては役に立たない。そのため，研究者はそれを書き出すのである。単純に聞こえるかもしれないが，どれだけシンプルな概念であっても言葉で表すという行為が，不明瞭で不完全な考えをくっきりと浮かび上がらせる最良の方法なのである。概念を定義することによって，研究者はその概念によって本当に表そうとしているものについて，より鋭い思考をすることができる。異なる見方を持つ他者でも，書き記された定義であれば容易に扱うことができる。

　研究者個人の中であれ，複数の研究者の間であれ，このようにある概念を記述しては読み解いていくことで，その概念を明確にするプロセスが進んでいく。こうしたプロセスによって概念を言語化することで，他者にとって曖昧な部分を減らし，研究者の思い描く概念を把握しそこなうような別の解釈を生じにくくすることができる。

マニュアルの構成

　マニュアルは研究の記録文書であるのだから，それを一貫した方法で構成し書き記すよう注意しなければならない。またマニュアルは，他の研究者がそこに記された情報のみで研究を再現できるように，十分に包括的であるべきである。さらにいえばマニュアルは，それを使って研究を解釈し，再現し，拡張し，そして批判しようとする人であれば誰でも利用可能でなければならない。

　マニュアルは3部構成にするのが有効である。第1部は，研究の目的を明示し，主要な概念を挙げる導入部分である。たとえば地方行政に関する記事の研究（Fico et al., 2013a; Lacy et al., 2012）では，マニュアルの導入部分で分析対象となるコンテンツとニュースメディア（8種類のニュース媒体におけるニュースと論説）を明示した。

　続いて第2部では，どのようにコンテンツを処理するかを示す。たとえば，どの記事を除外しどの記事を分析対象に含めるのかを説明する。

　そして第3部では，内容分析で用いる各変数を明示する。つまり第3部がマ

ニュアルの重要な部分である。ここでは各変数に対して作業定義が与えられ，あわせて各カテゴリの値が定義される。これらの定義が，事実上，コーダーが変数やカテゴリの値をコンテンツに割り当てる際に参照する指示である。言うまでもなく，変数についての指示は比較的シンプルなこともあれば（たとえばどういった種類のニュースメディアか），複雑である場合もある（各記事がどのようなトピックに言及しているか）。

　カテゴリの定義はどの程度詳細にすべきだろうか。これについては，必要に応じて詳細にすべきだ，というのが答えになる。すでに述べてきたように，マニュアルで概念を定義しそれを明示するのは，双方向的なプロセスである。コーダーが定義に基づいて実際に作業を行い，トレーニング中のさまざまな段階で暫定的な一致度を評価する。これらの過程を通じて，マニュアル自体が変化する。マニュアルに事例と例外がまとめられていると，カテゴリの定義はコーダーにとってより扱いやすくなる。しかし逆説的ではあるが，カテゴリの定義を極端に詳細にしたり，極端に広範にしたりするのは避けるべきである。定義が詳細でないと，コーダーがカテゴリを決定する際の解釈の幅が大きくなってしまう。しかし定義が過度に詳細であれば，コーダーの混乱を招くか，コーダーがルールの一部を忘れてしまうことになりかねない。

　表6.1に示したコーディング指示は，あるマニュアルの一部を例示したものである。このマニュアルは，全国の約800媒体におけるニュースコンテンツのサンプルに対して用いられた。なおこのマニュアルは4万7000本以上の記事に適用されたものであり，本来は2つの項目から成り立っている。ここで挙げているのは全記事に適用された第1の項目だけであり，より複雑な第2の項目は地方行政の記事にのみ適用された。

コーディングシート

　マニュアルにおける各変数は実際のコーディングシートと明確に結びついていなければならない。このコーディングシートは，コンテンツ単位の属性を記録するのに用いられる。コーディングシートはコーダーが使いやすいように設計されるべきである。またコーディングシートは，紙に印刷するかコンピュータの画面上に表示することになるが，どちらの形式にも長所と短所がある。紙のコーディングシートは融通が利く。紙の場合はコンピュータが使えないとき

3. 内容分析のマニュアル

表6.1　地方行政の記事に関するコーディングマニュアル

はじめに

　このマニュアルは，地方行政に関するニュースと論説を分析するためのものです。対象となるのは，日刊紙，週刊紙，テレビ局，ローカルのケーブルネットワーク局，ラジオ局，市民のブログやニュースサイトです。このマニュアルは2つの項目に分かれています。第1の項目では地方に関する記事の一般的な特徴について扱い，第2の項目では地方行政（市（city），郡（county），地域（regional））に関する記事のトピックや情報源などを扱います。コンテンツは報道対象の地理的な範囲や種類を評価するために用いられ，さらに外部的な変数（市場規模，競合，オーナーシップなど）との関係を分析するために用いられます。

手続きと研究に用いる記事

　この研究では，市内（city）／市外（suburb），郡，そして地域レベルでの地方行政について報じられた公共的な出来事を扱います。これらのエリアには，一般市民に近く，よりアクセスしやすい地方行政組織が存在します。市の行政（「郡区（township）」と呼ばれることもあります）は，アメリカにおける最小の行政単位です。多くの市（郡区）は郡に含まれ，多くの郡は地域の行政単位に結びつきます。

以下の項目に該当する記事は，コーディングの対象には含めません。
1．日常的なスポーツニュース
2．日々の天気に関する記事
3．エンターテインメント（例：演劇）に関する記事
4．有名人（およびその生活）に関する記事
5．州の行政のみに関する記事
6．国家的な行政のみに関する記事

　コーディングをする前に記事を読んでください。ある記事が上記の項目に該当し，研究対象として適切ではないと判断した場合，次の記事に進んでください。ある記事が研究対象として適切であるかどうかが曖昧な場合には，監督者に指示を仰いでください。

変数の作業定義

Ｖ1：記事の番号（あらかじめ割り当てられています）
Ｖ2：記事の日付 ── 月／日／年（これらはそれぞれ2つの数字で表されます。たとえば2008年8月8日は080808になります）
Ｖ3：市のID番号 ── それぞれの番号がどの市であるかはリストを参照してください。DMAサンプルには999を割り当ててください。
Ｖ4：記事の地理的な焦点（この変数には以下のカテゴリがあります）
　　　1＝リストにある中心都市：リストを参照してください
　　　2＝リストにある郊外都市：リストを参照してください
　　　3＝その他の地理的な範囲

152　　　　　　　　　　　　　第6章　信　頼　性

　この分析に用いる記事には，報道機関によって「ローカルニュース」と分類されたものを収集して
あります。州レベル，国家レベル，あるいは国際レベルでの出来事を扱う記事は，何らかの「ローカ
ルな視点」が示されていない限り含まれません。地理的な焦点とは，記事の中で最初に出てくる行政
単位のことと考えてください。より厳密には，記事の中で最初に正式名称で示される行政単位のこと
を指します（たとえば「ダラス市議会」）。
　一部のケースでは，正式名称が市のサブ単位として示されることもあるでしょう（たとえばイース
ト・ランシング市アイヴァンホー（Ivanhoe Neighborhood））。そのようなケースでは，その市に焦
点が当たっていると考えてください。
　記事の行政単位が日付欄に書いてあることも多いです（たとえばニューヨーク州バッファロー市と
日付欄に書いてあることがあります）。しかし多くの場合，記事で焦点が当たっている行政単位は実
際に読まなければ確定できません。それは日付欄に書いてあるものとは異なるかもしれないためです。
もし記事の中でどの行政単位も示されていない場合は，日付欄にある行政単位をコーディングしてく
ださい。

Ｖ５：DMAのID番号 —— リストを参照してください。もし市議会のサンプルである場合には，99
　　　を割り当ててください。
Ｖ６：媒体のID番号 —— リストを参照してください。
Ｖ７：媒体の種類（ID番号リストを確認してください）
　　　　1＝日刊紙
　　　　2＝週刊紙
　　　　3＝テレビ局
　　　　4＝ケーブルテレビ
　　　　5＝ニュースラジオ
　　　　6＝非ニュースラジオ
　　　　7＝市民によるニュースサイト
　　　　8＝市民によるブログサイト
Ｖ８：ニュース記事の発信元となる組織
　　　　1＝スタッフメンバー（報道機関のスタッフと他の情報源が組み合わさっている場合は1をコ
　　　　　ーディングしてください）
　　　　　a．レポーターやコンテンツ発信者の名義が示されている記事が含まれます（ただしコー
　　　　　　ド2以下の情報源に属さない場合に限ります）。
　　　　　　市民によるサイトでの氏名やユーザー名もこれに該当します。
　　　　　b．報道機関の名義が示されている記事が含まれます（たとえば「KTOによる」，「Blade
　　　　　　による」，「The Jones Blogによる」，など）。
　　　　　　記事自体が帰属している場合もこれに該当します（たとえばKTOによる取材，The
　　　　　　BladeのJoe Jonesによるリポート，など）。
　　　　　c．報道機関のスタッフや役職が示されている記事が含まれます（たとえば「編集者」な
　　　　　　ど）。
　　　　　d．テレビとラジオについては，以下の条件に該当する記事もスタッフによるものと考え
　　　　　　ます。

3. 内容分析のマニュアル

　　1）局の版権が記事ページにある場合（版権の名義が局の名前と合致しないこともあ
　　　　ります）。ただし，署名欄や記事の下部にAP通信やその他通信社の表記だけが
　　　　ある場合，局の版権がページ下部にあっても，Ｖ8には2をコーディングしてく
　　　　ださい。
　　2）動画ファイルはテレビの記事として，音声ファイルはラジオの記事としてコーデ
　　　　ィングしてください。
　e．ラジオについては，局のロゴが記事中にある場合にも，スタッフによるものと判断し
　　　てください。
　f．新聞については，以下の条件に該当するものをスタッフによるものと判断してくださ
　　　い。
　　1）新聞社のURLとともにEメールアドレスが記載されている
　　2）複数の記事がまとめられた「犯罪記録（police blotter）」または「まとめ（in
　　　　brief）」セクション
2＝通信社などのニュース配信サービス
　a．このカテゴリにはAP通信やロイター通信，AFP通信のような通信社や，King's
　　　Worldのような論説機関が含まれます。
　b．このカテゴリにはThe New York Times News ServiceやMcClatchy News Service,
　　　Gannett News Service, Westwood One Wireのようなニュースサービスが含まれま
　　　す。
　c．署名欄に他の報道機関名が記されており，記事全体が他からの転載であることが示さ
　　　れている記事は，このカテゴリに含まれます。
3＝個人のウェブサイト（V7で7か8にコーディングされた記事）
　a．1人の人物によってコンテンツが発信されている市民ジャーナリズムのウェブサイト
　　　のみコーディングしてください。記事中，あるいはサイト内の他のページにそうした
　　　記載がある場合に限ります。
　b．「スタッフ」や「寄稿者」など外部から素材を得ている場合には，Ｖ8にある他のコ
　　　ードを用いてください。
4＝現地から直接発信された内容（現地の情報源による発言がそのまま掲載されていると判断
　　できる記事に，このコードを用いてください。その記事は，個人名や組織名などの，情報
　　源の名義を特定できる情報を含むものとします。以下のような記事が該当します）
　a．発言記録
　b．政府組織あるいは非政府組織の公式レポート
　c．特定の人物による書簡や声明
　d．署名入り記事や，編集者への投書
　e．その他
5＝不明（コード1〜4を割り当てるための情報をまったく含まない記事は，このカテゴリに
　　該当します）

でもコンテンツを分析することができ，キーボードでコーディングする際の断続的な中断も避けられる。中断がないということは複雑なカテゴリを扱う際にとくに重要であり，コーディングを間断なく進められれば信頼性も高まる。また紙のシートは，新聞紙のような物理的に大きなコンテンツを分析する際にとくに有用である。

　しかし，紙のシートを用いるとコーディング作業により時間がかかるようになる。紙のシートではコーダーが値を筆記する必要があり，後に誰かがそれをコンピュータに入力しなければならない。もしデータが大量にあれば，作業時間が大幅に増加する。またこのように紙とキーボードで二重に記録すると，データを写しとる際にミスをする可能性が高まる。ただし逆にいえば，紙のシートはハードディスクが壊れた場合のバックアップとなる。

　コーディングシートの構成は，言うまでもなく研究ごとに異なるが，コーディングシートに書かれる変数は，マニュアルと同じ順番で記載されるべきである。またマニュアルに書かれる変数はコンテンツの流れに沿った順番で記載されるべきである。コーダーはカテゴリを決定するためにコンテンツの中を行ったり来たりすべきではない。たとえばニュース記事のリード文を誰が書いたかを記録するという分析の場合，そのカテゴリはコーディングシートの上のほうに配置されるべきである。なぜなら，コーダーは最初に署名欄の筆者名を目にするためである。マニュアルに沿ってコーディングシートをデザインするには，データ収集のプロセスがどのようなものか，そしてどのように問題を回避すべきかを確認しておく必要がある。

　通常，コーディングシートにはシングルケースとマルチケースという2つのタイプがある。シングルケースのコーディングシートは，記録単位1つにつきシートを1部用いる。たとえば自殺者の遺書に関するテーマの分析では，それぞれの遺書に対して，複数のカテゴリが記されたシートを1部ずつ用いることになる。

　表6.2は，表6.1のコーディングに用いるシングルケースのコーディングシートである。各変数（V）の数字と記入欄は，マニュアルに書かれた文字や数字（V1，V2など）に対応している。変数の位置をコーディングシートとマニュアルで揃えておけば，コーディングにかかる時間を減らし，作業中の混乱を避

3. 内容分析のマニュアル　　　　　　　　**155**

表6.2　コーディングシート

地方行政のニュースを分析するためのコーディングマニュアルAAA
V 1：記事の番号
V 2：記事の日付
V 3：市のID番号
V 4：記事の地理的な焦点
　　1 = リストにある中心都市：リストを参照してください
　　2 = リストにある郊外都市：リストを参照してください
　　3 = その他の地理的な範囲
V 5：DMAのID番号
V 6：媒体のID番号
V 7：媒体の種類（ID番号リストを確認してください）
　　1 = 日刊紙
　　2 = 週刊紙
　　3 = テレビ局
　　4 = ケーブルテレビ
　　5 = ニュースラジオ
　　6 = 非ニュースラジオ
　　7 = 市民によるニュースサイト
　　8 = 市民によるブログサイト
V 8：ニュース記事の発信元となる組織
　　1 = スタッフメンバー
　　2 = 通信社などのニュース配信サービス
　　3 = 個人のウェブサイト
　　4 = 現地から直接発信された内容
　　5 = 不明

けることができる。

　一方，マルチケースのコーディングシートでは，1ページに複数のケースを記載する。この種のコーディングシートは，行にケース，列に変数を配置した行列で表されることが多い。これはExcelやSPSSでデータを作成する際の形式である。図6.1は月刊雑誌の研究に用いるマルチケースのコーディングシートを簡略化して示したものである。それぞれの行には雑誌の各号が単位となるデータが記される。この例では7号分のデータが記されている。そしてそれぞれの列にはリスト中の変数に対応する数が入る。たとえばコーダーは，各行に該当する雑誌の号に掲載された写真の数を列4に記録する。つまり1995年3月号には45の写真が掲載されたということである。

図6.1 月刊の生活情報誌に対するコーディングシート

ID	月	年	写真の数	食品広告のページ数	健康関連記事の本数	全体のスペース数	記事本数
01	01	95	42	15	09	102	29
02	02	95	37	21	10	115	31
03	03	95	45	32	15	120	35
04	04	95	31	25	08	090	27
05	06	95	50	19	12	112	30
06	01	96	43	19	11	120	25
07	02	96	45	23	17	145	29

4. コーダーのトレーニング

　概念を定義し，マニュアルを作成し，コーダーをトレーニングするというプロセスは，何度も繰り返し行うものである。そしてこのプロセスの中心となるのはコーダーである。このプロセスがどれほど続き，いつ終了するのかは，コーダー次第なのである。もちろんコーダーは，実際にコンテンツに接触し，マニュアルの定義に基づいてコンテンツをコーディングしていく中で，作業への理解を深めていく。概念を洗練し，尺度を決定し，コーディングの手続きを実際に進めてみることを通じて，マニュアルの草稿を何度も練り直すことになるだろう。

コーディングのプロセス

　このプロセスは，コーダーの数次第で容易にもなるし，より複雑にもなる。研究者も人間であるので，メンタルの状態によってコンテンツの認識や解釈が影響を受ける。どのような概念の次元が見過ごされているか，あるいは当人にとって明瞭なマニュアルが他人にとってはどれほど不明瞭なものであるかということは，単独のコーダーでは気がつきにくい。したがって，複数のコーダーを用いるほうが，明確な概念定義や作業定義を同意しやすいものにすることができる。

4. コーダーのトレーニング

逆に複数のコーダーによる欠点とは，概念上の一致がより困難になることであり，作業化の際にコーダーが1人または少数の場合には生じないような問題が明らかになることである。場合によっては，その問題を解決するために，さらに時間や労力を費やしてまで概念やその測定を精緻化する必要はないかもしれない。とはいえ，そのことを見極めるのも簡単ではないだろう。

変数の定義は，信頼可能な形で扱うことができなければあまり有用ではない。マニュアルがよく整理され，首尾一貫して書かれていたとしても，コーダーがマニュアルを扱うための体系的なトレーニングは欠かすことができない。ここでも，社会調査のアナロジーが有効であるだろう。社会調査の調査員は，アンケートのリズムに慣れるようトレーニングを受け，スムーズに質問を読み上げて回答を聞き出せるようにならなければならない。同様に内容分析のコーダーも，マニュアルに記された定義がどのようにコンテンツと関連しているかに慣れなければならない。

コーダーをトレーニングする際の最初のステップは，分析するコンテンツに慣れさせることである。ここでの目的はコンテンツの事前コーディングをすることではないので，実際の研究で扱うサンプルをここで用いるべきではない。この慣れさせるという過程は，コンテンツに対するコーダーの適応度を高め，コンテンツがどのようなものであるかの見通しをコーダーに与え，どれほどの労力と注意力が必要であるかを理解させるためのものである。

コーダー間の差異を小さくするためには，コンテンツを扱う際の手続きを明確にするべきである。たとえば，どれだけのコンテンツをコーディングするのか，あるいはどれだけの時間コーディング作業を行うのかを明らかにすることが考えられる。また，それぞれのセッションの冒頭でマニュアルを頭から読み返すよう指示し，カテゴリの定義に関するコーダーの記憶をリフレッシュさせることもある。

コーダーもまた，マニュアルをコンテンツに適用する際の問題点を監督者や他のコーダーと議論し，自らマニュアルに慣れていくべきである。またこの議論の中で，コーダーたちが似たような枠組みでコンテンツを理解しているのか，またはそうではないのかを明確にすべきである。当然，コーダー間の差異は認識しておく必要がある。なぜならそうした差異は，たいていの場合コーダー間

の不一致につながり，そうなると研究の信頼性が損なわれるためである。

コーダー間不一致の原因

コーダー間で差異が発生するのにはいくつかの原因がありうる。その中には，変数やカテゴリの定義をめぐる問題のように，比較的容易に対処できるものもある。しかし，単にコーダーがマニュアルに示された手続きを踏まない場合のような解決不可能なものもあるかもしれない。

カテゴリの問題

カテゴリの定義に対する認識の違いは，トレーニングセッションにおいて真剣に対処しておかなければならない。こうした認識の違いは，マニュアルに書かれたカテゴリの定義が曖昧であったり不十分であったりするために生じるのだろうか。あるいは，概念やその作業化のルールを理解していないコーダーの問題だろうか。当然，カテゴリの値について複数のコーダーが一致しない場合には，カテゴリや変数そのものに問題がある可能性が高い。変数が根本的に曖昧であったり複雑であったりするか，コンテンツを変数のカテゴリに割り当てる際のルールがマニュアルに十分に記載されていないために，問題が生じているのだろう。

そうした変数やカテゴリの問題に対処するためのもっともシンプルなアプローチは，曖昧で混乱を招く原因を取り除くように定義を改めることである。もしこうした改訂によって不一致の原因を取り除くことができなければ，より根本的な変数のカテゴリや定義のほうに目を向けなければならない。過度に複雑な変数やその定義を，より扱いやすくなるよう分割すべきかもしれない。たとえば，中傷に関する研究（Fico & Cote, 1999）では，まず中傷についての全般的な定義を定めたうえで，直接的（per se）中傷と間接的（per quod）中傷を含むコンテンツをコーディングする必要があった。間接的中傷とは，人々がそれを中傷と捉えるだろうと司法によって判断されたものである。しかしこの定義では，コーダー間の信頼性は得られなかった。一方，中傷全般と直接的中傷については，それよりも高い信頼性が得られた。ならば解決策は明らかである。間接的中傷を「中傷全般から直接的中傷を除いたもの」と定義するのである。言い換えれば，すべての中傷は直接的中傷と間接的中傷のいずれかに分けられ

ることになる。こうすることで，直接的中傷について信頼性のある定義ができれば，必然的に残りの間接的中傷についても信頼性のある定義ができることになる。

しかし，コーダーが信頼できる形で扱えないようなカテゴリは，研究から除外しなければならないこともある。論争の報道に関する別の研究（Fico & Soffin, 1995）では，各陣営の主張を「攻め」と「守り」に区別しようとした。だが実際の報道の中ではそうした主張は混在しており，十分な信頼性を得ることは不可能であった。

コーダーの問題

もし1人のコーダーがつねに他のコーダーと一致しない場合，何らかの原因によってそのコーダーが定義をうまく扱えていない可能性がある。この場合，コーダー2名ごとのすべての組み合わせでコーダー間の信頼性を比較することによって，問題のあるコーダーを容易に特定することができる。その後は，そのコーダーに再トレーニングを行うか，研究から外れてもらうかを判断することになる。

あるコーダーによるコーディングがつねに他のコーダーと一致しない場合には，いくつかの理由がありうる。もっとも容易に解決可能な問題は，作業手順の適用に関するものである。そのコーダーはコーディングに十分な時間をかけているだろうか。そのコーダーは作業手順に示されたとおりにマニュアルを見直しているだろうか。

もし特別な知識を要するコンテンツを扱う場合には，コーダーの教育が必要になることもある。たとえば，地方行政の研究に携わるコーダー8名のうちの何名かが，地方行政に関する構造や公務，用語についてほとんど知らないとしよう。そうした場合には，監督者が地方行政に関する資料を作成し，コーダーはそれを用いて学習することになる。

より難しい問題は，コーダー間で文化的な理解や認識の枠組みが異なっている場合である。あまり明示的な意味を持たないコンテンツを扱うとき，これらの差異に直面することが多いだろう。すでに述べたように，そうしたコンテンツの意味を読みとってカテゴリへと割り当てる際には，コーダーによる解釈がよりいっそう必要となる。

昔話になるが，筆者は学生のころ，アメリカ，ボリビア，ナイジェリア，フランス，そして南アフリカの学生が集まった授業でコンテンツの研究をした。その研究では，国際関係に関する記事のサンプルに対して，テロリズムのような概念を用いていた。知っての通り，ある立場からテロリズムとみなされる行為も，別の立場からすれば国民的な抵抗運動になりうる。こうした認識の枠組みに関する問題を克服するのは不可能ではないが，そのためにはコーダーのトレーニングにかなりの時間を割かなければならないだろう。このような問題を通じて，文化的あるいは社会的差異のある状況では，用語の定義をより慎重にすべきであることが理解できる。

　Peter and Lauf（2002）は，国際的な内容分析研究においてコーダー間の信頼性に影響を与える要素を検証した。その際，複数の国から発信された異なる言語のコンテンツを比較するという方法がとられた。そして Peter and Lauf は，多言語の内容分析においてコーダーに由来するいくつかの要因がコーダー間の信頼性に影響を及ぼすと結論付けた。しかし彼らの指摘のほとんどは，コーダーをトレーニングする側の信頼性が十分に確認できていないという点に向けられている。結論では，3つの条件を充たせば国際的な内容分析でも信頼性を得られるとしている。「第1に，トレーニングする側のコーディングが互いに一致していること。第2に，同じ国のコーダーによるコーディングが互いに一致していること。そして第3に，各コーダーが自分をトレーニングした者と一致していることである」（Peter & Lauf, 2002, p. 827）。

5. コーダー間信頼性の評価

コーダー間信頼性の検定

　概念を定義し，マニュアルを作成するというプロセスは，どこかで終わらせなければならない。そしてその時点で，コンテンツの定義と作業手順にどれほど信頼性があるかを評価しなければならない。信頼性は，安定性，再現性，そして正確性という3つのタイプに分けられる（Krippendorff, 2004a, pp. 214-216）。

安定性とは，あるコーダーが異なる時点で同じコンテンツをコーディングした際に同じ結果が得られるコーダー内での信頼性（intracoder reliability）のことである。こうした「コーダー内」での評価は，1人のコーダーの中でマニュアルに記された定義の理解や適用にずれが生じていないかを検定する。コーダー内信頼性の確認には長期間のコーディングが必要であるが，どれほどの期間をもって「長期間」とするかは明確な定義がない。だがコーディングに1か月以上を要する研究プロジェクトであれば，コーダー内信頼性の検証によってデータの妥当性に関する論拠が得られるだろう。

　次に再現性とは，2人以上のコーダーが同じコンテンツをコーディングした際に同じ結果が得られるということである。マニュアル内の各変数に対して，コーダー間でのコーディング結果の一致を見ることで，コーダー間信頼性（intercoder reliability）が検証される。たとえば，中絶に関する論争を取り上げた10本のウェブサイト記事を2名のコーダーがコーディングするとしよう。記事の公平性という変数のコーディングでは，反対派（pro-life）と賛成派（pro-choice）の双方が情報源として登場している記事を公平な記事と判断する。そしてこの定義に従い，公平な記事であるか否かという点で，2名のコーダーによる判断が一致した記事の割合を計算するのである。

　3番目の正確性とは，コーディングが外的な基準と一致しているか否かを意味する。停電によって時刻のずれた家の時計を，携帯電話を見ながら「正しい時刻」に合わせるようなものである。ただし内容分析においては，正しい基準をどのように確立するかということが問題となる。専門家によって示された基準と内容分析のデータを比較するというのは1つの方法であるが，その専門家の基準にバイアスがかかっていないことを確かめるすべはない。したがってたいていの内容分析で行われるのは，再現性を検証するところまでである。

　コーダーのトレーニング自体も，信頼性の事前テストの一種と考えることができる。だが，コーディングのミスが起こった原因について希望的観測や理由の後付け（たとえば「あの間違いを犯したのは，コーディング中に電話が鳴って邪魔されたからだ」など）をしてしまわないよう，より正式で厳密な検定を行わなければならない。実際に，正式なコーダー間の信頼性検定は，コーダーをトレーニングしている間に行われるべきである。第3章で述べたように，そ

うすることで研究を次の段階へ進めるタイミングを見極める目安を得られる。もちろんそうしたトレーニング中のテストは，実際の研究に用いられるデータで行われるべきではない。なぜならコーダーは，他のコーダーや過去に自分が行ったコーディングから影響を受けてはならないためである。もしコーディングが複数回に分けて実施される場合は，先に下した判断が後に続く判断に影響を及ぼす。さらには，同じコンテンツのコーディングを繰り返すことで，最終的な信頼性を高く見積もってしまい，研究全体の信頼性について誤った結論を下してしまうことになる。

　要するに，ある時点でトレーニングを正式に終了し，どれだけの信頼性に到達したかを評価しなければならないのである。ここで注意すべき2つのポイントは，1つが信頼性検定に用いるコンテンツの選択であり，もう1つが統計的な信頼性検定の手法である。

信頼性検定に用いるコンテンツの選択

　もし研究対象のコンテンツが少数であれば，マニュアルの信頼性は複数のコーダーがすべてのコンテンツをコーディングすることで検証される。それ以外の場合は，信頼性検定のためにコンテンツのサンプルを抽出する必要が生じる。しかし検定に用いるコンテンツの量については，曖昧なアドバイスしかなされないことがほとんどであった。たとえばあるテキスト（Wimmer & Dominick, 2003）では，扱うコンテンツ全体の10％から25％ほどを用いるとよいと述べられていた。また他のテキスト（Kaid & Wadsworth, 1989）では，5％から7％ほどが適切であると言われていた。さらにある有名なウェブサイト（http://matthewlombard.com/reliability/index_print.html）では，信頼性検定に用いるサンプルは「50未満，あるいは全体の10％未満にするべきではないが，逆に300以上のサンプルが必要となることもめったにない」とされていた。だが，これらの説の根拠が明確に示されているとは限らない。

　必要なサンプルの数については後で述べるが，全コンテンツを用いるのが適切ではない場合は確率的サンプリングを用いるべきである。バイアスのかからない統計的な原則に則ったランダムサンプリングには，2つの利点がある。第1に，サンプルの抽出において避けられない人為的なバイアスを統制すること

ができる。そして第2に，ランダムサンプリングによって抽出されたサンプル
は，研究対象となるコンテンツの母集団に存在する特徴を反映する。そこには
誤差が生じるが，一定の確率でその誤差を推定することもできる。検定対象の
選定にランダムサンプリングを用いなければ，得られた信頼性の値がコンテン
ツ全体に当てはまると推論することはできない。

　十分なサイズのランダムサンプルがあれば，コーダー間の信頼性検定に用い
られるサンプルには，全データに対して割り当てられる可能性のあるすべての
コードが含まれているはずである。信頼性検定に用いるコンテンツをランダム
に抽出しないことの問題は，社会調査において回答者をランダムに抽出しない
ことの問題と同じである。つまり，検定される対象が全コンテンツの代表とな
らないという問題である。ということは，代表性のないサンプルにおいて信頼
性が得られたとしても，それがコンテンツ全体において同じように得られるか
どうかはわからないのである。

　信頼性検定に用いるコンテンツを確率的サンプリングで抽出する場合，サン
プリングの理論によって「どれだけのサンプルを抽出しなければならないか」
という疑問に答えることもできるようになる。ランダムサンプリングでは，一
定の有意確率でサンプリングエラーを推定することができる。たとえば，2名
のコーダーがランダムサンプリングされたコンテンツをコーディングして90%
の一致率を達成した場合，全コンテンツをコーディングした際に得られるであ
ろう実際の一致率は，計算によって導かれるサンプリングエラーの範囲内で増
減する。必要とされる一致率が80%である場合を考えてみよう。信頼性検定
の結果が90%であり，誤差がプラスマイナス5%であれば，誤差を考慮して
も85%以上の一致率が得られたと考えられる。よって，信頼性の基準を満た
したと見なし研究を続行することができる。しかし，信頼性検定の結果が84%
で誤差がプラスマイナス5%であれば，80%という基準を満たさない79%と
いう値が誤差の範囲に含まれてしまう。こうして算出されるサンプリングエラ
ーの値は，サンプルサイズに応じて変化する。サンプルが大きくなるほど誤差
は小さくなり，一致率の推定はより正確になる。

サンプル抽出の手続き

　信頼性検定のためのコンテンツがランダムに抽出されるとして，どれだけの
コンテンツを用意しなければならないだろうか。Lacy and Riffe（1996）によれ
ば，この問題はいくつかの要因によって決まる。それはコーディングされるコ
ンテンツ全体の量，最終的にどれだけの信頼性を達成したいか，そして信頼性
検定にどれだけの正確さを求めるかである。

　そしてこれら3つの要因がコントロールされていたとしても，先行研究や事
前テストや推測に基づいて，4つ目の要因を考慮しなければならない。それは，
全コンテンツを用いて信頼性検定を行った際に得られるであろう一致度の見通
しである。理由は後で述べるが，この一致度の見通しは検定結果として許容で
きる値よりも5％高くしておくことを推奨したい。この5％のバッファーが，
より厳密な検定を保証するだろう。つまり，信頼性検定が適切に判定されるた
めには，達成された一致度がより高くなければならないということである。

　この手続きを行う第1の目的は，信頼性検定に必要なコンテンツの数を計算
することである。社会調査においては，一定の有意確率で母集団を推論するの
に必要なサンプルサイズを推定するために，比率の標準誤差の計算式を用いる。
コンテンツの母集団についても同様の手続きを行う。しかし1つ異なるのは，
社会調査の母集団に比べて，コンテンツの母集団ははるかに小さいということ
である。この違いがあるために，サンプルサイズが母集団の20％を超えると
き，有限母集団修正が可能になる。それによって標準誤差を小さくし，信頼性
をより正確に推定することができる。

　標準誤差の式を用いることによって，一定の信頼度を達成するのに必要なサ
ンプルサイズを割り出すことができる。その式は以下のとおりである。

$$n = \frac{(N-1)(SE)^2 + PQN}{(N-1)(SE)^2 + PQ}$$

N= 母集団のサイズ（研究対象となるコンテンツ単位の数）
P= 母集団での一致度の見通し
Q=（$1 - P$）

$n=$ 信頼性検定に用いるサンプルのサイズ

n を計算することで，信頼性検定に必要なコンテンツ単位の数がわかる。標準誤差は検定において求められる有意水準と関連していることに注意しよう。通常，有意水準は95%か99%に設定されることが多い（このときは片側の検定を用いる。知りたいのは，許容できる信頼性の値をどれほど下回るかということだからである）。

そして残りの部分だが，N は研究対象となるコンテンツの母集団のサイズ，P は母集団における一致度の見通し，Q は1から P を引いた値である。

例として，達成すべき一致度を85%以上に設定し，1000件のコンテンツ（新聞記事など）から成る母集団における一致度の見通し P が90%になるとしよう。さらに，求められる有意水準を.05（つまり95%の有意水準）とする。片側の z 値——つまり一致度に関して，全サンプルの95%が含まれるだけの標準誤差の値——は1.64である（なお両側の検定では1.96という値になる）。バッファーとして5%を設けており，求められる確率のレベルが95%（すなわち z 値が1.64）であるため，SE は次のように計算される。

.05=1.64 (SE)

または

$$SE = \frac{.05}{1.64} = .03$$

85%以上の一致度を達成するサンプルサイズを決定するためにこれらの数を用い，かつ P が90%（達成すべき値85%よりも5%高い）になるとすると，結果は以下のようになる。

$$n = \frac{(999)\ (.0009)\ +.09\ (1000)}{(999)\ (.0009)\ +.09}$$

$n = 92$

つまり，1000件のうち92件のコンテンツが信頼性検定に用いられる。もしこれら92件のコーディングで90%の一致度が達成されれば，100回のうち95回の

第6章　信頼性

表6.3　異なるサイズの母集団において信頼性検定に必要となるコンテンツ単位の数
（一致度の見通しは85%, 90%, 95%の3段階とし，有意水準は95%とする）

母集団のサイズ	一致度の見通し		
	85%	90%	95%
10,000	141	100	54
5,000	139	99	54
1,000	125	92	52
500	111	84	49
250	91	72	45
100	59	51	36

表6.4　異なるサイズの母集団において信頼性検定に必要となるコンテンツ単位の数
（一致度の見通しは85%, 90%, 95%の3段階とし，有意水準は99%とする）

母集団のサイズ	一致度の見通し		
	85%	90%	95%
10,000	271	193	104
5,000	263	190	103
1,000	218	165	95
500	179	142	87
250	132	111	75
100	74	67	52

見込みで，母集団全体をコーディングした際に85% 以上の一致度を達成できる。

　検定に必要なサンプル数がわかった後は，何らかのランダムサンプリングの手法を用いてサンプルを抽出する。たとえば，1 番から1000番までのコンテンツがあるなら，プログラムで乱数を発生させて検定用のサンプルを抽出するか，紙の乱数表を使うことができる。

　この手続きは変数が間隔尺度や比率尺度の場合でも適用できる。名義尺度の場合とは標準誤差の計算が異なるだけである。

　これらの式が扱いにくいように見える場合は，上に示す2つの表が役に立つだろう。表6.3と表6.4は，名義レベルでの一致率を扱う研究に適用できる。表6.3は有意水準95% に設定されており，表6.4は有意水準99% に設定されている。さらに，それぞれの表内にある数字は，各サイズの母集団における一致度の見

通しが85%，90%，95% の場合に必要となるサンプルサイズを示している。

　母集団での一致度の見通し（P）は，十分に高いレベルで想定すべきである（ここでは90% 以上を推奨しておきたい）。そして信頼性検定に用いるサンプルが，各変数に対してカテゴリの値のバリエーションを包含しているということを保証するべきである。さもなければ，サンプルはコンテンツの母集団を代表するものとはならないだろう。
　小規模な研究では，ここで挙げてきたような検定用サンプルの抽出過程によって，ほとんどのケースがサンプルに含まれてしまうことがある。研究対象のコンテンツをすべて信頼性検定に用いることも可能なのであり，その場合はサンプリングによる誤差はなくなる。こうした全数調査をしないのであれば，信頼性検定に用いるデータは母集団からランダムに抽出しなければならない。それは信頼性検定の結果自体を信頼できるものにするためである。そして信頼性検定に用いたサンプルによって生じるサンプリングエラーのレベルは必ず報告すべきである。

信頼性検定を行うタイミング

　信頼性を立証するプロセスには２種類の検定がある。１つは，トレーニングの間になされる事前テストである。ここでは，コーダーがマニュアルをどれほどうまく扱えるかということよりも，信頼性のあるマニュアルを作ること自体が問題となる。すでに述べたように，信頼性の事前テストは反復的なプロセスである。実際にコーディングし，信頼性を検定し，マニュアルを修正し，再びコーディングをする。このプロセスをいつまで続けるかということは複数の要因によって決まるが，信頼性が許容できるレベルに到達するまで続けるべきである。この許容できるレベルについては後に述べる。しっかりとした事前テストによって，信頼性が十分なレベルに達したと判断することができるだろう。
　事前テストによってマニュアルに信頼性があることがわかれば，実際のコーディングが始まる。研究に用いるコンテンツ単位を実際にコーディングしているまさにその時に，マニュアルの信頼性が確認できる。前述のとおり，コーディングが始まるときに，信頼性検定に用いるコンテンツを選択しなければなら

ない。一般的には，コーディングの10%が終わってから信頼性検定を始める
のが得策である。その間にコーダーはコーディング作業のやり方を把握し，マ
ニュアルに慣れることができるだろう。

　信頼性検定に用いるコンテンツは全コーダーがコーディングするべきであり，
そのためのコンテンツは全コンテンツの中に分散しているべきである。そうす
ることで，どのコンテンツ単位が信頼性検定の対象となっているかをコーダー
に知られずに済む。このように「伏せられた」やり方で検定すると，通常のプ
ロセスとは分けて検定用のコンテンツをコーディングする場合よりも代表性の
ある検定結果が得られるだろう。あらかじめ検定用のコンテンツだとわかって
いれば，コーダーはより真剣にコーディングに取り組むか，より神経質になる。
いずれにせよ，検定結果が影響を受けるのである。

　もしコーディング作業が1か月におよぶ場合は，先述したコーダー内での信
頼性（intracoder reliability）を確認し，コーダー間の信頼性（intercoder reliabil-
ity）の検定を複数回行うことを考えるべきである。最初の検定と同じように，
コーダー内での信頼性やコーダー間の信頼性を追加で検定するためのコンテン
ツはランダムに選ぶべきである。とはいえ，最初の検定で十分な信頼性が得ら
れていれば，追加の検定に同じサイズのサンプルを用意する必要はない。信頼
性が維持されているかを確認するには，30から50のサンプルがあれば十分であ
る。

　ほとんどの研究プロジェクトでは，2回以上の検定が必要になるほど大量の
コンテンツを扱っていることはないだろう。しかし場合によっては，さらなる
検定を考慮すべきである。たとえば先に挙げた地方行政に関するニュースの分
析（Fico et al., 2013a; Lacy et al., 2012）では，コーディング作業が4か月におよ
び，その間に3回の検定を行った。追加の検定をする場合，2回目の検定を行
うべきタイミングは50%のコンテンツをコーディングした後，かつ60%をコ
ーディングする前である。そして3回目の検定は，80%から90%が終わった
ときにすべきである。

　長期のプロジェクトに関する主な懸案事項は，信頼性が許容できないレベル
にまで落ちた場合にどうするかということである。もし最初の検定でマニュア
ルに高い信頼性が得られていれば，それが低下するのはコーダーの問題である

と考えられるだろう。こうした事態が生じたならば，信頼性の低下したコーダーを特定し，再トレーニングするか解任するかしなければならない。そしてもちろん，前回の検定以降にそのコーダーがコーディングしたコンテンツは，他のコーダーが再コーディングする必要がある。

6. 信頼性係数

各変数に対する信頼性の度合いは，信頼性係数によって示される。この信頼性係数とは，コンテンツ単位の分類においてコーダーがどれほど一致したかを統計的に要約して表した数値である。学術書には複数の信頼性係数が提示されているが，コミュニケーション研究においては次の4種がもっともよく用いられる。一致率（Holsti の係数とも呼ばれる），Scott の pi，Cohen の kappa，そして Krippendorff の alpha である。一致率は，偶然の一致というものを考慮しないため，信頼性を過大に評価してしまうが，それに対し他の3つの係数では偶然の一致が考慮されている。

信頼性係数は，複数のウェブサイトやソフトウェアを用いて計算することができる。だが，コンピュータが導き出した結果の意味を理解するためには，信頼性係数を計算する際のプロセスを確認しておくことが有効だろう。どのような種類の係数を用いるにせよ，最初のステップは計算に用いるケースを選択することである。検定に用いるケースは，全数調査か，ランダムサンプリングによって抽出されたもののどちらかでなければならない。すでに論じてきたように，サンプルに含まれるコンテンツ単位にはすべての変数とカテゴリが含まれなければならない。十分なサイズのサンプルを用意することによって，この条件を満たすことができるだろう。選ばれたサンプルで信頼性を検定し，いくつかのカテゴリが空白である場合は，さらに多くのサンプルを選ぶべきである。

一 致 率

もっとも長く用いられてきた信頼性係数は，2人以上のコーダー間における一致率である。

これを用いた信頼性検定では，正しい判断の割合を全判断からのパーセンテージで定める。すべてのコーディングは，一致しているか否かに単純に二分される。そうした場合，コーダーの全ペアを比較して一致と不一致を見る。たとえば3人のコーダー（A, B, C）が記事を分類した場合，A-B，B-C，A-Cという3つのペアが生じる（訳注：たとえば10本の記事を3人でコーディングする場合，10本×3ペアで30個の判断が生じるので，このうち一致した判断が何パーセントあるかを見るということである）。同様に4人のコーダーがいる場合には，6つのペアが生じる（A-B，A-C，A-D，B-C，B-D，C-D）。

　一致率という信頼性係数は，コーダーの数が減るにつれて偶然の一致が増加するため，信頼性を過大に評価してしまう。しかし，コーディングが偶然に一致しうるという事実があったとしても，それが実際に起こることを意味するわけではない。コーダー2名の間で見られた一致のうち50%が偶然生じたものであると，機械的に決まるわけではないのである。すべての一致がよく練られたマニュアルによるものだということも十分にありうる。

　一致率は信頼性を過大評価してしまうが，マニュアルを作成しコーダーをトレーニングするという段階においては，不一致の原因を特定するために有用な方法となる。また一致率は，他の信頼性係数と比較することによってデータの特徴を把握するのにも役立つ。後に述べるように，一致率は高いが，偶然の一致を考慮する信頼性係数は低いという場合がある。これらの係数をあわせて検証することで，その後の研究においてマニュアルを改良する際の役に立つのである。そのため，内容分析研究では単純な一致率と後述する信頼性係数をあわせて報告するべきである。単純な一致率の値は，研究を再現しようとする研究者のために，注などに記しておくとよいだろう。しかし，変数に信頼性があるか否かの判断は，偶然の一致を考慮する信頼性係数に基づいてなされるべきである。

偶然の一致を考慮する信頼性係数

　コーダー間で一致が見られたとしても，それがマニュアルに基づくトレーニングを受けていないコーダーの間でも生じるものかもしれないという可能性を考えよう。それが「偶然の一致」と言われるものである。初めてこうした偶然

6. 信頼性係数

の一致を「修正」した信頼性係数が Scott の pi（Scott, 1955）である。この係数は，コーダーが2名の場合にのみ使うことができ，名義尺度に対して用いられる。偶然の一致を修正するためには，基本的な確率の理論を用いて「期待される一致」を計算する。Scott の pi では，検定においてあるカテゴリの値が出現した頻度の割合を用いて，期待される一致を計算する。

　例をひとつ挙げておこう。ニュースコンテンツのトピックについて4つのカテゴリ（政府，犯罪，エンターテインメント，スポーツ）を持つ変数があるとする。そして2名のコーダーが10本のニュースをコーディングし，合計20個のコードが割り当てられたとする。コーディングの結果，政府カテゴリが40%（つまり2名のコーダーによってこのコードが8個割り当てられた），スポーツカテゴリが30%（コードは6個），犯罪カテゴリとエンターテインメントカテゴリが15%（コードは3個ずつ）になったとしよう。ここで，確率を乗算するというルールを適用する。乗算するのは，偶然の一致が1名ではなく2名のコーダーに関わるためである。あるニュースが政府カテゴリに該当するものだと判断される確率は，その判断が1回だけなされる場合には.4であるが，その判断が2回なされる（つまり2名のコーダーが両方ともそのように判断する）確率は.4に.4をかけた値となる。これは直観的に理解できることだろう。ある事象が2回生じることよりも，1回だけ生じることのほうが起こりやすいのである。

　この例では，政府カテゴリの期待される一致は.4に.4をかけた.16であり，スポーツカテゴリは.3×.3で.09，犯罪カテゴリとエンターテインメントカテゴリは.15×.15で.022となる。したがって，期待される偶然の一致はこれら4つを足した.16+.09+.022+.022=.29（29%）である。

　Scott の pi は以下の式で計算する。

$$pi = \frac{\%OA - \%EA}{1 - \%EA}$$

OA ＝観察された一致（observed agreement）
EA ＝期待される一致（expected agreement）

この式において，*OA* は信頼性検定で実際に達成された一致であり，*EA* は先に述べた期待される一致である。この期待される一致が分子でも分母でも引かれていることに注意しよう。言い換えれば，偶然の一致は実際に到達した一致からも，ありうる完全な一致からも除かれているのである。

引き続き，先の例を用いて考えていこう。2名のコーダーが4つのカテゴリで10本のニュースをコーディングし，観察された一致が90％であったとしよう（つまり一致しなかったのは1本だけである）。この検定において，Scottのpiは以下の値となる。

$$\text{pi} = \frac{.90 - .29}{1 - .29} = \frac{.61}{.71} = .86$$

この.86という値は，定義されたカテゴリをコーダーが適用することで達成された一致を表しており，そこでは偶然の一致は除去されている。最後に，Scott の pi は完全な一致の場合に1.0，完全な不一致の場合に −1.0という値になる。値が0に近い場合は，マニュアルよりも偶然によってコーディングが規定されていることを意味する。なお，この例はコーダーが2名の場合を挙げている。コーダーが2名よりも多い場合は，Krippendorff の alpha を用いるのが適切だろう。

偶然の一致による影響を考慮する方法は他にもいくつかある。次に挙げるCohen（1960）は kappa 係数を考案した。その計算式は Scott の pi と同じ形をとる。

$$\text{kappa} = \frac{P_o - P_e}{1 - P_e}$$

P_o ＝観察された一致
P_e ＝期待される一致

しかし kappa と pi は，期待される一致の計算方法が異なっている。Scottの pi では，各コーダーがそれらの値を等しく扱っていると想定して，各カテゴリの観察された割合を二乗していたことを思い出してほしい。つまり，20個

6. 信頼性係数 **173**

のコーディングのうち8個で政府カテゴリ（値1）が選ばれた場合，たとえそ
のうち6個が一方のコーダーによる判断であり，残り2個がもう一方のコーダ
ーによる判断であったとしても，.4を二乗するのである。しかしkappaでは，
一方のコーダーによるコーディングの割合を，もう一方のコーダーによるコー
ディングの割合に掛け合わせる。それからこれらの割合は，各カテゴリの期待
される一致を計算するために加算される。

　この例では，一方のコーダーが値1を10本中6本のニュースに割り当て（.6），
2人目のコーダーが10本中2本のニュースに値1を割り当てている（.2）。し
たがって，piでは期待される一致が.16（$.4 \times .4$）になるのに対し，kappaで
は.12（$.6 \times .2$）という値となる。なお，kappaはpiよりも高い信頼性の値を
示すことがあるが，それはとくにあるカテゴリが他のカテゴリよりも多く用い
られる場合である。kappaについてのより詳細な説明は，Cohen（1960）を参
照してほしい。

　kappaは名義尺度に対して用いられ，すべての不一致は一律に扱われる。だ
が，不一致の中に程度の違いがあることを考慮して（たとえば精神科医が患者
の日記を読んで，精神病の疑いがどの程度あるかを4段階で診断するというコ
ーディングの場合），重み付けされたkappa（Cohen, 1968）も考案されている。

　またKrippendorff（1980）は，Scottのpiと類似した信頼性係数alphaを考
案した。Krippendorffのalphaは次の式で表される。

$$\text{alpha} = \frac{D_o}{D_e}$$

D_o ＝観察された不一致
D_e ＝期待される不一致

　D_o と D_e の計算方法は変数の尺度レベル（名義尺度，順序尺度，間隔尺度，
比率尺度）によって決まる。alphaとpiの違いは，Krippendorff（1980）の
alphaが名義尺度以外にも使える点，およびコーダーが3人以上の場合にも使
える点である。またalphaはサンプルサイズが小さい場合にも使うことができ
るほか（Krippendorff, 2004a），alphaを計算するプログラムでは欠損値を含む

データにも対応可能である。名義尺度データが対象であり，コーダーが2名で，サンプルサイズが大きい場合には，alpha と pi は等しくなる。alpha についての詳細は Krippendorff（2004a）を参照してほしい。

　Krippendorff（2004b）は，係数が信頼性の尺度として適切であるために，3つの条件を満たす必要があると述べている。第1に，2名以上のコーダーが独立して作業し，同じコンテンツに対して同じルールを適用していることが必要である。第2に，各コーダーが代替可能な存在であり，コンテンツ単位が「分類可能な単位へと分割されている」以外の前提を持たないことである。そして第3に，信頼性係数は偶然の一致を統制していなければならない。Krippendorff は，ほとんどの信頼性係数の計算式が，1から期待される一致を引くという類似した分母を持っていることを指摘した。だが，それらの式は期待される一致の計算方法が異なる。Scott の pi と Krippendorff の alpha はほぼ同じであるが，alpha はサンプルサイズが小さいというバイアスを避けるための調整を行う点が異なっている。また Scott の pi は，サンプルサイズ n のときに alpha を $(1-pi)/n$ だけ超える。サンプルサイズ n が大きくなるほど，pi と alpha の差は0に近づくのである。

　Krippendorff は Cohen の kappa を批判した（Krippendorff, 2004b）。それは，期待される不一致を，2名のコーダーによるそれぞれのカテゴリ値の割合を掛け合わせて計算するためである（この計算については先に述べた）。Krippendorff の主張は，こうした期待値の計算がコーダーの選好に基づいており，先に挙げた3つの条件のうち2点目と3点目に違反しているというものである。Krippendorff は，名義データかつサンプルサイズが大きい場合には，Scott の pi が利用可能であると結論付けた。しかしどれほどのサイズであれば「大きい」と言えるのかは明確化されなかった。そして名義レベル以上のデータを扱う場合，コーダーが3名以上である場合，またはサンプルサイズが小さい場合には，alpha を用いることを推奨した。

　alpha に対しては，Lombard, Snyder-Duch, and Bracken（2004）が計算の難しさを批判し，いかなるレベルのデータでも alpha を算出することのできるソフトウェアの開発を求めた。この批判に対して Hayes and Krippendorff（2007）は，SPSS のマクロを作成することで応えた（訳注：SPSS だけでなく

6. 信頼性係数　　**175**

SASのマクロもある）。Hayesは自身のウェブサイトでこの「KALPHA」マ
クロを無料公開している（http://www.afhayes.com/spss-sas-and-mplus-macros-
and-codehtml）。

ピアソンの積率相関係数

ピアソンの相関係数（r）は，間隔尺度あるいは比率尺度のデータに対して，
測定の正確さを確認するために用いられることがある。第8章でより詳しく説
明するが，この指標は2つの変数（ここでは2名のコーダー）がどれほど共変
しているかを測るものである。相関係数は，コーダーが記事の面積やニュース
の時間を測定している場合に用いることができる。このように用いる際には，
コーダーが変数となり，各記録単位がケースとなる。たとえば，2名のコーダ
ーが国際的イベントに関する夕方のニュースの秒数を測定しているなら，この
秒数という長さの尺度について，コーダー同士がどれほど似通っているかを相
関係数によって測定することになる。

Krippendorff（1980）は，相関係数を信頼性検定に用いることについて警鐘
を鳴らしている。関連性と一致は必ずしも同じものではないためである。だが，
一致と測定の正確さが別個に決まるのであれば，このことは問題にならない。
相関係数は，名義尺度であるカテゴリへの割り当てを測るために用いられるの
ではなく，時計やものさしのような量的な尺度に関する測定の一貫性を測るた
めに用いられるのである。

信頼性係数に関する議論

近年，多くの信頼性係数のうち，信頼性を推定するための包括的な指標とし
てどの係数がもっとも適切であるかという議論が見られるようになった。その
中には，新たに作成された係数を用いる必要があると主張するものも含まれる
（Gwet, 2008; Krippendorff, 2012; Zhao, 2012; Zhao, Liu, & Deng, 2012）。限られた紙
幅でこうした議論の詳細について述べることはできないが，この議論は期待さ
れる一致の計算方法をめぐって展開されてきたものである。この議論において，
よく用いられる信頼性係数は次のような理由から批判されてきた。まず，コー
ダー間で高い一致度が得られたにもかかわらず，係数が低くなりうることが批

判されてきた（Gwet, 2008; Krippendorff, 2011; Lombard, Synder-Duch, & Bracken, 2004; Potter & Levine-Donnerstein, 1999; Zhao, 2012; Zhao et al., 2012）。そしてそれらの係数が，偶然の一致が最大値をとることを前提におき，その最大値の計算方法を調整してきたことが批判された（Zhao, 2012; Zhao et al., 2012）。

　30年以上前，Kraemer（1979）は Cohen の kappa について，高い一致率が出ているにもかかわらず信頼性が低くなるという難問を指摘した。Potter and Levine-Donnerstein（1999）は，Scott の pi について同様の現象が発生することを論じた。2値の変数（たとえば「ウェブサイトのトップページに利用条件同意のリンクが明瞭に可視化されているか否か」）があるとして，一方の値が頻繁に出現し，もう一方の値があまり出現しないと不均衡が生じる（たとえば97% のサイトに同意のリンクがあり，3% のサイトにはないという状況は不均衡である）。彼らは，この不均衡が Scott の pi における偶然の一致の項で「過剰調整」されることを指摘したのである。最近では他の研究者もこの議論に参加し，この現象が kappa でも起こるという指摘（Gwet, 2008）や，kappa でも pi でも alpha でも起こるという指摘（Zhao, 2012; Zhao et al., 2012）がなされている。

　これに対してさまざまな解決法が提示されている。Potter and Levine-Donnerstein（1999）は，偶然の一致を計算する際に2項分布の正規近似を用いることを提案した（たとえば2名のコーダーであれば50%，3名のコーダーであれば33% とする）。Cicchetti and Feinstein は臨床の場における診断の一致を評価するための方法として，kappa の使用を検証した（Cicchetti & Feinstein, 1990; Feinstein & Cicchetti, 1990）。Cicchetti and Feinstein は，kappa に2つの尺度を加えることで問題が解決することを指摘した。それはポジティブな一致とネガティブな一致という尺度であり，これによって kappa が低い診断も許容されるようになる。

　Gwet（2008）は，一致度が高くても信頼性係数 pi と kappa が低くなるという現象に対し，新しい係数 AC_1 を発展させることで答えた。彼は，2名のコーダーと2つのカテゴリからなる4つの条件に基づいて，一致と不一致を分類した。その4つの条件とは，(a) マニュアル通りに両方のコーダーが値を割り当てた場合，(b) 両方のコーダーがランダムに値を割り当てた場合，(c) 一

6. 信頼性係数

方のコーダーだけがランダムに値を割り当てた場合, (d) もう一方のコーダーだけがランダムに値を割り当てた場合である。彼は, kappa と pi は 2 種類の一致しか想定していないと主張した。つまりマニュアル通りに値を割り当てて一致となるか, ランダムに値を割り当てて不一致となるかという 2 パターンである。ここでは, それ以外の 2 つの条件（上記 c, d）が無視されていることになる。彼は心理学と精神医学のデータでモンテカルロ法を用いたシミュレーションを行い, AC_1 が pi や kappa よりも分散の小さくなる指標であり, 一致をよりよく推定すると結論付けた。

一致率が高いにもかかわらず信頼性が低くなるという現象に対して, コミュニケーション研究では Zhao (2012) が解決を試みている。彼は, pi や kappa, alpha における偶然の一致の計算が, 一致の分布とカテゴリの数に依拠していることを批判した。Zhao は, 一致の分布とカテゴリではなくコーディングの難しさこそが偶然の一致を決めると指摘した。そこで彼は不一致に基づいて偶然の一致を計算する $alpha_i$ という指標を発展させた。彼の論文では, ヒューマンコーディングに基づくモンテカルロ法でのシミュレーションも行われた。その結果, $alpha_i$ が実際の一致度ともっとも高く相関しており, 一致率, Gwet の AC_1 がこれに続いた。kappa, pi, alpha と実際の一致度との相関係数はわずか .559 であった。だが「人間の行動に対してモンテカルロ法を用いる (behavior Monte Carlo)」研究は, コミュニケーションの内容分析においてよく見られるシンボリックな意味よりも, 視覚的な要素をコーディングすることに用いられるため, この手法には限界がある。

Krippendorff (2011, 2012) は alpha への批判に対する応答として, バリエーションの小さい変数は有用ではないこと, そして分布が不均衡なサンプルは検定用として適切ではないことを述べた。これらの批判が妥当なものとなる状況はあるかもしれないが, カテゴリ間の分布において母集団の分布が実際にきわめて不均衡であるという場合も存在する。たとえば歴史的に見て, テレビの登場人物の中で有色人種が占める割合は小さい (Mastro & Greenburg, 2000)。高齢者の登場人物においても同様のことが言える (Signorielli, 2001)。メディアにおける表象の研究に価値があることは確かであり, その結果として分布が不均衡になることも多い。正確な分布に基づけば, kappa, pi, alpha は一致率よ

りもかなり低くなることがありうる。ここでは，信頼性検定にどれほど大きな
サンプルを用いるかということが問題なのではない。なぜなら，母集団自体が
同じように「偏った」分布となっているためである。状況によっては，たとえ
コーディングにわずかな違いしかなかったとしても，信頼性が実際よりも低く
表れてしまうだろう。

信頼性係数の選択

　各種の信頼性係数にどのような限界や利点があるかという議論は今後も続い
ていくだろう。この議論における立場の違いは，それぞれの立場が基づいてい
る前提の違いに規定される。しかし信頼性検定の重要なポイントとは，データ
が研究を続行するのに十分なレベルの信頼性に到達したということを立証する
ことであり，多くの議論はこのポイントを見落としている。信頼性に関する議
論は，データ作成における真の目標である妥当性について言及しないことがあ
まりにも多い。さらに，議論の中で挙げられる不均衡な分布の例はあまりにも
極端であるため，そうした例ほど極端ではないが歪みのあるデータを研究者が
扱う際に，それらの議論が役に立たないということもよくある。結局のところ，
議論のほとんどは信頼性係数の数学的評価に集中しているが，それに対して計
算の実践的な含意を明らかにするためのより経験的な調査が必要である
(Gwet, 2008; Zhao, 2012)。

　くわえて，こうした議論の多くはサンプリングエラーの存在を無視している。
確率的サンプルを用いて信頼性検定を行った場合，いかなる係数であっても，
その値は母集団で検定した際の係数がどれほどの値になるかを推定しているだ
けである。このような問題があるので，信頼性を報告するときはつねにサンプ
リングエラーもあわせて報告すべきなのである。

信頼性を担保するための提言

　ここで，信頼性を担保するための最良の方法に関する議論に照らして，以下
のように提案したい。

１．研究で扱う各変数について信頼性を報告しよう。研究を再現する上でこれ

が必要になる。各変数における信頼性の平均値を示したり，全数をまとめて信頼性を全体で測定したりすれば，問題のある変数を隠すことにつながる。また，後続するすべての研究が先行研究におけるすべての変数を使おうとするわけではない。

2．ある信頼性係数に対して，それがどれほどの値であれば許容可能であるのかということが重要な論点となる。Krippendorffは，alphaが.8あれば十分な信頼性があると述べた（Krippendorff, 2004a）。しかしKrippendorffは，少なくともalphaが.667ある変数については，仮の結論を下すことを許容できるとも書いている。われわれが行った未刊行の調査では，名義レベルのデータに対してpiが.8に満たない場合は妥当ではない結論を導くことがあり，.75未満の場合はとくに問題があると述べた。

3．信頼性について複数の指標を計算して報告しよう。実際の信頼性のレベルは一致率とalphaの間のどこかに位置する。どの信頼性係数が許容可能で包括的であるかを明らかにする研究が行われるまでは（もっとも，そのような係数が存在するとしてだが），一致率とalpha（http://afhayes.com/spss-sas-and-mplus-macros-and-code.html），そしてalpha$_i$（http://reliability.hkbu.edu.hk/）を報告するよう提案したい。また，alphaとalpha$_i$の信頼区間も報告すべきである。両方の係数で信頼区間の下限が.80を超えていれば，信頼性は十分な水準に達していると言える。もし両方の係数で下限が.80を超えていなければ，データが信頼可能で妥当であるということをより詳細に説明しなければならない（訳注：信頼性係数の選択に関する議論は本訳書刊行時でもいまだ決着がついておらず，その他の係数も含めて検討が続いている）。

4．これらのルールに基づくのであれば，ランダムに抽出された十分なサイズのサンプルが必要となるだろう（本章でサンプルサイズについて論じた部分を参照してほしい）。サンプルには，各変数の全カテゴリが含まれているべきである。そうなっていなければ，サンプルのサイズを大きくするべきである。

あるマニュアルにおいて信頼性を確立するのと同様に重要なのが，信頼性を通時的に確保することである。社会科学は測定方法を改善することで進歩する

が，測定方法が改善されるには一貫した信頼性が必要となる。よく用いられる変数についてマニュアルを規格化しようとするならば，それらのマニュアルの信頼性は時を経るごとに高まっていくだろう。

7. ま と め

信頼性の評価と報告は，内容分析においては選択の余地なく必須事項である。だが，25年間（1971-1995）に *Journalism & Mass Communication Quarterly* に掲載された内容分析の論文について調査したところ，信頼性の評価を示していたのはそうした研究のうち56% だけであった（Riffe & Freitag, 1997）。同じ時期，*Journalism & Mass Communication Quarterly* における内容分析の論文の割合は6% から35% に上昇し，1978年以降の号では内容分析の論文が全体の20% を下回ることはなかった。しかし，1991年から1995年でさえ，ほぼ29%の内容分析研究でコーダー間信頼性が報告されていなかった。

それ以降も，この状況はほとんど改善していない。1998年からの *Journalism & Mass Communication Quarterly* に掲載された量的内容分析の研究80本についてのレビュー（未刊行）では，約26% の論文で信頼性検定の結果が報告されていなかった。ランダムに選ばれたコンテンツを対象に，偶然の一致を考慮した信頼性検定を行い，関連する全変数についての信頼性の値を報告していたのは，わずか16% の論文だけであった。これらの3点は本書で強調してきた信頼性の要件である。

信頼性検定に用いるコンテンツをランダムに抽出していたのはわずか3分の1だけであった。偶然の一致を考慮した測定方法を用いていた研究は約46%であり，全変数の検定結果を示したか，最低でも関連する変数について結果の幅を示したのは54% であった。

さらに，内容分析に関するすべての情報は開示されているか，少なくとも他の研究者が検証できるよう利用可能な状態にされているべきである。ここでいうすべての情報には，マニュアルの定義と手続きが含まれる。学術誌のスペースは限られているので，マニュアルは著者によって必要に応じて利用可能にさ

れているのがよいだろう。くわえて，コーダーのトレーニング，検定に用いるコンテンツの数，そしてそれらをどのように選んだかについての情報は，脚注や付録に含まれるべきである。また公表される研究では，少なくとも実施した信頼性検定の種類と，信頼区間を伴う信頼性係数の値を，各変数について報告すべきである。

　信頼性検定をする際は，十分な数の分析単位をランダムに抽出し（Lacy & Riffe, 1996），諸変数が許容できるレベルの信頼性に到達したかどうかを，偶然の一致を考慮する信頼性係数に基づいて判断しなければならない。そして，研究の再現に役立つように単純な一致率を注に記載するのがよいだろう。

　信頼性を評価して明示し，同様にそれらの手続きを体系化して報告することができなければ，首尾一貫した調査を組み立てるという点で，コンテンツ研究が持ちうる有用性は実質的にすべて無効化されてしまう。したがって，内容分析において信頼性を評価し報告することの重要性は広く理解されなければならない。またコンテンツ研究を掲載する学術誌では，そうした信頼性の評価を強く求めるべきである。

第7章

妥 当 性

　第1章で量的内容分析の定義を紹介した際，カテゴリとルールが概念的かつ理論的に確かなものであるように感じられ，なおかつそれらが信頼できる形で用いられるのであれば，その研究が妥当なものとなる見込みは高くなると述べた。また，第6章での信頼性に関する議論からは，「信頼性のある尺度」が「妥当な尺度」と相関するものであるということが容易に理解できるだろう。

　では，妥当という言葉は何を意味しているのだろうか。たとえばある人は，他人から述べられた主張に対して「それは妥当なご指摘ですね」と返すかもしれない。このような日常的な文脈において，物事についてある程度の確信を持って理解する際に，妥当性という概念は少なくとも2つの意味を持っている。

　第1に，妥当とは発言者の主張が何らかの事実や証拠に根差しているという意味である。たとえば，2012年の国債が15兆ドルを超えたという事実が挙げられていれば，その主張は妥当なものに近づく。もちろんそこで挙げられる事実とは，客観的な現実の一部でなければならない。第2に，妥当とは発言者の考える論理が説得力を持つことを意味する。というのも，観察した事実から類似した推論が論理的に導かれるためである。

　社会科学における妥当性とは，現実について推論し解釈するというこの日常的な営みを，より厳密に行おうとする考え方である。社会科学はこれを2つのやり方で行う。第1に社会科学では，現実を概念的に区別できるパーツに分ける。それらのパーツは，われわれが実在すると信じられるものであり，なおかつその実在を示す観察可能な指標を持つものである。そして第2に，社会科学

は論理と適切になされた観察によって，現実を予想し，説明し，ともすればコントロールすることができるよう，それらの概念を結びつける。

したがって内容分析もまた，現実を描き出すための手法であるためには，これら2つのプロセスを取り入れなければならない。第1の問題として，現実のコミュニケーションを個々のパーツに分割して，定義された概念がそこで実際にどのような形となって現れるのかを示す必要がある。そしてそれが達成されたとしても，コミュニケーションの概念を測定するために設定したカテゴリが，どれほど現実に即しているのかを示さなければならない。もし，コミュニケーションをパーツに分割する際にミスを犯すか，その測定方法（尺度）が適切なものでなければ，コミュニケーションのプロセスに対する予想は失敗してしまう。

しかし現実のコミュニケーションに対して適切な概念と測定方法を用意できたとしても，第2の問題が生じる。それは，正確に予想をできる見込みがもっとも高い方法でデータの収集と分析を行い，概念同士を妥当なやり方で結びつけなければならないという問題である。この妥当性に関する第2の問題では，概念とその測定方法，概念同士の関係性の観察，そして将来の予想を結びつける際のプロセスが焦点となる。

これは途方もないことのように聞こえるかもしれないが，科学的な考え方に基づけば，予想を通じて現実を理解し測定することに成功したと考えられる場合であっても，その結果に対して謙虚であることが求められる。バートランド・ラッセルは，鶏にまつわる素朴な物語を通じてこうした考え方を示している。農夫によって毎日餌と水を与えられ，大事に育てられてきた鶏は，農夫が来れば餌と水がもらえるという確固たる予想を持っていた。しかし，それは農夫が斧を携えて鶏の前に現れるまでの話であった。結局，その鶏が確信を抱いていた予想も，畜産というより大きな文脈に照らせば誤りだったのである。

本章ではまず，われわれの理論における概念の妥当性を取り上げる。それから，それらの概念を結びつけるのに用いる観察プロセスの妥当性を扱う。そして最後に，バートランド・ラッセルの鶏から得られる教訓を通じて，「社会的妥当性」と呼ばれるより大きな文脈について述べる。そこでは，科学的に妥当性があると判断された内容分析が，どのようにしてより広範な現実のコミュニ

ケーションに結びつくのかが問われる。

1. 信頼性と妥当性を測定する際の問題

内容分析とは，現実世界におけるコミュニケーションについて研究することである。この手法では，信頼可能で妥当なカテゴリを作成し，変数を構成することを通して研究を行う。それらの変数は，コミュニケーション過程についての仮説やモデルにおいて，記述されたり相互に関連付けられたりする。ここまでの章で強調してきたとおり，コンテンツのカテゴリは，仮説やリサーチクエスチョンで用いられる表現に沿って作業的に定義されなければならない。

たとえば，新聞の発行部数と新聞の質に関する指標を関連付ける研究（Lacy & Fico, 1991）では，次のような仮説が示された。

新聞の発行部数が多くなるほど，その新聞の質は高くなる。

この例において，新聞の発行部数という変数にはとくに問題がないだろう。しかし新聞の「質」という言葉については立ち止まって検討しておくべきである。新聞における「質」とはいったい何だろうか。Lacy and Fico（1991）が新聞を評価するために用いた尺度の中には，広告に割かれたスペースの割合，掲載されたニュースサービスの数，地方記事の量が含まれる。だが，これらが新聞の「質」に対する尺度として優れていると言うことができるだろうか。「質」というのは，「美しさ」と同じように，人によって異なるものなのではないだろうか。

この問いに対する答えは，もちろん「イエス」である。「質」は人によって異なることが多い概念である。この問いは，内容分析における測定の妥当性に関わる問題を浮かび上がらせている。コミュニケーションとは，単にある要素の有無や頻度に関わるものではない。コミュニケーションとは，生活の中で他者と交流する際に用いるすべての言葉，表現，ジェスチャーなどの意味に関わるものなのである。だからこそ，新聞の「質」のような概念に関する測定方法の妥当性について問う場合，現実のコミュニケーションを純粋に捉えようとするのではなく，測定の曖昧さを軽減するような作業定義が頻繁に用いられる。

しかし，こうした曖昧さがつねに解消されると想定してはいけない。

コンテンツのカテゴリを設ける際に信頼性を確立しようと努めるからこそ，このことが重要な問題になる。信頼性があるということは，測定方法の妥当性にとっての必要条件ではあるが，十分条件ではない。ある測定方法に信頼性があるからといって，研究者が想定しているものを測れているとは限らないのである。妥当な測定方法というのは，信頼性があるというだけでなく，それによって測りたいものが測れているということも求められるのである。

測定方法の信頼性が，妥当性を犠牲にして得られるということから，内容分析に特有の問題が生じる。とくに，あるコンテンツ変数の有無や状態についてコーダー間で高い一致度を得ようとすれば，作業定義と関心のある概念とのつながりは薄くなってしまうだろう。コンピュータを用いた内容分析（第9章で扱う）に伴う懸念の大部分は，意味をもたらす文脈を無視して特定の単語にのみ注目することにより，概念の妥当性が損なわれてしまう点にある。この問題に対しては，先述した新聞の質に関する研究事例のように，概念に対して複数の測定方法を用いることがひとつの解決策となる。しかし最終的に，内容分析は測定方法に関するもっとも重大な問いに直面しなければならない。その問いとは，それらの測定方法が特定の研究にとって有用であるだけでなく，何か意味のあるものを測定しているのだろうかという問いである。ある内容分析研究で用いられた測定方法の妥当性は，それを内包するより広い研究の流れにおいて評価されるかもしれない。しかしながら，測定方法の信頼性について長々と議論する一方で，それらの測定方法の妥当性については無視するか当然視する研究があまりにも多いのである。

2. 測定方法の妥当性に関する確認方法

Holsty（1969）や Krippendorff（2004a）のような研究者が，妥当性の評価方法について議論している。とくに，Holsti は測定方法の妥当性について有名な4つの分類を考案した。それは表面的妥当性（face validity），併存的妥当性（concurrent validity），予測的妥当性（predictive validity），構成概念妥当性

（construct validity）である。これらは，仮説やリサーチクエスチョンに用いる操作的な用語に適用される。

表面的妥当性

　内容分析でもっともよく用いられ，最低限これだけは必要とされる妥当性の確認方法は，表面的妥当性を確認することである。基本的に，ある概念の測定方法が実態に即しているということを，研究者は説得力をもって述べる。公民権運動の時代においては，読み書き能力のテストや人頭税，人種統合，州の権利に関する言及を変えるよう南部の新聞の編集者に対して求める投書が書かれた。表面的妥当性の観点からすれば，そうした投書は，公共的な議論の焦点や性質の変化を示す妥当な手がかりと考えられるだろう。このような場合には，測定方法の適切さが明らかであり，ほとんど追加の説明を必要としないと判断される。研究者間で測定方法に対し強い合意が得られている場合には，表面的妥当性に依拠することも適切である。

　しかし，測定方法の表面的妥当性を想定することは，とくにより広い文脈において危険であることもある。文化や言語の異なる集団を横断する研究においては，表面的妥当性には問題が生じると予想される。というのも，ある物事の意味が大きく変わることがありうるためである。また，予期せぬところでも問題が生じることがある。筆者のひとりは，州での選挙戦報道における公平さとバランスを評価する研究に参加した（Fico & Cote, 1997）。公平さとバランスという概念は，ニュース記事のスペースと掲載位置という点で候補者を等しく扱っているかによって測定された。この尺度は倫理規程における「バランス」と「非党派性」という項目と矛盾しないとみなされていたのである。しかしその後，選挙キャンペーン記事の執筆本数で上位となった7名のリポーターがこれらの測定方法について議論したところ，研究で用いられた定義に同意したリポーターは1人もいなかったのである。これは，研究上の定義と現場のプロフェッショナルが考える定義のどちらかが間違いであったということではない。ただ，研究者が表面的に明らかだと思っていることが，時として現場の実態にそぐわないということである。

併存的妥当性

しかし表面的妥当性は，推論という目的のために補強することができる。最良の方法は，ある研究で用いられた測定方法と別の研究で用いられた測定方法を相互に関係づけることである。このように，2つの方法を用いることで併存的妥当性というものを示すことができる。

先に述べた新聞の発行部数と質に関する研究（Lacy & Fico, 1991）では，複数の測定方法を用いて1つの包括的な指標を作業化した。そこには，ローカルニュースを取り上げた記事スペースの大きさ，通信社による記事の本数，および広告とニュースの比率という尺度が含まれる。これらの測定方法の妥当性は，ある研究によって示されている。それは，新聞紙面の編集に携わるジャーナリスト700人にジャーナリズムの「質」について尋ね，さらにコンテンツ研究で用いられる複数の指標をそのジャーナリストたちに順位付けしてもらった研究である。おそらくこの研究者たちには，これらのジャーナリストたちが新聞の「質」を判断するのにうってつけの存在であるという認識があった。したがってその研究では，各測定方法の表面的妥当性だけでなく，ジャーナリズムの「質」について熟考してきた専門家たちによるクロスチェックを取り入れたのである。

予測的妥当性

予測的妥当性を検証するためには，予測される結果と測定された尺度との相関を見る。もし予測通りの結果が現れれば，測定方法の妥当性に関する確信は強まる。より具体的に言えば，もし仮説で予測された通りの結果となった場合，仮説における概念の作業定義を構成する尺度の妥当性に関する確信が強まるのである。たとえばHolsti（1969, p. 144）が引用する典型的な例では，自殺者の遺書とそうでない手記を対比させている。この研究では，実際の遺書を用いて自殺者の遺書を予測する言語的モデルを構成した。そしてこのモデルに基づいて，コーダーは実際の自殺者による手記を適切に分類することができたため，コンテンツから得られたモデルの予測力は妥当であると立証された。また先に述べた新聞の「質」に関する研究では，「質」に基づいて理論的に予測された

発行部数が，経験的な結果と一致していた。

構成概念妥当性

　構成概念妥当性とは，抽象的な概念と観察可能な尺度との関係に関わる。その尺度は，概念の存在や変化を指し示すと考えられるものである。概念は存在していても，何らかの尺度を通してしか直接に観察することができないというのが基本的な考え方である。したがって，根本にある抽象的な概念が変化すれば，尺度のほうに観察可能な変化が生じるだろう。構成概念妥当性を統計的に検定する場合，その尺度が対象の概念とのみ関連しており，他の概念とは関連していないかどうかを確認する（Hunter & Gerbing, 1982）。もし構成概念妥当性があれば，尺度の変化や尺度同士の関係性の変化は何であれ，根本にある概念とそれらが関連していることによって生じている。逆にもし構成概念妥当性がなければ，何らかの未知の概念との関係によって，尺度が変化しているということである。つまり構成概念妥当性があれば，尺度の変化を通して，関心のある概念が実際に変化していると確信できるのである。

　別の見方をすれば，構成概念妥当性の論点とは，尺度が理論的な予測通りに振る舞うかどうかという点である。Wimmer and Dominick（2003）はこの点について「ある変数と関連している尺度が，それ以外の変数とは関連しておらず，それらの他の変数との関連性を予見する理論的な理由もなければ構成概念妥当性は存在する。したがって，ある尺度とある変数の間に理論的に予測される関連性だけが見られ，理論的に予測されない他の関連性が見られないのであれば，構成概念妥当性があるということの根拠となる」（p. 60）と述べている。

　マスコミュニケーションのような領域で，多くの研究を横断するような知の体系を構築するためには，構成概念妥当性がなければならない。複数の研究に共通して用いられる構成概念は，それらの研究に一貫性と共通の関心をもたらしてくれる。また妥当な構成概念があれば，先行する研究を再現する必要なしに，理論を拡張し適用するための次のステップに進めるようになり，より有意義な研究を生み出すのである。たとえば新聞の質に関する研究では，幅広い経済理論に関連する「財政的なコミットメント」という構成概念を用いた（Lacy, 1992）。だが，マスコミュニケーション研究という領域において，尺度

の妥当性をこのように示す研究はほとんどない。

3. 観察プロセスにおける妥当性

　仮説とリサーチクエスチョンを表すための概念について，それらを測定する尺度に十分な妥当性があると確認できた後は，それらの尺度をどのように関係づけて，社会的現実を適切に記述するのかという点が問題となる。あらゆる社会科学の方法には，現実を認識する研究者のバイアスが観察においては最小化されているということを保証するための手続きがある。社会調査研究では，サンプルの特徴から母集団の特徴を適切に推論するためのランダムサンプリングという手続きがある。また実験研究では，実験群と統制群を作るためのランダムな被験者の割り振りがそれに該当する。そうすることで，実験群に加えられた刺激によってのみ効果が引き起こされているのだと論理的に推論することができる。信頼性を扱った前章，あるいは本章でこれまで論じてきたのは，研究者のバイアスと偶然の一致がコーディングに及ぼす影響を最小化するために，マニュアルをどのように用い，偶然の一致をどのように検定するかということであった。これらの手続きを適切に用いることで，社会調査や実験，内容分析によって明らかになる知見への確証は強まるのである。しかしもし科学の最大の目標が，現象の予測や説明，コントロールなのだとしたら，それらの目標のために内容分析はどのような妥当性を獲得すればよいのだろうか。

内的妥当性と外的妥当性

　実験研究の手法が示してくれる研究プロセスの妥当性に関する考え方は，内容分析にも関係がある。Campbell and Stanley（1963）は教育研究における実験手法を評価する際，研究デザインの内的妥当性と外的妥当性という区別を設けた。内的妥当性とは，実験によって因果関係が適切に明らかになっているかということである。統制群を用意することで他の要素による影響を取り除き，第3章で述べた対抗仮説を反証することによって，その実験は内的妥当性を持つ。一方で外的妥当性とは，実験によって得られた知見が，現実世界における

より複雑でダイナミックな因果関係と関連性を持っているかということである。実験デザインに自然実験のような設定を組み込むことで，外的妥当性は高まるだろう。こうすることで，研究室で観察された因果関係において原因とされた要素が，現実世界において作用している他の要素に比べて重要であるかどうかを評価することができる。

実験デザインにおける内的妥当性と外的妥当性という考え方は，内容分析の妥当性について考える際にも有用である。まず明らかなのは，内容分析単体で内的妥当性――すなわち Campbell and Stanley（1963）が用いた意味での因果的妥当性――を獲得することはできないということである。なぜなら，内容分析ではすべての「第3の変数」を統制することができないためである。ここで，第3章で論じたことを思い出してもらいたい。因果関係の推論には，原因と結果の時間的順序と，それらの結びつき方のバリエーションについて理解し，他の変数による影響を統制し，想定された因果関係について合理的な説明をすることが必要となる。

だが，内容分析と他の研究手法を組み合わせて，因果的推論を可能にすることができる。たとえば，あるコンテンツがオーディエンスに特定の効果を及ぼしていると考えられる場合，第1章や第3章で取り上げた議題設定機能や培養効果に関する研究のように，その関係性を検証するために内容分析と社会調査を組み合わせることができる。こうしたデザインについては，この後でより詳しく述べることとする。

一方で内容分析は，Campbell and Stanley（1963）が論じた外的妥当性，すなわち分析結果をどれだけ一般化できるかという点において，非常に強固な研究手法となりうる。もちろんそれには，扱うコンテンツが全数データであるか，適切に抽出されたサンプルであることが前提となるだろう。外的妥当性の考え方は，いわゆる研究の社会的な妥当性と呼ばれるものにも関係する。この社会的な妥当性というのは，内容分析で対象とするコンテンツの社会的重要性や，内容分析のカテゴリがどれだけアカデミックな範囲を超えて意味を持つかによって決まる。この点についてものちに検討することとしよう。

図7.1は，各種の妥当性を要約したものである。まず内的妥当性が，因果関係を分析するためのデザインに関わるものであったことに注意しよう。つまり

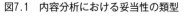
図7.1 内容分析における妥当性の類型

内的妥当性とは，時間的順序，統制変数のコントロール，変数同士の共変関係という3つの条件を満たしているかを指す。さらに共変関係という条件を満たすには，測定方法の妥当性と統計的妥当性が必要である。測定方法の妥当性を評価する際には，先に述べた4つの妥当性（表面的妥当性，併存的妥当性，予測的妥当性，構成概念妥当性）があるかどうかという評価が必要となる。また統計的妥当性も，内的妥当性の一部である。この妥当性は，特定の統計分析に必要な測定方法やデータの収集方法を適切に選択できているかということを指す。そして，外的妥当性および社会的妥当性は，内容分析を科学的手法たらしめる内的妥当性（測定方法と研究デザインを含む）があることを前提とする。だが，ここでの外的妥当性および社会的妥当性の考え方は，研究対象となるコンテンツの社会的な重要性や意味を評価する際の質にとどまらない。したがって，研究の総体的な妥当性は，これから論じるいくつかの関連する要素によって決まるのである。

内的妥当性と研究デザイン

内容分析という手法自体は，あるコンテンツのパターンや規則性，変化の関係性を明らかにするだけのものである。内容分析単体では，コンテンツにそうしたパターンを生み出す原因を示すことはできず，またある社会システムの中でコンテンツが生み出す効果を因果的に説明することもできない。もちろん内容分析の研究者は，（第1章で述べたように）コミュニケーションの過程や効果に対するコンテンツの中心性を示すモデルを用いて，コンテンツの原因や効果について論理的な推論を組み立てるだろう。また，内容分析と他の手法を組

み合わせる研究デザインでは，より適切に因果関係を推論することができるようになり，それによって内的妥当性が高まる。だがどちらにせよ，内容分析のデザインをするにあたっては，コミュニケーションのモデルに含まれる変数の統制，時間的順序，そして変数の共変関係といった論点に触れざるをえない。

内容分析における統制変数のコントロール

コンテンツのパターンを説明しようとするデザインでは，分析対象となるコンテンツの外部にある情報に目を向けなければならない。これはつまり，コンテンツに影響を及ぼす可能性のある諸要素を含んだ，理論的あるいは仮説的なモデルが必要になるということである。言い換えれば，こうしたモデルでは，影響を及ぼしうる他の要素を分析に組み込んで統制することが求められる。そしてモデル自体は，理論や先行研究，あるいは研究者の直感から導き出される。シンプルな例をひとつ考えてみよう。ある研究者が共産主義体制の崩壊に注目し，そのような状況では既存の新聞がこれまでタブーとされた話題を開拓するのとあわせて，これまでと異なる政治的見解を述べる新たな新聞ベンチャー事業が急速に発展し，読者を得ようとするだろうと予測したとする。

ここで，2つの点を強調しておく必要があるだろう。第1に，モデルがもっともらしく見えたとしても，そこにはつねに無視された要素が（たいていの場合は数多く）存在し，それが非常に重要になることもある。そして第2の点を通してみれば，この第1の点は興味深いものとなる。第2の点とは，そうしたモデルをいつでも経験的に検証することができるということである。それによって，そのモデルがコンテンツ内のパターンをどれほど説明できるかを評価することができる。もしモデルが予想した通りに機能していなければ，より適切なモデルを見出すという興味深い仕事に取り掛かることができる。その際，重要でない変数はモデルから除外され，理論的に意味のある他の変数がモデルに加えられるだろう。上記の例で言えば，共産主義体制の崩壊後に新しい新聞が出現しなかった場合，それは異なる意見が存在しなかったというよりも，単に印刷設備の利用が制限されていたという状況を反映しているだけかもしれない。または，既存の新聞に過去の政策に関する批判が見られなかったとしても，長年にわたってジャーナリストを政党の手先と見なしてきた市民の不信感が的を射ていたことを示しているだけかもしれない。

内容分析における時間的順序

　さらに，そのような仮定された影響を考慮するモデルをデザインする際には，第3章で述べたように，時間的要素をデザインに組み込まなければならない。この組み込みは経験的になされることがある。仮定された原因に関するデータは，影響を及ぼしていると思われるコンテンツよりも前に発生し，収集および測定される。たとえば，ある都市で競合する日刊紙がなくなったり，あるグループによって日刊紙の買収が起こったりした後に，コミュニティに関する新聞記事に影響が見られたことがある。

　また，モデルをデザインする際に，時間的要素を組み込むことが論理的に想定されることもあるだろう。たとえば，ある時点における発行部数と都市の人口を測定することで，次の時点における記事スペースを予測しようとするデザインを考えてみよう。このロジックは明らかに，記事スペースによる人口への影響，あるいは記事スペースによる発行部数への影響を除外している（たしかにそうした影響は短期的には見られないだろう）。同様に，Atwater, Fico, and Pizante（1987）は時間的要素をデザインに組み込み，新聞とローカル放送局および通信社が，どのようにして州議会に関する報道の争点を互いに設定しあっていくのかを2週間にわたって明らかにした。

　わかりきったことではあるだろうが，コンテンツの効果を検証する場合には，ここまで論じてきたことと逆の時間的順序を想定する。その際にも，時間的要素がデザインの一部に組み込まれなければならず，そのためには同じようにコンテンツ以外の要素が必須となる。そしてコンテンツに先行する要素について検証する場合のように，時間的順序を統制するためには，デザインのロジックがあれば十分かもしれない。たとえばLacy and Fico（1991）は，ある時点での新聞の質がその後の時点での発行部数に及ぼす効果を検証した。新聞の質は，全国から抽出された新聞のサンプルにおけるコンテンツを測定して評定された。一方で発行部数は，全国的な監査の値を参照した。ある時点での発行部数は，それに先んじる時点での質の尺度に影響を及ぼしえないことが論理的に明らかである。

　コンテンツの効果を評価するために複数の手法を組み合わせる内容分析研究のうち，もっとも頻繁に挙げられる例は，第1章で取り上げた議題設定効果の

研究であるだろう。この流れをくむ研究では，ある時点においてメディアがさ
まざまなトピックを取り上げる頻度の違いによって，その後の時点において受
け手が抱く重要度の序列が決まるかどうかを検証する。もちろんその際は，ニ
ュースに関する受け手の優先順位がメディアに影響する可能性，あるいはメデ
ィアと受け手が相互に影響しあっている可能性を考慮してデザインを組まなけ
ればならない。

　このとき，クロスラグ相関分析と呼ばれる手法が用いられることが多い。こ
の手法では，まず2つの時点（T1とT2）で内容分析と社会調査の両方を行う。
そしてそれぞれの時点で，内容分析によってメディアの議題を分析し，社会調
査によって受け手の議題を分析する。それから，T1におけるメディア議題と
T2における受け手議題の間の相関，およびT1における受け手議題とT2にお
けるメディア議題との相関をそれぞれ計算するのである。もしメディア議題
T1と受け手議題T2との相関が，受け手議題T1とメディア議題T2との相関よ
りも強ければ，メディアが受け手に対して影響力を持っていることが論理的に
導かれる。もっともクロスラグ相関分析には，影響力を持つかもしれないが分
析からは除外されている他の変数をどのように組み込むか，という方法論的な
限界があるのは明白である。それでもこの手法によって，実験的なデザインを
組むことなく，時間的順序を統制しながら2変数間の相関を分析することが可
能になるのである。

内容分析における相関関係

　図7.1で示したように，内容分析における妥当性は，第3章で述べた因果関
係の成立要件という観点から評価することができる。つまり，時間的順序を特
定し，他の変数を統制し，変数同士の共変関係を証明することを通して妥当性
を評価するのである。このうち，最後の要件である共変関係は，統計的妥当性
という特別な論点と結びつく。

　内容分析の研究デザインに変数を設定するのであれば，それらの変数を適切
に統計処理することが必要である。まず，独立変数および従属変数の影響に関
する仮定は，どのような種類の多変量分析であれ，明確でなければならない。
さらに，直接的，間接的な因果関係を考慮しなければならず，また，モデルに
おける関係性を緩和したりコントロールしたりする変数があるのかどうかも考

えなければならない。

　コンテンツデータの分析に用いられる統計手法については，第8章で論じる。そこには，2変数間の単純な相関係数の計算から，より多くの要素を統制して複数の変数による効果を検証するための多変量分析までが含まれる。また，用いる統計手法が違えば，考慮すべき前提条件も異なる。ある特定の手法を採用できるかどうかは，変数を測定する際の尺度レベルによっても決まってくるだろう。さらに，コンテンツデータがランダムにサンプリングされたものであれば，母集団について推論するためには統計的有意性の検定を行わなければならない。これらの論点は，内容分析の統計的妥当性に関係しているのである。

4. 内容分析における外的妥当性と意味

　これまで論じてきた点を踏まえれば，研究は高い内的妥当性を備えることができるだろう。しかし，その研究によって得られた知見は，理論的あるいは方法論的に考察されるだけかもしれない。そうなると，その知見に価値を見出すのは学術的コミュニティの内部だけであり，そこを超えるような意義を持つことはほとんどない。たしかにどのような研究であれ，まずは研究者のグループという集団の中でそれに関するコミュニケーションがなされるはずである。「もし私がより遠くまで見渡しているというなら，それは巨人の肩の上に乗っているからだ」(Oxford University, 1979, p. 362) というアイザック・ニュートンの有名な言葉は，このことを一言で言い表している。研究者は，科学者のコミュニティの内部で専門的なやり取りをしているのである。しかし研究者は，より巨大な社会の一員でもあり，親として，隣人として，あるいは市民として，その社会と関わっている。

　こうしたより広い意味での研究者の役割を考慮すると，妥当性の考え方は社会的次元をも持ちうる。この社会的次元は，研究の知見が社会にどのように理解され，価値を見出され，用いられるのかという点と関連する。本章の冒頭で示した会話では，2人の人物が互いに意味の通じる知識をやり取りしている。この「意味が通じる」ということは，共通の言語と，やり取りされている概念

を解釈する際の共通の枠組みと，そうした概念の関連性や重要性，意義についての共通の評価によって成り立つ。この，人々の間で通用する「意味」という妥当性の社会的次元において，発見された知見に関するより広い重要性や意義を評価することができるのである。

第3章で研究デザインについて論じた際，研究にとっての理想を示すパスツールの四分儀を取り上げた。その四分儀において，研究は科学的知識の体系に組み込まれ，それを前進させるという意義を持つ。こうした知識の体系とは，類似した研究者の小さな集団内でのみ関心を惹き，意味を持つものである。しかし理想を言えば，類似した研究者の小さな集団に関わるテーマの研究であっても，社会的に大きな意味を持つ形で，より広範な人々に関わってくるかもしれないのである。

外的妥当性と科学的コミュニティ

とはいえ，研究はまず科学的コミュニティに提示され，妥当な科学的知見として意味のあるものであるかが評価されなければならない。研究の妥当性を確認する際，最低限の要件となるのが査読プロセスである。そこでは，その研究が科学的知見の一部として公表するにふさわしいかを，適切な査読者が評価する。とくに科学的研究に従事する研究者は，研究は査読付きの場で公表すべきであるということに同意しなければならない。

一般的な科学的手法と同様に，査読プロセスは研究を評価する際の個人的なバイアスを最小にするための手段である。このプロセスにおいては，匿名の査読者が，著者が誰かを伏せられた状態で研究をレビューする。査読者は通常2～3名であり，研究の意義や，デザインおよび手法，分析，そして推論といった点の妥当性について，科学的基準に則って判定する。研究の科学的妥当性を確認するための要件は，比較的単純なものである。現行の研究は明らかに先行研究から生じているのであり，研究者は先行研究との関連性についてはっきりと注目を促している。つまり，既存の理論を修正または発展させているのか，何らかの知見を再現しているのか，研究の体系を拡張しているのか，研究テーマ間の隔たりを埋めているのか，先行研究の矛盾を解消しているのか，ということをはっきりと述べているのである。このプロセスを経た研究だけが，科学

的知識の一部として公表されるのにふさわしいと評価されることになる。先に，筆者のひとりが研究職を求める学生に「君の従属変数は何かね」と尋ねたという話をしたが，彼はそれに続けて「その研究をどの雑誌に投稿するつもりだね」という質問もしていた。

　査読プロセスに研究成果を投稿するのにはいくつかの理由がある。第1に，研究をより発展させていくためのコメントや批評をもらえることである。どのような研究にも，欠点や限界が存在する。しかし，同じ分野の専門家からの助言によってそうした問題点を明らかにし，それらを修正または検討することができるのである。第2に，研究者が研究成果を査読プロセスに投稿することで，他の研究者に情報を提供し，さらなる研究を促すことである。それは，現象を予測し，説明し，コントロールしようとする科学の目標を進展させるべく，知の体系を科学的コミュニティの中で集合的に構築するのに役立つ。

　科学的コミュニティでの審査は，内的妥当性と外的妥当性の間に必然的な結びつきを与える。言うまでもなく，デザインや測定方法の面で欠点を抱える研究が，新たな知識を生み出すということは考えられない。研究は広範な意味や重要性を持ちうる（あるいは持つべきである）が，科学的な妥当性は，そうした重要性を論じる以前に確認しておく必要がある。本質的には，内的妥当性（これがあることによってその知見は科学的知識であると信じられる）は外的妥当性（その研究が社会全体において広く意味を持つ）の必要条件なのである（ただし必要十分条件というわけではない）。

　だが，ある研究が科学的知識の一部として位置付けられたとしても，他の研究がその結果を再現し拡張することを通じてさらなる検証をしない限り，そうした位置付けは仮のものにすぎない。こうした検証は，議題設定研究の例のように，類似した研究の中で，結果を直接に再現し拡張することを通じてなされる。結果を他の研究で再現することは重要である。というのも単体の研究では，最大限に厳しく精緻な調査をしたとしても，サンプリングエラーによって偶然にも異常な結果が出てしまうかもしれないからである。だが，後続の研究が類似した結果を再現したならば，すでに発見された知見への信頼は強まる。ここで，第5章で述べたことを思い出してほしい。そこでは，非確率的サンプルから得られたデータセットであっても，そこから導かれる知見が既存の体系に対

して累積的な貢献を果たすものであれば，有用なものとなりうると述べた。ある研究の科学的コミュニティによる検証は，その研究で用いられた定義や測定方法を利用し，修正し，さらに発展させることを通じてなされることもあれば，関心が高まっている領域でより広範な研究をすることを通じてなされることもある。メディアの議題設定機能に関するここ数十年の関心は，多くの研究者がさまざまな研究で理論を集合的に検証するというプロセスの一例となっている。

内容分析における社会的妥当性としての外的妥当性

すでに述べてきたように，研究の手法や知見は，科学的コミュニティでの査読や再現のプロセスを通じて検証されるのが一般的である。しかしこの検証は，その研究が科学的コミュニティを超えた社会全体に対してどのような意味と重要性を持つのかを明らかにするうえで，必要条件ではあるが十分条件ではない。

内容分析研究において，科学的コミュニティを超えた外的妥当性の高さは，コンテンツそのものの性質とそれを分類するカテゴリの性質という2つの要素によって決まる。内容分析研究はこれら2つの要素に基づいてパスツールの四分儀に位置付けられ，その中で研究の社会的妥当性が最大化されるのである。これらの要素は，コンテンツの社会的重要性とそのコンテンツの収集方法，そしてコンテンツのカテゴリの適切さとそれらの測定方法および分析方法に関わっている。ここからは，こうした内容分析の社会的妥当性という論点について述べていくとしよう。

コンテンツの性質

分析対象であるコンテンツが重要なものなら，内容分析の社会的妥当性も増すことになる。コンテンツが人々によく知られていて重要なものであるほど，そうしたコンテンツを分析することの社会的妥当性も大きくなるだろう。ひとつの基準となるのは，そのコンテンツに接触した受け手の人数である。たとえばインターネットが研究者からも社会からも大きな関心を払われるのは，そこにあるコンテンツが容易に利用可能であり，大勢の人々が日々多くの時間をそのコンテンツに割いているためである。

コンテンツの重要性について別の基準となるのは，特定の受け手に及ぼす影響である。子供向けテレビのCMが研究対象となるのは，子供という傷つき

やすく感化されやすいであろう集団の社会的発達について重要な意味を持つかもしれないためである。

　最後に，コンテンツが社会において重大な役割や機能を持つ場合にも，その重要性は高まることがある。たとえば，市場社会において広告は重大な経済的機能を担っていると考えられる。ある製品への購買意欲を高めようとする広告が，その製品の作り手と購買者だけでなく，市場と結びついた社会関係のすみずみにまで影響するであろうことは明白である。さらに広告のメッセージは，それらが伝達する社会的な役割あるいはステレオタイプによって，文化的な副産物を生み出すこともある。同様に，政治的対立のニュースは，公共政策に影響を及ぼして大勢の人々に関わりを持つかもしれないため，分析の対象となる。たいていの西洋社会における政治倫理とは，知識を備えた市民が，民主的な制度を通じて行動し，提示された政策の選択肢から判断するということである。したがって，そうした選択肢の提示のされ方が，市民の争点や意見に影響を及ぼす可能性がある。

　またコンテンツの重要性があるかないかは別として，分析の社会的妥当性は，コンテンツをどのように集めて分析するかという点によっても影響を受けるだろう。とくに，全数調査なのか確率的サンプルを用いた調査なのかという点が，一般化が適切になされうるかに影響するだろう。

　たいていの研究にとっては，人々や文書の母集団に関する知識を得ることが主要な目的となる。代表性のないコンテンツのサンプルについて知識を得たところで，母集団について理解するうえでは限られた価値しか持たないことがほとんどである。一方で確率的サンプリングを用いれば，それを抽出した母集団へと知見を一般化することができる。コンテンツの母集団からランダムサンプリングをするか，母集団自体を全数調査することで，母集団において測定される特徴について説得力のある説明ができるようになるのである。

　有意抽出されたコンテンツ，あるいは便宜的サンプルから得られた知見は，母集団に一般化することができない。だが特定の文脈においては，有意抽出されたコンテンツの社会的妥当性が主張されることもある。たとえば，高級紙のニュースコンテンツは一般的なニュースとは明らかに異なっており，代表性のあるサンプルとは言えない。しかしこうした新聞は，重要な政策立案者や他の

報道機関に影響を及ぼしており，「代表的ではない」ということによって逆に重要性を持っているのである。

カテゴリの性質

あるコミュニケーションにおいて，受け手の規模や重要性がどれほどであれ，内容分析ではそのコミュニケーションのコンテンツを研究するためにカテゴリを設ける。このカテゴリは3つの目的に基づいて作られる。第1の目的は，コミュニケーションの重要な特徴を記述するということである。第2の目的は，これらのコミュニケーションの特徴を，明示することのできる他の要素によって体系的に表すということである。そして第3の目的は，コミュニケーションの中で受け手が体験する何らかの意味や効果を表すということである。

第2の目的と第3の目的に関わるカテゴリの概念的定義と作業定義は，その研究の社会的妥当性にも関連している。そうした概念とその作業定義は，いくつかの領域で研究をしている研究者の集団によってのみ解釈可能であるかもしれないし，あるいはより広い受け手にとって身近なものであるかもしれない。Krippendorff（1980, 三上・椎野・橋元訳1989）が示した「意味論的妥当性」（p. 157, 三上・椎野・橋元訳 p. 245）は，こうした内容分析における解釈可能性や身近さという考え方に通じている。Krippendorff は，意味論的妥当性とは「所与の文脈の中で適切に用いられるシンボリックな意味に対し，ある方法がどの程度敏感かを査定する」（p. 157, 三上・椎野・橋元訳 p. 245）ものであると主張した。とくに Krippendorff は，「データ言語の意味論が，検証対象のデータの関連する情報源や受け手，その他の文脈に即応したものである場合」（p. 157, 三上・椎野・橋元訳 p. 245）に，その研究は高い意味論的妥当性を備えると考えた。それでは内容分析のカテゴリは，研究者のコミュニティを超えて，受け手と共有できる意味をどの程度持つのだろうか。研究の理論的意義と実践的意義の両方に関わる「パスツールの四分儀」に内容分析を位置付けようとするとき，この問いはとくに重要となる。

また，内容分析において明示的なコンテンツと潜在的なコンテンツの両方に注目しようとする際にも，この問いは重要な意味を持つ。すでに述べてきたように，明示的なコンテンツは潜在的なコンテンツよりも比較的容易に認識しカウントすることができる。人物Aの名前は，おそらく記事中で写真とともに

記載されているだろう。同様に，あるテレビ番組でCMが何本放送されたかということや，ある小説の一文が平均何語であるかということも，容易にカウントできる明示的なコンテンツである。一方，潜在的なコンテンツを捕捉しようとする分析では，コンテンツとそれが置かれた文脈について，より全体論的に，あるいは「形態（gestalt）」として判断し，評価し，解釈する。潜在的なコンテンツを分析しようとする研究では，コミュニケーションにおけるもっとも重要な特徴は，サンプリングやカテゴリの設定，信頼性の検定やデータの統計的分析によっては明らかにならないだろうと考える。代わりに，コミュニケーション内容を適切に判断し評価し解釈することは，研究者自身の手に委ねられているのである。

これらの判断を行う能力が研究者に備わっているという仮定は，いくつかの理由でやっかいなものである。とくに潜在的なコンテンツの分析において，研究者の体験，直感，分別などにそれらの判断をするだけの能力が備わっているということをはっきりと述べることはまずない。そこでは単に，コミュニケーションに適切な文脈をもたらす研究者の洞察力によって，コンテンツの意味が明確に捉えられていると信じなければならないのである。別の言い方をすれば，潜在的なコンテンツを分析する研究者は，あるコミュニケーションにおけるコンテンツが「実際のところは何であるのか」，そしてそのコンテンツがコミュニケーションに接触した受け手に対して「実際のところは何をなすのか」をわかっているということである。

したがって潜在的なコンテンツに関する研究では，研究者が1つか2つの特殊な（時には相反することさえある）性質を備えているということを想定しなければならない。それらの性質を持って，コンテンツ研究の信頼性や妥当性を正確に評価するということに置き換えているのである。

第1に，研究者に権威があり，受け手に発信されたコミュニケーションに込められた意味を直感的に特定し評価できる人物だということである。つまりその研究者自身が，研究の信頼性および妥当性を担保する根拠となる。しかしこれを受け入れるには，研究者への信頼というものを大きく飛躍させる必要がある。具体的に言えば，次のようなことを信じ込まなければならない。コミュニケーションの単純な受け手においては，選択的な接触や認知，記憶といった人

4. 内容分析における外的妥当性と意味   **203**

間的バイアスが生じるのに対し，どういうわけか研究者はそういったバイアスを免れ，「真の」コンテンツを認識することができるのだ，と。たとえば，現実の社会的構築をコントロールするメディアの権力を理解できるのは，一般的な受け手にはない能力を持つとされる研究者なのである。そうした研究者は，それを観察し認識することによって生じる影響からも逃れられているものと考えられる。しかしもし研究者がそれを観察できるのであれば，他の人々にそれができない道理があるだろうか。逆にもし他の人々が観察できないのであれば，研究者にだけそれが可能であるとなぜ言えるのだろうか。

　潜在的コンテンツを分析する研究者に想定される第2の（しかし第1の特徴とは相反する）特徴とは，研究者があるコミュニケーションに接触する受け手を代表しているということである。言い換えれば，その研究者は「ランダムに抽出された1人のサンプル」（これは N of 1試験の手法となる）であり，その人物がコンテンツを体験し見極めることによって，受け手に対するコンテンツの効果を「わかる」ということを信じ込まなければならないのである。もちろん，どれだけランダムに選ばれたサンプルによるものであっても，N of 1試験の精度や普遍性を信用するものはほとんどいないだろう。そして研究者という，おそらくは非常に特殊であるはずの受け手が，他の受け手と同じようにコンテンツを体験することができるなどと，どうして信じることができるだろうか。

　ただしこうした問題は，明示的なコンテンツの量的分析においても生じうるということを述べておくべきだろう。たとえば Austin, Pinkleton, Hust, and Coral-Reaume Miller（2007）は，訓練を受けたコーダーと訓練を受けていないただの受け手がコンテンツをカテゴリに割り当てた際，その度数に大きな違いがあることを見出した。たとえ内容分析の方法が適切な信頼性検定の基準を満たしていたとしても，コンテンツのカテゴリが広範な受け手にとって意味のないものであれば，研究の社会的妥当性は低くなるだろう。そして，内容分析が受け手側の社会調査や実験研究と組み合わされない限り，コンテンツが受け手に及ぼす効果を推定するという問題に対して解答が得られることはない。したがって，明示的なコンテンツの内容分析によって導かれる結論は，つねに仮のものであり，修正されるべきものなのである。だがこれはあらゆる科学的な営

みに伴う性質である。つまりここで述べているのは，人類のコミュニケーションに関する科学の発展にとって，量的内容分析は十分ではなくとも必要なものだということである。

5. ま と め

　本書で想定しているのは，科学的手法を採用することで，その研究は可能な限り信頼できる形で，可能な限り多くのことを論じられるということである。他の研究と同様に内容分析においても，これを果たすことが妥当性の本質である。

　実際のところ，他の研究手法にも同様に，妥当性を確立することの難しさがある。社会調査をする研究者が質問をする際に何らかの文脈や枠組みを想定したとしても，回答者がそれを共有していないこともある。実験をする研究者は強固な因果的推論をすることができるが，そのためにある現象を現実世界から切り離して実験室に隔離するので，より広範な世界について理解できることはそう多くないかもしれない。

　だが，真実としての妥当性とは，まさに科学的探究の目的そのものなのである。コンテンツに関する真実を明らかにするという目的にとって，内容分析はわれわれが持ちうる中で最良の方法である。コミュニケーション研究の分野において，この妥当性こそもっとも重要なポイントとして考えなければならない。

第8章■

データ分析

　たいていの研究手法と同様に，内容分析も探偵の仕事と同じようなものである。問題を解決し疑問に答えるために，内容分析を行う研究者は証拠を調べる。もちろん，研究者は関係しそうな証拠しか調べない。すでに第3章，第4章，第5章で議論してきた研究デザイン，測定，サンプリングのそれぞれの段階において，内容分析の研究者はさまざまな判断をするが，これは，何が関係のある証拠であり，それをどのように集めるのかを決定するためのルールである。一方で，第6章と第7章で示した信頼性と妥当性に関する議論では，その証拠が適切な質を備えていることを保証するための視点を示した。しかし，最終的には，データの収集をやめ，データを減らし，まとめなければならない。そして，証拠の中に見られるパターンを測定して，なんらかの意味を見出さなければならない。

　量的内容分析において，データ分析のプロセスでは，データを簡潔に示すための統計的手法やツールを用いる。それにより，データのパターンが効果的に描き出されるだろう。この章の目的は，研究者がデータを量的に分析することについて効率よく論理的に考えられるよう助けることである。そのために，いくつかの一般的に使用される分析手法を直観的に捉えられるように論理的な基礎を説明し，その手法を採用する際のガイドラインを提供する。ここで扱うのは，平均や割合などの記述的手法と，それに伴う相関や統計的有意性の検定といった基本的な統計手法である。また，分散分析（ANOVA: Analysis of Variance）と重回帰分析も紹介する。そして，確率に関する基本的な考えを示し，

ある統計がどのように，そしてなぜ機能するのかを理解しやすくする。なお，これらの手法や統計に関する数学的基礎についての詳細な議論は，この本の目的ではないのでここでは扱わない。

1. 内容分析への導入

　内容分析は多くの研究領域で採用されているが，マスコミュニケーションの研究者はこの手法をもっとも腰を据えて活用してきた研究者たちである。ある25年の間に *Journalism & Mass Communication Quarterly* に掲載された論文のうち，4分の1が内容分析を用いた論文であった（Riffe & Freitag, 1997）。以下の節で議論するデータ分析の手法のほとんどがそれらの論文で使用されたものである。1986年から1995年までの間に *Journalism & Mass Communication Quarterly* に掲載された239本の論文の図表と分析部分を調べたところ，内容分析を行う研究者はいくつかの基本的な分析手法とごく限られた発展的な手法を用いているようである。これは，限られた手法で多様な課題に対応できるということを意味する。多くの研究において，どの課題に対してどの手法が十分に有用であるのかを知ることは，必要不可欠な知識である。

　これらの分析手法には非常にシンプルなものもある。前述した239件の内容分析のうち28％の事例では，平均，割合，出現頻度のみによって研究目的を達成することができている。他の手法が用いられている際も，それらは平均や割合と組み合わされていることが多い。また，コンテンツデータを分析するための手法には，カイ二乗検定やクラメールの *V*（前述した研究の37％で使用）とピアソンの積率相関係数（15％で使用）がある。2つのサンプルの平均または割合の差異を評価するための手法は17％で使用されていた。より進んだ手法では，分散分析：ANOVA（6％）と重回帰分析（8％）が用いられていた。これ以上に洗練された統計的な手法を採用した研究はたったの7％であった。

　この章の目的は，これらの手法をレビューし，特定の内容分析の目的にこれらがどのように関係しているのかを明示することである。実際，データを収集する前に，分析手法について研究目的に照らして注意深く考え抜くべきである。

データ収集と測定，分析に関する決定は，それぞれ相互に結びついているだけでなく，研究デザインや，その研究で扱うリサーチクエスチョンまたは仮説とも密接に結びついている。

2. データ分析の基本

データ分析について考える

　データ分析の目標が比較的シンプルなものである場合もあるだろう。つまり，サンプルまたは母集団の特徴を記述することである。たとえば，研究者はある特徴の出現頻度を調べることで，典型的な特徴とそうでない特徴を評価しようとするかもしれない。しかし対照的に，このような1つの変数を記述するという目標を越えて，サンプルまたは母集団における変数間の関係性の解明が目標となるかもしれない。関係性を記述するために，研究者はある変数の特徴と別の変数の特徴との関係のパターンを明らかにすることに集中するだろう。もちろん，この両方の目標を追求する研究者もいるかもしれない。

　関連する先行研究を熟知し，問いを十分に絞り込むことは，データ収集を容易にし，良いデータ分析をするために必要不可欠である。先行研究についてよく考えることは，いかなるデータ分析を検討する際にも不可欠である。先行研究は，どのような変数を調べればいいのか，そしてそれらの変数を測定するためにどうやってデータを集めればいいのかについての指針を与えてくれる。先行研究はまた，データ収集とデータ分析の両方を視野に入れて仮説やリサーチクエスチョンを設定するための指針も提供してくれる。最後に，研究を効果的に再現して一貫した体系を構築するには，同一の測定手法とデータ分析手法を使用して，研究間の比較可能性を最大化することが求められる。

仮説とリサーチクエスチョン

　明確な仮説またはリサーチクエスチョンなしでデータを収集するよりも，それらがあるときのほうが量的内容分析はより効率的なものとなる。仮説はある

変数の状態が他の変数の状態と関連しているという予想を明確に述べたもので
ある。これに対してリサーチクエスチョンは，このような関連があるのかどう
かというような，仮説に結びつく問いである。

　仮説またはリサーチクエスチョンがあることで，研究デザインは関連するデ
ータの収集のみに集中することができる。さらに，明確な仮説とリサーチク
スチョンはどのような分析が必要かを明らかにしてくれる。研究者は分析結果
のダミーの表を用意することもできる。実際，ある仮説やリサーチクエスチョ
ンに基づいて，分析結果のダミーの表を可視化できないのなら，研究の概念化
やデータの収集方法および測定方法に何らかの問題があるのだろう。

　たとえば，「地域のニュース記事はニュースサイトで通信社の配信するニュ
ース記事よりも大きく扱われる」という仮説を立てるならば，もっともシンプ
ルなアプローチはニュース記事の情報源（ローカル紙か通信社か）とそれらの
記事のサイト内での位置（たとえば，トップページか，それ以外かなど）を測
定することである。この仮説には名義レベルのデータでアプローチできること
に注意しよう（第4章参照）。もしすべてのページで，ローカルニュースの割
合が通信社のものより多いことが確認されれば，この仮説は明確に支持される。

　次に，コストなどの都合で，ウェブサイトのトップページだけを対象とする
としよう。これはデータ収集の簡略化のように見えるが，単純にトップページ
と他のページを区別するだけでなく，間隔尺度でのより詳細な測定が求められ
るだろう。トップページに掲載されたそれぞれの記事には，見出しの大きさ，
写真や動画の有無，記事の長さなどのような要素を加味したスコアが与えられ
るかもしれない。より高いスコアを持つ記事が，より大きく扱われた記事とな
る。そして仮説を検証するためには，通信社による記事とローカル記事の間で，
スコアの平均値を比較する。こちらの例では，もしローカルニュースのスコア
の平均が通信社のものよりも大きい値であれば，この仮説は支持されるだろう。

　データ分析の性質は，研究者による仮説やリサーチクエスチョンの設定によ
って影響を受けるが，研究対象のコンテンツからより大きな母集団を推論しよ
うとしているかどうかによっても影響を受ける。ある母集団からすべてのデー
タが収集できたとすれば（たとえば，ある著者の詩の全作品，またはある1年
にある都市で発行された日刊紙の全号など），そのような心配は無用である。

この場合はサンプルがそのまま母集団なのである。一方，もし既知のコンテンツのごく一部だけが研究されるとすると，そのデータをどのように選択したかによって，その母集団を推論することが可能かどうかが決まる。

第5章ですでに議論したが，確率的サンプリングによって関心のある母集団への妥当な推論が可能になる。確率的サンプリングを用いた場合のみ，サンプリングエラー，つまり一定の統計的水準において母集団とサンプルがどの程度違うのかを計算できるのである。

3. 知見の記述と要約

どのタイプの分析を用いるかという選択は，研究の目標と測定する変数のレベル，そして使うデータが母集団からランダムにサンプリングされたデータであるかどうかに左右される。ここでわれわれが述べる分析手法は，データを記述するという比較的シンプルなものから，関係性を明らかにするためのより複雑なものにまで及ぶ。異なる分析アプローチで同じ目標が達成できることも多い。

データを記述する

数値が量的内容分析の中心である。したがって，カウントするということが量的内容分析の中心になるのは驚くべきことではない。しかし意外に感じるかもしれないが，多くの場合，平均や割合といったごく基本的な計算だけで，明確に知見を示すことができるのである。

カウントする

適切なレベルの尺度を用いてデータが収集されれば，もっともシンプルな要約方法のひとつは，頻度によってその結果を示すことである。もちろん，内容分析のコーディングスキームがそのような結果の示し方に対して基本的な指針を与えてくれる。たとえば，200のテレビ番組の研究において，アフリカ系アメリカ人がどれだけ登場するかというデータは，番組数の実数でシンプルに記述することができる（50の番組で登場し，残りの150では登場しなかったとい

った具合である）。または，アフリカ系アメリカ人の登場人物の数を数え，50
番組の中の総数を提示することもできる。

　しかしながら，これらの方法でデータを示したからといって，必ずしも何か
が明らかになるわけではない。なぜなら，実数データはこれらの数値の意味を
理解するための基準点を提供してはくれないからである。したがって，分析す
る変数の尺度レベルに応じて，割合や平均といったデータを要約するための方
法が用いられる。

平均値と割合

　平均値（mean）は，多くのデータの算術平均をとることで求められる。平
均値の計算は間隔尺度または比率尺度を前提としている。個々の値が結果に結
びつくため，平均値は影響を受けやすい尺度である。平均値は，その集団に関
するある種の基準点を与えてくれる。もしテレビ番組に登場するアフリカ系ア
メリカ人の平均人数が1人であるならば，サンプルに含まれる多くの番組でア
フリカ系アメリカ人が1人だけ登場すると期待できる。とはいえ，番組ごとに
違いもあると考えられるだろう。さらに，平均値にはサンプルを複数回抽出し
たときにそれぞれの値が近似するという長所がある。もしある母集団からいく
つかのサンプルが抽出されるならば，平均値は中央値（median：ケースを大
きさ順に並べた際に真ん中に位置する値）よりも変化の小さい値となるだろう。

　割合は，間隔尺度，比率尺度と同様に名義尺度で測定された変数にも使用さ
れる。割合は，全体の中で特定のカテゴリがどの程度占めているかの程度を示
している。割合は，データに対する理解を明快にしてくれる。なぜならばそれ
は発見したものの意味を見定めるための文脈をも与えてくれるからだ。もし映
画100本のうち55本に暴力的なシーンがあるとすれば，割合は55％である。基
準点は100％であるので，そのような発見の重要性は簡単に把握でき，そして
サンプル間での比較も可能である（たとえば1980年代は55％であったが，90年
代では60％であったという具合に）。

　たとえば，全国の日刊紙と週刊紙から抽出したサンプルを用いて，地方政府
の報道を分析する研究を考えてみよう（Fico et al., 2013b）。その研究者たちは
それらの新聞で引用された情報源の平均値を計算した。彼らは地方政府の記事
において，日刊紙では情報源が平均して2.77登場したのに対し，週刊紙では1.9

であることを発見した。そしてまた，地方政府の記事において，日刊紙の14.2％が一般市民を引用しており，対して週刊紙は7.9％であることも発見した。

ここで，順序尺度で変数が測定されるときにはどう対応するのかという疑問が生じるだろう。たとえばコーダーがコンテンツに対して好ましさの順序をつけるような時である。順序尺度は間隔尺度や比率尺度と同じやり方で数値を用いるが，順序尺度はより高いレベルの数学的な前提は満たさない。さらに，順序尺度を平均値で要約してしまうと，その概念が「多い」とはどういう意味なのかという根本的な問題へと「転移」してしまう。言い換えれば，好ましさの評価という変数について，2と3という値の間にどのような差があるのかが明確でなければ，この評価の平均が2.4であるということは数字以上の意味を持たない。順序尺度で測定したデータを分析する際の安全な方法は，2が何割，3が何割といった具合に，その変数を構成する個別の数値の割合を報告することである。同じ概念定義を用いてコーディングされた2つ以上のサンプルを比較する際には，順序尺度の平均を報告することにも意味がある。この平均値の差は，ある概念の度合いを正確に測定しているのではなく，むしろあるサンプルと他のサンプルとの違いをざっと判別している。

割合と平均値の重要性

サンプルからのデータはすでに示した基本的なツールを用いて簡単に記述することができる。しかしながら，もし確率的サンプルからのデータであるならば，目的はそのサンプルを記述することではなく，そのデータを抽出した母集団を記述することである。

サンプルの測定を一般化する

サンプリングエラーを計算することで，研究者はそのサンプルから母集団を推論することができる。第5章においてサンプリングエラーと有意水準について紹介した。サンプリングエラーはサンプルのサイズとその分析から導き出される結論に求められる有意水準によって変化する。社会科学では伝統的に，有意水準は95％か99％に設定されることがほとんどである。

ここで，プライムタイムのテレビ番組から400本のショー番組をランダムサンプリングした内容分析の事例を考えてみよう。このサンプルでは，ヒスパニ

ックの登場人物が出てくる番組が15%である。これは母集団となるテレビ番組全体での実際の割合だろうか。実際の母集団では20%か10%かもしれない。サンプリングエラーを計算することで，一定の有意水準でこの疑問への回答が得られる。

あるサイズのサンプルのサンプリングエラーを計算する方法は3つある。1つ目のもっともシンプルな方法は，教科書などに掲載されている誤差の早見表を使うことである。2つ目は，データ分析のためのコンピュータプログラムで計算することである。最後は，多くの統計または研究手法の教科書に記載されている式を使って手計算することである。下記に，割合と平均におけるサンプリングエラーを計算するための式を挙げておく。

割合のサンプリングエラーの公式は以下の通りである。

$$SE_{(p)} = \sqrt{\frac{p \cdot q}{n}}$$

p = あるカテゴリの割合
q = 他のカテゴリの割合
n = サンプルサイズ

平均のサンプリングエラーの公式は以下の通りである。

$$SE_{(m)} = \frac{SD}{\sqrt{(n-1)}}$$

SD = 変数の標準偏差
n = サンプルサイズ

有意水準95%でサンプルサイズが400の場合，割合のサンプリングエラーは約5%である。したがって，プライムタイムのショー番組の母集団において，ヒスパニックの登場人物が出てくる番組の割合は95%の確率で10%から20%の間に収まる。

3. 知見の記述と要約

差の有意性

　ランダムサンプリングから得られた知見が興味深いものであったとしても，複数のサンプル間に違いがあるかどうかを確認する必要性が生じることがある。実際，そのような違いを仮説として設定することが多い。たとえば「日刊紙の記事は週刊紙の記事よりも多くの情報源を引用する」というようにである。仮説は，複数のサンプルの平均や割合が異なるかどうかという単純な記述にとどまらず，たとえば「その差は日刊紙と週刊紙の日常業務の違いによるものか」といったような，その違いを生じさせる原因の記述にまで及ぶことがある。しかし，その仮説を検証するためにランダムサンプリングが使用されているならば，まず考えられる答えは，観察された違いは，実際は母集団には存在せず，サンプリングエラーによって生じたものであるということである。統計的に有意な差があるかどうかを検定することが，観察された差がなぜ生じたのかを解き明かす方法になるだろう。

　確率という点から具体的に言えば，有意な差の検定は，サンプルから得られた差が母集団間の本当の差を反映しているのか，それともサンプリングエラーでしかないのか，その可能性を評価するために使用される。先の例を用いて言えば，日刊紙と週刊紙の間で州政府の記事に登場する情報源の数に差があるのかどうかを検定するのである。既存の研究では，日刊紙の情報源の平均が2.77であり，週刊紙は1.9であった（Fico et al., 2013a）。その差異は，99.9％の確率（$p<.001$）で統計的に有意であった（つまり，おそらくサンプリングエラーのためではない）。言い換えれば，その差はアメリカの日刊紙と週刊紙の母集団においても存在するだろうということである。さらに言えば，観察された差が，ただのサンプリングによる「まぐれ当たり」であったという可能性は1000回に1回の確率である。

2サンプル間の差と帰無仮説

　先に挙げたような統計的推論では，はじめに帰無仮説（null hypothesis）が成り立つことを仮定する。つまり，2つの母集団に差がないということを仮定する。平均の差や割合の差の検定は，確率的サンプルにおいて2つの母集団から抽出されたサンプルの差が偶然に生じる可能性はどの程度かを計算するものである。母集団において差がないという前提のもとではありえないくらいにサ

ンプルの差が大きいならば，２つの母集団の間に差があるという仮説は支持され，帰無仮説は棄却される。もちろん，こうした帰無仮説の棄却は，あるレベルの確率（通常は95％）でなされる。したがって５％の確率でエラーが起こってしまうわけだが，正しい選択がなされる確率は95％にもなる。

　たとえばプライムタイムの番組とリアリティ番組の間で，性的な発言の数に差があるかを検証したい場合，それぞれの番組の母集団同士で平均値を比較することができれば，実際の差を明らかにすることができるだろう。しかしながら，それぞれの番組の母集団から抽出したサンプルには，単にサンプリングによる誤差から生まれる差が含まれることもある。これらの差異は，母集団における実際の番組の差異を反映しているのだろうか，あるいはサンプリングの産物なのだろうか。これを明らかにするためには，サンプル間の差を検定する必要がある。

　割合の差異と平均の差異の検定には，それぞれt検定とz検定と呼ばれる方法がある。t検定は間隔尺度か比率尺度で測定された変数に対して平均の差異を検定するために使用できる。z検定は名義尺度で測定された変数の平均や割合の差異を検定するために用いることができる。どちらの統計についても，サンプル間の差異がゼロ（帰無仮説）からどれほど異なっているかを示すために，標本分布が計算されてきた。t検定における標本分布は，小さいサンプル（30以下）に対して発展してきた。サンプルサイズが30を超えるとき，t検定とz検定における標本分布はほぼ同じになる。標準的なコンピュータ分析では，その統計量を計算できるだけでなく，偶然によってそれらの値がどの程度の確率で生じるのかを簡単に計算することができる。しかし，標準的な教科書に掲載されている公式を使用することで，手計算でも簡単にそれらを計算することができる。平均と割合の差異を検定するための公式を以下に示す。

　割合の差異を検定するための公式は，以下の通りである。

$$z = \frac{P_1 - P_2}{\sqrt{\dfrac{P_1(1 - P_1)}{n_1} + \dfrac{P_2(1 - P_2)}{n_2}}}$$

P_1＝サンプル１の割合

$n_1 =$ サンプル1のサンプルサイズ
$P_2 =$ サンプル2の割合
$n_2 =$ サンプル2のサンプルサイズ

分母は，その割合の差異の標準誤差である。
平均値の差異を検定するための公式は，以下の通りである。

$$t = \frac{\overline{X}_1 - \overline{X}_2}{S_{\overline{X}_1 - \overline{X}_2}}$$

この分母はサンプルの平均間での差異の標準誤差である。両サンプルで分散が等しいならば，tに対するこの分母の公式は以下の通りである。

$$S_{\overline{X}_1 - \overline{X}_2} = \sqrt{\frac{S_1}{n_1} + \frac{S_2}{n_2}}$$

サンプルの分散が等しくない場合，分母の式は以下の通りになる。

$$S_{\overline{X}_1 - \overline{X}_2} = \sqrt{\frac{(n_1 - 1)(S_1) + (n_2 - 1)(S_2)}{(n_1 + n_2 - 2)} * \left(\frac{n_1 + n_2}{n_1 n_2}\right)}$$

$\overline{X}_1 =$ サンプル1の平均
$\overline{X}_2 =$ サンプル2の平均
$S_1 =$ サンプル1の分散
$S_2 =$ サンプル2の分散
$n_1 =$ サンプル1のサンプルサイズ
$n_2 =$ サンプル2のサンプルサイズ

　この計算結果が，t値またはz値となる。この値は，サンプル間の差がサンプリングエラーによるものなのか，実際の母集団の差によるものなのかを知るために，分布表の値と比較される。表の値は，t値またはz値の統計量に対する標本分布から得られたものである。確率が低い（5%以下）場合，2つのサンプルの平均値は大きく異なっており，よってそれらは実際の母集団におけ

る差異をよく反映しているであろうことを示している。これは裏返せば，帰無仮説を95％の確率で棄却できるということである。

複数のサンプル間での差異

　3つ以上のサンプル間の差異を比較する場合，異なるアプローチが求められる。2つのサンプルを比較するときのように，研究者が知りたいのはサンプル間に有意な違いがあるかどうかである。たとえば，ここ最近の4つの大統領選において共和党の綱領に登場した中絶という用語の使用を比較することで，この期間中にこの争点が重要性を帯びていったかどうかを調べることができる。

　ここで求められるのは，複数のサンプル間で平均の差異を一度に検定する方法である。なぜ，2つのサンプルの平均値や割合を比べる検定を何度も行うのではなく，一度に検定しなければならないのか。それは，もし非常に多くの比較を行うと，そのうちのどこかでランダムサンプリングによる偶然の差異が生じる可能性があるからだ。95％の有意水準は帰無仮説を棄却するために用いられる。これが意味するのは，ほとんどの場合は実際の母集団の差異が反映されているが，5％の確率で母集団には存在しない差異が得られてしまうということである。したがって，差異を比較するサンプルの数が大きくなるにつれて，そのうちのどこかで誤った結果が得られる可能性がますます高くなる。また同様に重要なことだが，どこで誤った結果が生じたのかを知ることはできない。この問題に対してとりうる対処法のひとつとしては，それぞれの2サンプル間での平均の検定において，より厳しいレベルの有意水準，すなわち99％や99.9％を用いることである。

　しかしながら，ANOVA（分散分析）と呼ばれる分析を用いることで，平均の差を同時に比較することができる。割合や平均の差を検定するときのように，ANOVAも平均値と分散を用いる。分散は標準偏差を2乗したものであり，標準偏差は個々のデータが平均からどれほど離れているかを計算したものである。

　ANOVAは，グループ間でのばらつきが，グループ内のばらつきよりも大きいかどうかを調べる検定である。各グループ内にばらつきが存在することは当然予期されることであり，そうしたばらつきの値は他のグループの値と重なっているかもしれない。すべてのグループが同じ母集団から抽出されたサンプ

3. 知見の記述と要約

ルであるならば，グループ間でのばらつきは，それぞれのグループ内のばらつ
きともだいたい同じになるはずである。

そこで ANOVA では，グループ間のばらつきをグループ内のばらつきで割
った値である F 値を計算する。

F 値＝グループ間のばらつき／グループ内のばらつき

平均の差と割合の差を検定する場合と同じように，ANOVA でも帰無仮説
を想定する。つまり，グループ間には差がなく，どのような差もランダムなば
らつきの結果でしかないと想定する。

グループ間から経験的に得られた F 値をもとに，帰無仮説を棄却するべき
かどうかを決定する。F 値が大きければ大きいほど，グループ間の差が大きく
なる。コンピュータの統計ソフトを用いれば，F 値だけでなく，グループ間に
差がないという帰無仮説が成り立つ確率を同時に計算してくれる。その確率が
小さくなればなるほど，集団間に差が存在する可能性が高まる。

表8.1は，名義，順序，間隔，比率尺度のデータ（平均や割合）に使用する
尺度をまとめた表である。

表8.1　内容分析で一般的に用いられるデータ記述方法

尺度レベル	要約の対象	有意テスト（必要であれば）
名義尺度	頻度 割合 割合の差	— サンプリングエラー z 検定
順序尺度	頻度 割合 割合の差	— サンプリングエラー z 検定
間隔尺度	頻度 平均と標準偏差 平均の差（2集団間） 平均の差（複数集団間）	— サンプリングエラー z 検定, t 検定 F 検定（ANOVA）
比率尺度	頻度 平均と標準偏差 平均の差（2集団間） 平均の差（複数集団間）	— サンプリングエラー z 検定, t 検定 F 検定（ANOVA）

4. 関係性を発見する

　データを記述する集約尺度は重要であるし，必要に応じてその統計的有意性を示すことも重要である。しかしながら，第3章で示したように，社会科学の発展の鍵は関係性を測定するための尺度である。とくに，これらの尺度は，社会科学における既存の知識に基づいて，2つ以上のものの関係性についての仮説を生み出す際に有用であり必要である。そのような仮説はしばしば，「あるものが多ければ，他方も多い（または少ない）」という言葉で述べられる。たとえば，「あるウェブサイトが動画を掲載すればするほど，1か月間で訪れるユニークユーザー（サイトアクセス数から重複を除いた正味のアクセス人数）も増える」という仮説である。この仮説は高いレベルの尺度を想定していることに注目すべきだ。つまり動画の本数と，そのサイトを訪れるインターネットプロコトルのアドレス（IPアドレス）の平均件数によって測定されるユニークユーザー数である。

関係性の考え方

　2つの変数がどのように共変，または相関するのかを特定することは，第3章で記したように，因果関係を特定する際の重要なステップのひとつである。ここで仮定されているのは，そのような共変はなにかしらによって因果的に生成されるものであり，体系的であり，したがって再起し予測可能であるということである。一方で対抗仮説または帰無仮説は，これらの変数はまったく関係しておらず，観察された関係性は単にたまたま観察されたものであるか，これらの変数に作用する未知の要因の影響を反映したものであるということである。言い換えれば，観察された関係性が本当にたまたまであるならば，ある状況で観察されたものは，別の状況ではまったく異なるものになるかもしれないということである。

　第3章で挙げたポイントのひとつをもう一度確認すると，共変とはあるものの有無がもうひとつのものの有無と明確に関係しているという意味である。ま

た共変とは，ある一方の増減がもう一方の増減に関係しているという意味でもある。これらの考えは，複雑なものではない。実際に，たいていの人々の日常生活の中で観察される多くのものと関係する（ロマンスがきわめてわかりやすい例である。「恋に落ちたふたり」は「交際を始める」のである。もっとも，たぶん彼らには後に「岐路が訪れる」だろうが）。関係性の考え方は直感的にシンプルなものであるが，観察される関係性の相対的な強さや程度を知ろうとする際にはいくぶん複雑になる。

　第1に，強い関係性または弱い関係性とはなにを意味しているのだろうか。中程度の関係性はどのようなものか。何を基準にして，関係性の方向やその強さが存在するという確信が得られるのか。そして，ある関係性に関する仮説を，どの程度確信を持って支持することができるのだろうか。

関係性の強さ

　観察されたいくつかの関係が，他よりも明らかに強い場合がある。この関係性の強さについて，それが確信できる度合いという観点から考えてみよう。たとえば，ある関係性を予測する賭けをしなければならないとすると，的中率を最大にするにはその関係性に関するどのような知識が必要だろうか。賭けの確信度は，「今日はツイてるぞ」というような主観的なものではなく，社会科学的アプローチのようにこれまでの現実の観測から導かれるべきである。注意してほしいのは，この質問は，「的中を保証する」方法ではなく，的中率をどのように最大にするのかを問うているということである。

　例として，女性問題についての記事の書き方を，レポーターの性別で予測するというケースを挙げてみよう。ニュースバリューという伝統的な概念がレポーターの記事の書き方を方向付けているならば，レポーターの性別は記事の選択にとって重要ではないだろう。つまり，男性と女性のレポーターは女性の問題についておおむね同じように報じるということである。一方，もし女性のほうが男性よりも女性の問題を頻繁に扱うと予想するならば，性別が記事のトピックと体系的に関係するはずである。

　こうした場合，研究者はレポーターの性別と記事のトピックは関係がないという帰無仮説を想定することから始めるということを思い出してほしい。この

仮説のもとでは，レポーターの性別を知ったとしても，そのレポーターの記事のトピックを予測することはできない。性別を男性と女性という2つのカテゴリとし，記事のタイプを女性の問題を扱っているか否かという2つのカテゴリに設定すると，研究者は全レポーターによって書かれた女性の問題の記事の割合に従うだけで賭けに勝つことになる。もしある期間の間で，男性レポーターが10本，女性レポーターが10本書き，合計20本の記事が書かれたとする。さらに，その記事のうち40％が女性の問題に関する記事であったとすると，典型的な記事は，女性の問題以外のトピックということになるだろう。性別と記事のトピックの間に関係性がないとすると，この賭けにおける最良の判断は，性別を考慮せずに，どの記事も女性の問題以外の記事であると賭けることである。したがって，これら20本の記事の場合，すべての記事が女性の問題に関係ないトピックであると賭けると，12本で的中し，8本で外れる。つまり，的中率60％ということである。

　では，ありうるもっとも強い関係性を想定してみよう。つまり，すべての女性レポーターは女性に関する争点についてだけ記事を書き，男性レポーターはまったく書かないということである。その場合，レポーターの性別を知ることで，研究者はそのレポーターの記事のトピックを完璧に予想することができる。女性のレポーターによって書かれた記事はすべて女性に関連するトピックを扱っていて，男性が書いたものはそれ以外のトピックを扱っていると単純に予想することで，賭けに100％勝つことができるだろう。

　もちろん，そのような完璧な関係性はほとんど存在しない。そこで，過去の観察から女性レポーターが女性に関する話題を70％くらいの確率で書いており，そして男性レポーターが90％の確率でそれ以外のトピックについて書いていることを知っている場合を考えてみよう。さらに先の例のように，女性の争点を扱う記事が全体の40％であるとしよう。この場合，レポーターの性別を知っていても記事のトピックを完璧には予測できない。しかし，予想するにあたっては，性別を知らないよりは知っているほうがよいだろう。レポーターの性別と記事のトピックに関係がないときは，他のトピックに関する男性と女性の両方が書いた記事の母集団の傾向に基づけば，60％の確率で予測が当たる。しかし，性別と記事のトピックが関係していることを知っていて，すべての女性が女性

4. 関係性を発見する　　　221

の争点について書いていると予想するならば，80％の確率で賭けに勝ち，20％
の確率で負けるだろう（女性レポーターが書いた記事10本のうち7本，男性レ
ポーターが書いた記事10本のうち9本が的中する）。

　以上の例では，レポーターの性別と記事のトピックの間に一定の強さの関係
性がある。そこで必要となるのは，観察された関係性の強さを適切に要約する
数値や統計量である。

　実際に，関係性に関するいくつかの測定方法はまさにこうした機能を果たし
ており，探求される関係性における変数の尺度のレベルに基づいて採用されて
いる。

関係性を発見するための技術

　この項で扱う関係性の測定方法は，ここまでに長々と書いてきた仮説の事例
にどこか似ている。母集団またはサンプルからのデータに基づいて，関係性の
数学的なパターンが算出される。これから述べる関係性の測定方法では，完全
に関係がある場合に1，まったく関係がない場合に0となる。したがって，値
が1に近くなるほど，より強い関係があることを示している。

　関係性の強さを測る統計量を算出するために使われるデータがもし確率的サ
ンプリングから得られたものであるならば，さらなる問題が生じる。それはサ
ンプルの平均や割合から母集団の平均や割合を割り出す際の問題に似ている。
この場合，関係性の統計量は単にランダムに生じたものでしかないということ
がありうる。つまり，サンプルはたまたま母集団と異なったものとなったとい
うことである。統計的推論の手続きのおかげで，サンプルにおける関係性が母
集団における真の関係性を反映しているかどうかを研究者は判断することがで
きる。

カイ二乗とクラメールのV

　カイ二乗値は名義尺度における2変数間の関係性の統計的有意性を示すもの
である。また，クラメールのVはその関係性の強さを指標化する測定法のひ
とつである。母集団の全データが統計に用いられているならば，クラメールの
Vだけで事足りる。しかしある母集団からランダムサンプリングされたデータ
を用いる際には，両方の測定法が必要とされる。

言い換えれば，カイ二乗値を用いた検定は母集団にその関係性がどの程度の確率で存在するかという重要な問いに答える。一方，クラメールの V は母集団の中でその関係性が持つ強さについての問いに答える。

統計的有意性のカイ二乗検定はある仮定に基づいている。すなわち，ランダムサンプリングされたデータが各変数のカテゴリに分類される割合は，サンプリングエラーの範囲内で，母集団での割合を表しているという仮定である。たとえば，ランダムサンプリングにより得られた400本のテレビドラマを，「身体的な暴力を含む番組」と「含まない番組」という，暴力に関する2つの値にカテゴライズするとしよう。また同じサンプルを，「性的な表現を含む番組」と「含まない番組」という，性的な表現に関する2つの値でカテゴライズするとしよう。ここでは4つの組み合わせが生じ，2×2のクロス表で図示することができる（暴力的表現があり性的表現もある，暴力的表現はあるが性的表現がない，暴力的表現はないが性的表現がある，暴力的表現も性的表現もない）。

この2つの変数を結びつける仮説は，暴力的な表現と性的な表現は同時に現れる可能性が高いというものである。もし，サンプルのデータがこの仮説に一致したとしても，それが偶然の産物であるかもしれないという懸念が残る。カイ二乗検定は，そうした懸念をどのように解消してくれるのだろうか。

カイ二乗検定は，その母集団の中の2変数間にはまったく関係がなく，一定の関係性を示すサンプルはすべてサンプリングの偏りによる産物であるという前提を置くことから始める。それでは，先ほどの例で示された暴力と性表現という変数の間には本当に関係がないのだろうか。

レポーターの性別と記事トピックを用いた仮説の例のように，カイ二乗検定では検定される2変数間の値の割合をもとに帰無仮説を構築する。たとえば，70%の番組には暴力的な表現がなく，30%の番組にはあると仮定しよう。さらに，半分の番組がなんらかの性的な表現を含んでいるとしよう。もし，暴力的な表現と性的な表現の間に何の関係もないのであれば，性的な表現は暴力的な表現がある番組とない番組の両方に約半分ずつ含まれているはずである。しかしながら，暴力的な表現を含む番組にどれほどの性的な表現があるのかを予測することができる。

暴力的な表現の有無と性的な表現の有無で構成された先ほどのクロス表での

4. 関係性を発見する　　　**223**

　それぞれのセルに対して，カイ二乗検定では帰無仮説に基づいて理論的に期待
される割合（期待値）を計算する。実際の観察から得られたデータはセルごと
に期待値と比較される。具体的には，観察された値と期待値の間の差をカイ二
乗値を計算するために用いる。したがって，観察された値と期待値の差が大き
いときにカイ二乗値は大きくなり，観察された値が期待値に近ければ（つまり
帰無仮説が示すパターンに近ければ），カイ二乗値は小さくなる。事実，帰無
仮説通りに変数間に関係がなければ，カイ二乗値は0になる。

　カイ二乗検定では，このカイ二乗値の大きさから，帰無仮説をどの程度の確
率で棄却することができるのかを判断する。一般的には95％か99％の確率で帰
無仮説を棄却することができるだけのカイ二乗値が求められる。カイ二乗値を
計算する際の作業は手計算でできるほどシンプルである（もしセルの数が多く
なれば面倒な作業にはなるが）。また，統計分析ができるソフトでもカイ二乗
検定ができる。カイ二乗値の計算式は次のようになっている。

$$カイ二乗値 = \sum \frac{(f_o - f_e)^2}{f_e}$$

f_o ＝あるセルに観察された頻度（observed frequencies）
f_e ＝帰無仮説に基づいたあるセルの期待される頻度（expected frequencies）

　サンプルから得られた関係性がその母集団の中で統計的に有意であるという
ことを知ることは重要である。一方クラメールの V は，0から1の間の値に
よって，関係性の強さがどの程度なのかを示している。カイ二乗値をもとにし，
クラメールの V はサンプル内のケースの数と，変数内のカテゴリの数を考慮
に入れる。カイ二乗値だけでなくクラメールの V を見ることで，ある母集団
内の二変数の間にある有意ではあるが弱い関係性と，有意でありかつ重要な関
係性を区別することができる。二変数間の関係性を判断するのに，統計的有意
性だけでは十分ではない。なぜなら，十分なサイズのサンプルは，どんなに弱
い関係性をも有意なものとして「拾い上げて」しまうからである。そこでクラ
メールの V が母集団内にある関係性の強さを評価する。母集団内で統計的に
有意な弱い関係性が存在する場合，クラメールの V は小さくなる。一方，強

い関係性の場合は値が大きくなる。つまり，1という値はもっとも強い関係性を示す。しかし，クラメールのVは小さい値になりやすい。なぜなら，Vが1に近くなるのは，極端な分布の場合に限られるためである。

　クラメールのVは統計ソフトで計算することもできるが，カイ二乗値がすでに計算されていれば手計算で簡単に求めることもできる。

$$V = \sqrt{\frac{X^2}{n((min)(r-1)(c-1))}}$$

X^2 = クロス表へのカイ二乗検定から得られた値
n 　= サンプルサイズ
min = 行数または列数のうち小さいほうの数
$(r-1)$ 　= 行数から1を引いた数
$(c-1)$ 　= 列数から1を引いた数

より高い尺度レベルの相関

　相関分析もまた名義尺度より高い尺度レベルに対して使用することができる。スピアマンの順位相関係数（ρ）は順序尺度に使用することができ，その名が示すように，2変数間の順位がどの程度似ているのかを決定するために使われる。その計算式は次の通りである。

$$r_s = 1 - \frac{6\sum D^2}{n(n^2-1)}$$

D = それぞれの順位の違い
n = サンプルサイズ

　たとえば，比較研究において，2つのニュースサイトが強調している多くのトピックに順位をつけるとしよう。順位はそれぞれの新聞がトピックを強調した程度に応じてつけられる。ここで順位相関分析によって2つの新聞の順位を比較することができる。他の研究では，新聞とテレビのレポーターによって使用された情報源の順位に注目した（Fico, Atwater, & Wicks, 1985）。スピアマン

の順位相関分析は，それぞれのレポーターが特定の種類の情報源に対して行っ
ている相対的な価値づけがどの程度似ているのかを要約することもできる。

　ピアソンの積率相関係数は，間隔尺度と比率尺度のデータに対して使用され
る。新聞で強調されるトピックを順位づけした例とは異なり，この相関分析で
は測定された変数の値をそのまま使用する。間隔尺度と比率尺度は多くの情報
を含んでいるために，ピアソンの積率相関係数は関係性をより敏感に要約する。
この理由から，同じデータを使用する場合，ピアソンの積率相関係数は，スピ
アマンの順位相関係数よりも強力であり，関係性をより正確に示してくれると
考えられている。ピアソンの積率相関係数は次の計算式で求めることができる。

$$ r = \frac{\sum (X - \overline{X}) (Y - \overline{Y})}{\sqrt{\sum (X - \overline{X})^2} \sqrt{\sum (Y - \overline{Y})^2}} $$

X ＝それぞれのケースの変数 X の値
$\overline{X}$ ＝変数 X の平均値
Y ＝それぞれのケースの変数 Y の値
$\overline{Y}$ ＝変数 Y の平均値

　しかしながら，ピアソンの相関分析は重要な前提を置いている。それは，共
変が直線的であるという前提である。これが意味することは，ある変数が増減
すると，他の変数の値も一定の変化を見せるということである。しかし，曲線
関係が存在する場合，ある変数は他の変数のある範囲内では増加するが，その
範囲を超えると減少する。このように，ある関係性が存在するとしても，それ
が直線的なものではなく，ピアソンの相関係数では表すことができないという
ことがありうる。このような曲線関係を簡単にイメージする例として，内容分
析におけるコーディングの練習にかける時間と信頼性の関係について考えてみ
よう。コーダーが内容分析のコーディングを練習すればするほど，その信頼性
は増加するはずである。その関係性は一定で直線的であるように思われる。し
かし，時間が経てば疲労し，信頼性が低下してしまう。

　変数間に直線的な関係がないことが予見できる場合，図8.1のような散布図
を確認しておくことがよく推奨される。このような散布図では，それぞれのケ

ースが2つの変数の値と関係しており，その値からグラフにプロットされる。その2つの変数の間により強く直線的な関係があれば，プロットされる点はまとまり一定した増減を示すだろう。

　スピアマンとピアソンの相関係数はいずれも，2つの変数間での関係の強さを表してくれる。その値は，両方とも−1（負の相関）から＋1（正の相関）までの範囲の値をとる。たとえば完璧な負の相関の場合，ある変数の値が大きくなれば，もうひとつの変数の値は例外なく小さくなるだろう。2つの変数は間隔尺度のような高いレベルの尺度で測定されているので，クラメールの V の場合よりも，これらの変数の小さな変化により敏感に反応する。したがって，スピアマンの順位相関とピアソンの積率相関は，名義尺度のデータに対して使用できる他の相関分析よりも強力な検定である。もし，ある関係性が母集団に実際に存在するならば，スピアマンとピアソンの相関分析によって，クラメールの V では見つけられないかもしれないような関係性も見つけることができるだろう。

　実際の世界の中で完璧な関係性というのは稀なことである。データにはばらつきがあり相関は小さくなることが多い。統計の教科書では，相関係数が.7以上のときに強い相関，.4から.7で中程度の相関，.2から.4で弱い相関と書かれていることが多い。

　しかし，r とは2つの変数の直線的な関係の強さを示す尺度であったことを思い出してほしい。それ自体は，ある変数の値からもうひとつの変数を予想するための道具ではない。むしろ，それは予想するための準備段階である。r が非常に大きければ，ある変数がもうひとつの変数に与える影響をより正確に探索することに価値がある。逆に r が小さいときは，その関係を調査することにはあまり価値がない。

　ちなみに，この r から r 二乗値を計算すれば，ある変数のバリエーションが別の変数にどの程度規定されるかがわかる。つまり，ある変数が持つもうひとつの変数への影響がどの程度重要なのかをより詳細に評価する際に役立つということである。たとえば，r が.7で，r の二乗が.49のとき，ある変数の分散の49%がもうひとつの変数に規定されていることを意味する。

図8.1 相関の散布図

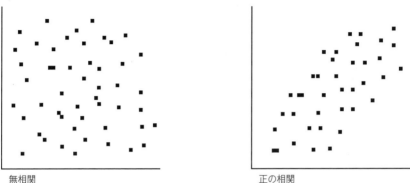

無相関　　　　　　　　　　　　正の相関

負の相関　　　　　　　　　　　　曲線的な相関

相関と有意性の検定

　カイ二乗値とクラメールの V のところで議論したように，ランダムサンプリングによるデータで確認された相関関係を母集団に一般化するためには，統計的な有意性の検定が必要になる。この場合，母集団には相関関係はないというのが帰無仮説となる。カイ二乗値とクラメールの V のように，相関係数もよく知られた数学的な性質を持っている。したがって，ランダムサンプルにおいて生じる相関に関する疑問は，その相関が偶然生じることはありえないほど十分に強いのかどうかという点である。

　その疑問への答えは，統計的有意性に対する t 検定によって得られる。p 値

が小さくなればなるほど，得られた相関が，ランダムサンプリングによって偶然得られたものではなく，母集団の中の真の相関を反映しているものである可能性が大きくなる。つまり，p値とは，そのデータ内での関係性が偶然得られたものである確率を示す数値である。

また，ピアソンの相関係数に信頼区間を設けることも可能である。信頼区間を設けることによって，95％かそれ以上の確率で，母集団における真の相関が，係数±信頼区間という範囲のどこかにあることが判断できる。

因果モデル

上で述べた尺度を通して，関係性を発見することは重要である。しかしながら，現実の世界は2つのものが独立して一緒に変化するような単純なものではなく，より複雑なものである。たとえば，レポーターの性別とニュース記事のトピックの間の関係性を発見することは興味深く重要であるかもしれない。しかし，性別だけでは記事のトピックについてすべてを説明することはできないだろう。実際には，レポーターの性別は女性に関するトピックの有無に影響を与えるすべての要素の中でそれほど重要なものではないかもしれない。

さらに，これらの要素は変数に対して直接的に影響を与えてはいないかもしれない。たとえば，要素Aが要素Bに影響を与え，要素Bが要素Yに影響を与えているかもしれず，このBからYへの影響が本当に知りたい対象である場合もある。またさらにやっかいなことに，要素Yに対して重要であると考えていた要素Dはまったく影響を与えていないかもしれない。本当は要素Aと要素Bが要素Dに影響を与え，その要素Dが要素Yに影響を与えたように見えただけかもしれない（このような状況を，疑似相関と呼ぶ）。モデルは，これらのすべての要素がどのようにお互いに影響しあい，とくに対象とする変数に対してどう影響しているのかを理解するために役立つことが求められる。要素同士の関係を補正すると，それぞれの要素は対象の変数にどの程度影響しているのだろうか。

注目する変数の変化に直接的，または間接的に影響している要素全体を，因果モデルにおいて集積し，検定することができる。そのモデルに何を含め，何を除外するかということは，理論，先行研究，論理に基づいて判断することが

4. 関係性を発見する

できる。これは，どの変数が他のどの変数に影響を与えているのか，その影響が正なのか負なのか，その影響の相対的な強さはどの程度なのかを予測するときと同様である。

　そのようなモデルにおいて興味深く重要である点は，比較的理解しやすい概念的によく整理された要素のパッケージに，より大きく複雑な現実の一部を結びつけることで理解できることである。さらに，そのモデルにおいて想定された影響が，関連する問題に取り組んでいる研究者のコミュニティ全体に指針を与える。そのようなモデルをパス解析や構造方程式モデルなどのさまざまな方法で検証することができる。いずれにせよ，まずモデルを構想し，次にそのモデルがデータに適合するかを見る。事実，複数の原因による影響のモデルについて考える際にもっとも簡単な方法は，図として描いてみることである。モデルは，図8.2に示すように，簡単に描くことができる。このモデルは，経済的要因と編集室という要因をもとに，公正でバランスのとれた報道がなされるかを予測するためのモデルである（Lacy, Fico, & Simon, 1989）。

　まず，それぞれの変数に名前を付ける。他の変数よりも因果的に先行する変数は左側に，最終的な従属変数は右端に配置する。矢印は，ある変数から次の変数への因果関係を示している。

　プラスとマイナスの記号は，正または負の相関を示している。矢印とこれらの記号は，研究において明示されている仮説を表現している。記号を伴わない矢印は，予想すべき関係性に関して知識がないことを示している。このモデルでは，6つの矢印がそれぞれ記号を伴っており，研究の仮説を表している。

　このモデルは一方向の因果関係を示している。しかしながら，変数同士がそれぞれに影響を及ぼすようなモデルも考えられる。変数同士の相互影響は2つのやり方で生じることがある。まず，2つの変数間の影響が同時に，あるいは測定不能なほど短い時間差で生じる場合である。次に，2つの変数間での影響が測定可能な時間差で循環的に生じる場合である。後者の場合，モデルでは，循環的な関係性に時間を組み込んで描くことができる。ここで注目すべき点は，そのようなモデルはその後の研究に指針を与え，モデルそのものも変化するという点である。このような変化は，理論的にも経験的にも生じる。まず，既存のモデルでは除外されている変数を組み込む形でモデルが発展する。たとえば，

図8.2 経済と編集室，内容の間の関係を示す仮説のモデル

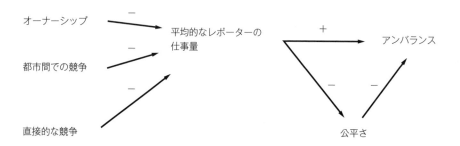

すべての変数に因果的に先行する新しい変数が加えられるかもしれない。さらに，新しい変数が，既存のモデルに含まれる変数の間を媒介する形で組み込まれるかもしれない。

次に，モデルは経験的な検証を経て変化する。具体的には，2つの変数をつなぐ矢印がデータによって検証され，その関係の妥当性が判定される。さらにそのモデル全体が検証され，モデル内の各部分の妥当性と，そのモデルが社会を描くために役立つのかどうかが判断される。因果モデルの検証に興味がある人は，Tabachnick and Fidell（2013）などの統計の教科書を参照するべきだろう。

重回帰分析

最小二乗法による回帰分析のような方法は，原因となる変数が結果となる従属変数のバリエーションをどの程度説明できているのかを評価するために必要である。重回帰分析は，複数の独立変数と従属変数の間の直線的な関係性を評価することができる。相関分析は，2つの変数が強く（または，弱く）関係していることを示すに過ぎない。重回帰分析は，独立変数の値の増加に対して従属変数がどのように変化するかを示すことができる。

4. 関係性を発見する **231**

　重回帰分析は，従属変数が間隔尺度か比率尺度である必要があるが，独立変数は2値のもの（ダミー変数と言われる）であってもよい（名義尺度で測定された従属変数への独立変数の効果を評価する場合には，ロジスティック回帰分析という分析を使用する。この分析に関して詳細を知りたいのなら統計の教科書を参照してほしい）。すべての独立変数がダミー変数の場合，重回帰分析はANOVAに相当する。

　またこの方法は，これらの変数が平均値を頂点としてなだらかに散らばっていること（正規分布）を想定する。変数の偏りの度合い（歪度）や正規分布からの逸脱を調べることによって，重回帰分析に適したデータセットであるかどうかを評価することができる。サンプルが小さい場合，偏りも大きくなるので，この方法は分析に用いるケースの数に敏感になる。Tabachnick and Fidell (1996, p. 132) によると，重相関（独立変数全体が従属変数に与える影響）を検定するには，最低でも独立変数の個数を8倍にした数に50を足しただけのケース数が必要である。また個々の独立変数が従属変数に与える影響を検定するためには，サンプルは少なくとも104に独立変数の個数を足しただけの数が必要である。たとえば，6つの独立変数からなる式があるとき，重相関を検定しようとすると98ケース（50＋48）のサンプルが必要になり，個々の独立変数と従属変数の間の関係性を検定しようとする場合，110ケース（104＋6）が必要になる。

　重回帰分析は独立変数と従属変数が共変する仕方の特徴を評価するが，その際にはモデル内にある他の独立変数の変化は統制される。つまりこのように考えてほしい。異なる尺度レベルの独立変数が含まれていても，重回帰分析はそれぞれの独立変数と従属変数の関係を評価できる。

　回帰分析は，データセットに基づいて従属変数をもっともよく予測できる方程式を作る。その方程式は下記のような形をとる。

$$y = a + b_1 X_1 + b_2 X_2 + \cdots b_n X_n + e.$$

　この方程式では，y は従属変数の値であり，独立変数である X の値（X_1, X_2, $\cdots X_n$）が決まることで求められる。小文字の a は，切片（定数項）を示し，X の値がすべてゼロのときの y の値である。e は誤差項であり，すべての独立

変数 X では説明されない y のバリエーションを表している。誤差項は見落とされることがあるが，すべての統計分析には誤差が伴うことを忘れてはいけない。

それぞれの独立変数は回帰係数を持つ。回帰係数とは，先ほどの方程式の b_1，b_2，…b_n の値である。この係数は，y を求めるために X に掛けられる。この係数は，独立変数が一定の変化をした際，従属変数がどれだけ変化するかを示している。しかしながら，回帰係数はその独立変数が測定された際の単位で表現される（たとえば，秒で測った場合と分で測った場合で係数は変わる）。そのため，係数同士は比較することが難しい。そこで，独立変数の影響度を比較するために，回帰係数は標準化される。係数の標準化は，試験の点数を標準化し，分布曲線に配置するのと似ている。標準化では，平均値からそれぞれの値を引き，標準偏差で割ることによって，係数を正規曲線上に配置する。標準化係数，すなわち β は，それぞれの独立変数が従属変数に与える影響の相対的な大きさをモデル内で比較する際にもっとも役に立つ。

重回帰分析は，それぞれの独立変数に対して β を算出する。β はそれぞれの変数の標準偏差に従って変化する。その解釈は，独立変数の標準偏差 1 つ分の変化にたいして従属変数は標準偏差の β 分だけ変化する。たとえば，β が .42 なら，独立変数の標準偏差 1 つ分の増加に対して，従属変数は標準偏差で .42 分だけ増えるだろう。もし，2 つ目の独立変数の β が .22 であれば，従属変数の変化が小さくなるため，影響も小さくなることが簡単に見てわかる。

重回帰分析で使用されるもうひとつの統計値が，r 二乗である。r 二乗はモデル内の独立変数によって説明される従属変数のバリエーションの割合である。言い換えれば，r 二乗が大きければ，その独立変数が社会プロセスを描く際に実質的に重要であることが意味される。r 二乗が小さければ，そのモデルから外れている独立変数が重要であり，さらに調査が必要であることが示唆される。また調整済み r 二乗とは，独立変数の個数を考慮して修正された r 二乗である。重回帰分析において独立変数が多い場合，調整済み r 二乗を用いるほうが適切である。

最後に，確率的サンプルからのデータを使用する場合，回帰分析で得られた係数が母集団の中の実際の関係性を反映しているのかどうかを判定するために

表8.2　内容分析における関係性を分析するための一般的な方法

尺度レベル	要約方法	有意性検定（必要であれば）
名義尺度	クラメールの V ファイ係数	カイ二乗検定
順序尺度	スピアマンの順位相関係数	Z検定
間隔尺度	ピアソンの積率相関係数 回帰係数	F検定 F検定
比率尺度	ピアソンの積率相関係数 回帰係数	F検定 F検定

は，統計的有意性の検定が必要となる。したがって回帰分析でも，それぞれの係数についての評価や，分析に用いられた変数全体についての評価をするために，有意性の検定を行うのである。

　表8.2は，名義尺度，間隔尺度，比率尺度のデータで使用される関係性の測定方法をまとめたものである。

5. 統計的前提

　ここまで，これらの手順を直感的に把握しやすいように紹介してきた。しかしながら，その分，過度に単純化して理解してしまうリスクもある。とくに，統計の手順は分析対象のデータについてある前提を置いている。想定された前提から大きく異なるならば（たとえば，回帰分析でいくつかの極端な値，外れ値を含む場合），その分析は妥当性を失う。研究者は，つねにデータがこの前提に適合しているかを検証すべきである。たとえば Weber (1990) は，内容分析をする研究者は頻度，時間，スペースを割合に変換して，ドキュメントの長さを統制しようとする際に，この点にとくに注意すべきだと指摘している。割合は，限定された範囲を持っており，分布は線形的ではなく，その割合の平均や分散は独立していない。しかも内容分析のデータは正規分布していないことが多い。線形性，平均と分散の独立，そして正規分布は，統計の手続きに共通する前提である。コンテンツを測定して割合へ変換し，より高度な統計分析を

行うときは，この前提にあっているのかどうかを確認すべきである。

　諸々の統計的手続きには，こうした前提への違反にどの程度敏感であるかという点で違いがある。手続きによっては，少しの違反ぐらいでその結果の妥当性が失われることはないだろう。しかし，データが統計的前提に一致していれば，結論はより信頼できるものになる。データの前提を評価することに興味がある読者は，統計の教科書を参照すべきである（Blalock, 1972; Tabachnick & Fidell, 2013）。

6. ま と め

　データ分析は探索と解釈であり，観察されたものの意味を発見する過程である。統計的手法を通して立ち現れた数値はなんであれ，そこから意味をもたらすことを目的とする。標準的なルールに則って行われるときにのみ，統計分析はデータのパターンを理解するのに役立つ。この章では，よく使用される統計的手法を簡単に紹介した。ある研究に対してどの統計的手法が適切かは，仮説やリサーチクエスチョン，変数の尺度，サンプルの性質によっている。どのような良い道具であっても，統計的手法はその研究に適切なものでなければならない。ひとつの手法ですべて間に合うということはないのである。

　正しく用いれば，統計的手法は理解を広げるための価値ある方法である。しかし，この手法は考えもしなかったパズルや疑問を生み出すこともある。だからこそ，論文に「さらなる研究が求められる」といった表現が含まれることはよくあることである。たいていの研究者にとって，この表現はその研究の限界を認めるよりもむしろ，この探求に多くの研究者を引き込むためのものである。

第9章■

コンピュータ

　内容分析は19世紀末以来劇的に変化してきた。当時，初期の新聞で編集者をしていた John Gilmer Speed（1893）がニューヨークの日刊紙におけるセンセーショナリズムに関するレポートを発表した。そこには Joseph Pulitzer の *World* 紙が含まれていた。Gilmer は，19世紀のガス灯や初期の白熱灯が発するほのかな光の下で，競合する4つの日刊紙に関する内容分析を行った。それぞれの新聞について，日付の12年離れた2つの日曜版を対象とし，13のトピックを取り上げたコラムを手計算したのである。この内容分析では，それぞれのトピックの割合を手で計算し，Pulitzer の新聞では12年間でゴシップ記事が6000％も増加したことを示すというシンプルな結果が得られた（Sumpter, 2001）。

　21世紀において，コンピュータを用いない内容分析を想像することはほとんど不可能である。内容分析は，パンチカードを使ってデータを大型のコンピュータへ移していた時代から，デスクトップパソコンやノートパソコン，クラウド，特定のハードウェアを必要としない仮想コンピュータ，タブレットやパッドといったさまざまな機器を研究タスクに応じて利用する環境へと変化してきた。研究者はコンテンツを特定し，アクセスし，集積するために，そして，コンテンツをコーディングするためにますますコンピュータを使用するようになっている。それは，データベースの構築や検索ロジックがより使用しやすくなり，ソフトウェアの開発が進んできたためである。コーダーの数または変数の尺度レベルにかかわらず，ソフトウェアのパッケージを利用することで，第8

章で議論してきたものも含めて多くの統計値を計算することができる。さらに，第6章で議論したコーディングの信頼性を計算することも可能である。

コンピュータの発展によりさまざまな方法で数値を扱えるようになったことは驚くべきことではあるが，そのことは研究の質とはほぼ関係がない。研究の質は，計算以前の問題として，コンテンツデータの妥当性にかかっている。党大会のような政治的なイベントの期間に収集した57万321件のツイートの中で2万7426件に「経済」という単語が使用されていることがわかったとしても，それはその単語の使用された文脈やその影響についてなにも語っていない。

革新的な研究者は内容分析においてコンピュータを使用する新しい方法を発見し続けているが，コンピュータの用途は主にコンテンツの特定とアクセス，集積と管理，コーディングに限られている。コンピュータの発展には目を見張るものがあるが，コンピュータの使用方法それぞれには特筆すべき利点と限界がある。

1. コンピュータを用いたコンテンツの発見，アクセス，集積

コンピュータを用いることにより，図書館やオンラインサービス，インターネットを通してデータベースやアーカイブを利用することができ，研究に利用可能なコンテンツのベースを広げることができる。*New York Times* や *Washington Post* のような大手の新聞は何年分もの記事をアーカイブとして収蔵しており，研究者は特定のトピックに関する記事にアクセスでき，その時系列的な変化を調べることができる。しかし，キーワード検索などの機能を備えた記事のデジタル化は進みつつあるが，多くの新聞社はそれらを十分なアーカイブとして整えてはいない。さらに，テーマやトピックなどの分類はアーカイブ作成者の判断であり，それらが異なることもあるため，個々の分類にしたがって新聞を直接的に比較することには問題があるだろう。

テレビニュースを内容分析する研究者は，伝統的に Vanderbilt Television News Archives（訳注：ヴァンダービルト大学に所蔵されているニュース番組のアーカイブ。1968年以降の ABC，CBS，NBC の3大ネットワーク，1995年

以降の CNN，2004年以降の FOX が所蔵されている）を利用する。このアーカイブでは，コンピュータを用いてトピック，キーワード，年，ネットワーク，番組で検索することができる。さらに有料でニュース番組のビデオ録画とストリーミング動画を視聴することができる。また1968年以降の ABC，CBS，NBC の夜のニュース番組については，オンラインで索引化された概要を無料で利用することができる。FOX や CNN，PBS もアーカイブに含まれているが，1968年まではさかのぼれない。そのコレクションには，党大会，大統領の記者会見，政治キャンペーン報道，上院公聴会の報道，主要な国内外でのイベントの録画データが8000時間以上含まれている。

　日付やネットワーク系列によって検索可能であるニュース放送の概要は，それぞれのパートの開始時間と終了時間，日時や場所の情報，現場からの中継やビデオ映像があるか否か，そしてその報道のトピックやテーマに関する基礎的な情報が記されている。その概要は，ある出来事やトピックの報道を探し出すのに非常に役に立つが，研究者によってはその概要ですませて，テレビニュースの映像を見ないものもいる（Iyengar & Simon, 1993; Kuklinski & Sigelman, 1992; Ragsdale & Cook, 1987）。Althaus, Edy, and Phalen（2002）は，文字起こしやビデオ映像の代用品としてその概要を使用することについて研究を行った。そして彼らは，ニュースの情報源とトピックを探し出すのであれば概要で十分かもしれないが，政策に関する発言のトーンを評価するには不十分であり，ニュースの中での情報源の発言を誤って解釈するだろうと指摘した。

　たいてい有料ではあるが，さまざまなメディアコンテンツのデータベースが利用可能である。一般的なものとして，次の4つを挙げておく（Hansen, 2003）。新聞，政府文書，ビジネス文書を収録した Dialog（http://www.dialog.com），9000ものソースから数百万の記事を掲載している Factiva（http://www.factiva.com/products），160ものネットワーク系列局とケーブルテレビ局の番組の文字起こしを提供する BurrellesLuce（http://www.burrellesluce.com），80以上の新聞にアクセスできる NewsLibrary（http://www.newslibrary.com または http://nl.newsbank.com）である。主要な大学は一般的かつ専門的なコレクションを所蔵しているが，ほとんどの場合，それらを使用するにはデータベースに登録するか大学に所属していることが条件である。

しかし，インターネットで検索すれば，世界中の新聞にアクセスすることができるだろう。たとえばデンマークのフリージャーナリストである Hans Henrik Lichtenberg は，彼が運営する Newspaperindex.com は「世界のすべての国のオンラインニュース（オンライン新聞）」にアクセスできるといっている。ただし，本当にすべての新聞にアクセスできるわけではない。Lichtenberg のコレクションは，「ゴシップや噂，ローカルネタ，スポーツニュースを扱う新聞」を除外しているし，編集スタッフが——組織あるいは政府のポリシーで——IFJ（the International Federation of Journalists: 国際ジャーナリズム連盟）によるジャーナリストの行動原理に関する宣言を支持しないようにさせられている新聞も除外している（http://www.newspaperindex.com/en/page/How-I-index-online-newspapers.html）。このようなフリーランスのコレクション（または，政府によるコレクション［http://www.loc.gov/rr/news/onlinenewsindexes.html］や，商業的なコレクション［たとえば http://www.onlinenewspapers.com/]）が豊富に存在しており，研究の役に立つだろう。しかし，研究者はそれらのコレクションの収録基準などを確かめなければならない。

　もっとも頻繁に利用されるデータベースのひとつである Lexis-Nexis（http://www.Lexis.com）は，数百の出版物とテレビ番組のコンテンツを収録している。NewsBank 株式会社によって提供されている America's News（http://www.newsbanklibraries.com/libraries/product.cfm?product=25）は，日刊紙，週刊紙，州の通信社（たとえば AP Alaska）あるいは全国的な通信社（たとえば AP, CNN Wire）のニュースをテキスト検索できるサービスを提供し，いくつかのニュース番組，ブログ，メディアのウェブサイト，主要な雑誌も収録している。キーワード検索の結果は，時間や年月日，検索箇所（たとえば見出し，第1パラグラフ，全文）を指定することでより詳細に絞り込むことができる。研究者はこれらのサービスを利用してキーワードやキーフレーズを含むコンテンツにアクセスすることができる。

　たとえば，Armstrong and Boyle（2011）は，人工中絶の権利を認めた1973年の最高裁判決の前後において，判決に対する抗議行動に関する報道での女性の描写と役割に関する仮説を検証した。2人は，ProQuest のデータベースを利用して（1960〜1973年は Pro-Quest Historical のみを用いたが，1974〜2006

年はさらに Pro-Quest National Newspaper を加えた），「中絶 (abortion)」と
「抗議 (protest)」の用語で検索し，*New York Times* と *Washington Post* から
155本の記事を収集して，コーダーを用いた分析を行った。

Lowry (2008) は，Lexis-Nexis を使用して，ダウジョーンズ平均株価指数
が 2 ％以上変動した日のネットワーク系列局（ABC, CBS, と NBC）のニュ
ースを収集した。この 2 ％の変動という出来事は，市場トレーダーやビジネス
紙によって重要な経済ニュースとして考えられている。収集されたニュースは，
コンピュータによる辞書プログラムを使用して分析された（後述）。

網羅的でキーワード検索が可能なデータベースでは，すばやく効率的に研究
に関連するコンテンツの母集団を特定できる。前述した抗議行動に関する記事
の例でいえば，母集団とは「中絶」と「抗議」を含むすべての記事である。検
索機能がなければ，Armstrong and Boyle (2011) は，関連するコンテンツを
特定するために半世紀分近くの紙面を調べなければならなかっただろう。もし
検索語によって電子的に収集されたコンテンツの母集団が大きいならば，ラン
ダムサンプリングを適用するべきだろう。

しかしこうした利点もあるとはいえ，内容分析をする研究者は資料を見つけ
るためにコンピュータを使用することに慎重になるべきである。データベース
に頼れば，電子的に収録されていないコンテンツを度外視することになる。
Weaver and Bimber (2008) は Lexis-Nexis の検索を用いるとあるテーマに関
する記事が少なくなることを発見した。なぜなら「通常，通信社によるコンテ
ンツはアーカイブに収録される前に消されてしまう」(p. 515) からである。

データベースの性質によって，研究者の利用方法が決まる。データベースに
よっては記述子 (descriptors) を使用して検索する。記述子とは，割り当てら
れた（または「タグ付け」された）キーワードのことで，記事は「女性」「国
際取引」のような記述子でタグ付けされている。もしくは，記事全文からテキ
スト内にあるキーワードを検索するようなデータベースもある。キーワードを
選択しなければならないため，このような方法には問題がある。Armstrong
and Boyle (2011) は「中絶」と「抗議」というキーワードを含む155本の記事
を見つけた。だがもし「妊娠中絶合法化に反対する (pro-life)」や「妊娠中絶
合法化を支持する (pro-choice)」「デモ (demonstration)」という語を加えて検

索していたら，どれほど多くの記事を見つけられたのだろうか。また，それら
の記事には同じような情報源が登場するのだろうか。

　慎重に使用することで，記述子やキーワードを使った検索は価値あるツール
になる。しかしながら，研究者はこのプロセスだけで研究に関連するすべての
コンテンツを特定できると想定すべきではない。Neuzil（1994）は，全文検索，
記述子による検索，印刷された目次からの検索を使用して，3つの日刊紙のデ
ータベース9か月分を調べた。すると，キーワードによる全文検索がもっとも
良い結果を得た。ほか2つの方法は，そのトピックに関連する記事すべてを特
定することはできなかった。また，Weaver and Bimber（2008）は，Google
News と Lexis-Nexis を使って *New York Times* のナノテクノロジーに関する
ニュースを検索し，その結果を比較した。そして，Google News はブログ記
事を含んでいるため，結果の一致率は71%程度にしかならないことを明らか
にした。なお，ブログ記事を除外することによって，一致率は83%に上昇し
た。

　データベース化されたコンテンツに伴うひとつの問題点は，データベースの
分類の仕方そのものと関係している。つまり，タグやカテゴリがデータベース
ごとに異なるかもしれないという点である。ある単一のデータベースを使用し，
同じトピックまたはテーマのカテゴリを使用してデータベースのすべての新聞
にあたることができるのが望ましい。しかし Armstrong and Boyle（2011）
のように，異なるデータベースからの検索結果を使用しなければならないよう
な場合もある。筆者のひとりが指導するある学生は，オハイオ州で発行されて
いる新聞の環境報道を比較した。ほとんどの新聞は Lexis-Nexis を通してアク
セス可能であったが，1つだけ America's Newspapers からしかアクセスでき
なかった新聞があった。試しに，その学生は両方のデータベースでアクセスで
きる新聞を選択して，データベースの一致度を調べた。その結果，2つのデー
タベースの一致度は高く，America's Newspapers のデータを Lexis-Nexis の
データに統合できることがわかった。

　Tankard, Hendrickson, and Lee（1994）はコンテンツにアクセスするために
Lexis-Nexis を使用することについて研究し，そのようなデータベースを使用
することの利点と難点を列挙した。利点としては，より大きく代表性の高いで

1. コンピュータを用いたコンテンツの発見，アクセス，集積

あろうサンプルを簡単に収集できること，大規模なデータをすばやく処理できること，そして，珍しく数の少ないコンテンツも特定できることが挙げられている。しかし難点としては，研究で対象とする理論母集団を明らかにできないこと，無関係のコンテンツが含まれること，文脈の情報が欠如すること（写真や掲載位置のような顕出性の指標を含む），そして費用を挙げている（図書館はますます多くのデータベースを導入し続けているが）。それから20年後，ツイッターのようなソーシャルメディアから得られる巨大なデジタルデータ，いわゆる「ビッグデータ」の誘惑に研究者たちが引きつけられるようになったときにも，同様の問題点が数多く指摘されている（Mahrt & Scharkow, 2013）。

たとえ研究者が単一のデータベースを使用するとしても，キーワードが持つ意味が複数あれば，無関係のコンテンツが含まれてしまう問題は深刻なものになりうる。たとえば，ブッシュ（Bush）とホワイトハウス（White House）で検索すると，元大統領であるジョージ・ブッシュの在任中の記事が含まれるだけでなく，住居（house）にアクセントを加えるために低木（bush）を使用することについての記事も含まれるだろう。この問題を克服するための１つの方法は，まさに具体的なキーワードを記述する（そして論文内で明確にそのキーワードに関して報告する）ことである。しかしながら，この方法は過度な具体化を招いて利用可能であったはずのコンテンツを除外してしまうリスクを高める。

この点について，Stryker, Wray, Hornik, and Yanovitzky (2006) は，データベースでの検索の「質」について，サンプルサイズおよび再現率（recall：検索用語が研究対象とするコンテンツをどれだけ特定することができるか）と適合率（precision：検索用語が無関係のコンテンツをどれだけ「避ける」ことができるか）という２つの概念から議論している。がんに関するニュース記事に注目し，Stryker らは適合率または再現率が望ましいレベルに達するために必要なサンプルサイズの表を作成することができた。その一方で，Fan (1988) は関係あるテキストを特定し関係ないものを排除するために「分類プログラム（filtration runs）」を使用した。Fan は，単一のプログラムで関係のあるテキストを特定できるような複雑なルールセットを構築するのではなく，シンプルなルールに基づく複数の分類プログラムを重ねて使用した。この方法

の利点のひとつは，分類の仕方が明瞭なことである。たとえば，「neglect」という単語は軍事予算という文脈において特別な意味を持っている。国防予算について具体的に議論しているパラグラフを特定するためのフィルタリングをしなければ，予算という文脈における「neglect」の特別な意味は失われてしまうだろう。

　つまり，コンテンツにアクセスするために簡単に使えるデータベースを用いようとする研究者は，検索で使用するキーワードや記述子について慎重に考えるべきである。40年前に Kerlinger（1973）が次のように警告している。「コンピュータはまったくもって愚直である。プログラマーが指示したまさにその通りに動くだろう。もし，プログラマーが問題を鮮やかに解けば，その機械も『鮮やかに』それを行うだろう。もしプログラマーが誤ってプログラムすれば，その機械もプログラマーの指示通り必ずミスを犯すであろう」（p. 706）。

　最近では，Hansen（2003）が内容分析のためにデータベースを使用する際の主要な3つの問題点を挙げている。まず，検索は一貫性，正確さを持たない可能性がある。それは，データベース自体がさまざまな形態をとるので，検索結果のリストも異なるものになるためである。第2に，オンライン上に記録された紙媒体のデータは実際の紙媒体のものと必ずしも一致しない。Hansen（2003）は，読者が新聞の紙面上で見るものとデータベース上で見るものが一致することはほとんどないということ，そして新聞のコンテンツをデータベースに配置する際の方針が新聞ごとに異なるということを，Weaver and Bimber（2008）の警告よりも前に指摘していた。第3に，紙媒体のコンテンツの電子版からデータベースを作ることはミスや不正確さを招く非常に労力がかかる作業である。

　この20年でメディアコンテンツのデータベースの質と検索能力は飛躍的に進歩している。その一方で，オンラインでのコミュニケーションの発展は内容分析を行う研究者に対して新しい機会と課題を創出している。選挙立候補者のキャンペーン用のウェブサイト（Druckman, Kifer, & Parkin, 2010; Wicks & Souley, 2003），オンライン新聞のウェブサイト（Lacy, Duffy, Riffe, Thorson, & Fleming, 2010），政治的なブログ（Leccese, 2009），個人のウェブサイト（Papacharissi, 2002）について考えてみよう。これらのウェブサイトは立候補者の毎日の記者

会見のように定期的に，または新聞のトップニュースのように連続的に更新されるかもしれないし，個人のウェブサイトのようにごくたまにしか更新されないかもしれない。さらに，ウェブサイトによってはサイト内での双方向性のレベルが異なる（たとえば「拡声器」のように一方向的なサイトもあれば，応答を呼び掛けるサイトもあれば，閲覧者自身がトピックを立てることのできるサイトもある）。

　ウェブコンテンツの内容分析をする研究者が研究デザインの段階で考慮しなければならない特徴は，挙げていけばきりがない。研究者はウェブコンテンツの流動的な性質に対応するために，研究するコンテンツにアクセスする時間を１日のうちで特定の時間に絞ったり（たとえば Wang & Riffe, 2010），またはウェブページの全体または一部を記録するスクリーンキャプチャーソフト（たとえば Snagit や Web Snapper）を使用したりしてきた。有料で利用することができるソフトよりも機能的には劣るが，たいていのコンピュータシステムはスクリーンキャプチャーのような機能を備えている。スクリーンキャプチャーソフトはコンテンツを「凍結」させることで流動性の問題を解決するが，一方で妥当性に関する疑問が生じるかもしれない。スクリーンイメージはキャプチャーされるかもしれないが，そのコンテンツがその後どれだけ掲載されていたかまでは記録に残らない。また，埋め込まれているリンクが切れてしまうかもしれない。

　スクリーンキャプチャーソフトのように，メディアコンテンツをリアルタイムで記録するために他のさまざまなコンピュータアプリケーションが利用できる。それらのアプリケーションは，価格や機能の面でさまざまに異なる。たとえば，Snapstream というアプリケーションが2007年中ごろに公開された。これは研究機関や個人の研究者が利用可能なアプリケーションで，テレビのコンテンツを同時に10チャンネル記録することができ，キーワード検索が可能なデジタルデータの形式で保存することができる。

　ツイッターやフェイスブックのようなソーシャルメディアのコンテンツを記録しようと試みる際にも，同様の問題を抱えることがありうる。つまりコンテンツの変化が非常に早く，研究のデザインによってはデータのサイズが非常に大きくなる可能性がある。そのため，記録媒体の容量とデータの管理能力が主

要な関心事になる。Pappacharissi and de Farima Oliveira（2012）は，2011年1月のエジプトでの蜂起の間にハッシュタグ #Egypt を付けて投稿されたツイッターのコンテンツを研究した。そのとき利用可能であった Twapperkeeper と呼ばれるオンラインツールを使い，150万ツイートを収集したが，これはどれだけ研究熱心な大学院生でもコーディングしきれないほどの量であった。このうち，アラビア語で書かれたものを除外した110万ツイートに対して単語の出現数を調べた後，代表的サンプル9000ツイートに対してコンピュータを使用したテキスト分析を行った。そして，もっとも重要で影響力のある単語とそれらのつながりを特定しようとした。

　他の研究者はデータの収集と管理のためのツールを自身で開発した。エジプトでの蜂起を取材しているリポーターが投稿した6万ツイートに対して，Hermida, Lewis, and Zamith（2014）は，人間のコーダーによるサンプルデータへの内容分析の前に，データセットの取得，構文解析，解釈のための統計ソフトウェアに加えて，Python というプログラミング言語とウェブベースのコーディングインターフェイスを用いた。

　データのアクセス，分類，操作，および集積が，ソーシャルメディアから得られる「ビッグデータ」についての関心事となる（とはいえこれらの問題は，記録媒体とオープンソースプログラムが発展し続けることによって解決可能である）。しかしその一方で内容分析をする研究者は，そうしたビッグデータに対しても精密な調査を行い，サンプリングと妥当性に関する従来の基準を満たすようにする必要がある（Herring, 2010; Mazur, 2010）。実際，データベースでの検索について Tankard et al.（1994）が同様の懸念を述べているが，その多くはビッグデータの内容分析にも当てはまる。つまり，投稿やツイートの理論母集団は実質的に限界がなく，把握することが不可能で，本質的に刻々と変化するものである。また，無関係なコンテンツが含まれる可能性がある。そして，文脈的な情報がなく（Boyd & Crawford, 2012），そのために無関係なコンテンツを拾い上げてしまう可能性が増す。さらに，索引の欠如，ツイートの短さ，ソーシャルメディアのコンテンツにおけるオリジナリティの疑問（元のツイートなのかリツイートなのか），匿名性といった問題がある（Murthy, 2008; Orgad, 2009; Utz, 2010）。「その分析が妥当性や有効範囲という点で限定的なもの

かもしれないと考えるならば，研究者は大規模データの分析が理論的に正当化されるかどうかを考える必要がある」(Mahrt & Scharkow, 2013, p. 20) という警句が思い起こされる。他の研究者も同様の懸念を示している (Anderson, 2008; Bailenson, 2012)。

2. コンピュータによる内容分析

いくつかの内容分析では時間と費用を抑えるために，人間のコーダーによって伝統的に行われていたコンテンツの分類という作業をプログラムで行っている。これらのプログラムの使用は増えているが，コンピュータによる内容分析は新しいものでもなければ，すべての研究に用いられるべきものでもない。

コンピュータによる内容分析の種類

コンピュータによる内容分析の種類は多くはない。それは，語のカウント，文脈付き索引（KWIC：key-word-in-context)，コンコーダンス，辞書，言語構造，読みやすさである。

語のカウント

コンピュータによる内容分析の中でもっともシンプルな形態は，語のカウントである。コンピュータは対象となるテキストデータ内で使用されているすべての単語を特定し，その頻度を数える。結果の表に，単語が出現頻度順で並べられることもある。リストを比較することで，そのコンテンツの制作者について推論することができる。たとえば，Weber (1990) は1976年と1980年の民主党と共和党の綱領からワードリストを作成し，それぞれの党の関心を調べるためにそれらを比較した。その結果，「軍 (military)」と「国防 (defense)」が1980年の共和党綱領において多く用いられていた。

語のカウントによる内容分析は高速で，そのコンテンツの制作者についての推論を可能にするかもしれない。しかし，単語を文脈から切り離してしまうことによって，推論のもととなるコンテンツについて十分に記述することさえできないかもしれない。筆者のひとりは授業の演習で，1つの検索語を使用して

「ヒット」した数を数えさせ，8つの新聞のコンテンツを比較するよう学生たちに指示を出した。その検索語はimmigr*-であった（*の記号を付けることにより，次のような単語や熟語を検索できる：「immigrant」，「immigration」，「legal immigrant」，「illegal immigrant」など）。検索して得られた頻度の値は，当然ながら，州の移民人口の増加に関連する単語が増えていたことを示した。しかし，そのカウントは合法的，非合法的な移民を区別していないうえに，他の欠点もある。コンテンツを語のカウントによってシンプルに記述するという手法の欠点が，コンテンツの制作者やその影響などについて推論する際に問題を生じさせるのは明らかだろう。

KWICとコンコーダンス

KWICとコンコーダンスは，対象となる単語とその周辺にある文脈を付与する語を特定することによって，コンピュータによる内容分析の妥当性を高めてくれる。Weber（1990）は，こうした文脈の情報はとくに有用であると主張した。なぜならば，そのリストは単語の意味が特定のフレーズや熟語の中での使われ方に依存しているかどうかについての情報を提供してくれるからである。

KWICのプログラムは文学研究で用いられるコンコーダンスと類似している。コンコーダンスはその文脈とともにあるテキスト内のすべての単語をリスト化する。しかし，われわれが第2章で行った内容分析の定義では，ルールに従ってコンテンツをカテゴリに割り当てるという考え方が核となる。厳密に言えば，コンコーダンスとKWICは内容分析ではない。なぜならば，コンピュータは単語の用いられ方を明らかにできるだけであり，その文脈を反映した意味に照らして単語を分類してはいないからである。

辞書プログラム

コンピュータを使用する分析の3つ目の方法は，単語や文脈を強調するだけではなく，分類まですることである。辞書プログラムはカテゴリのルールまたは辞書システムに沿って単語をグループに割り当ててくれる。いくつかの標準的な辞書，たとえば *Harvard Psychological Dictionary*（Holsti, 1969）が開発されてきた。Krippendorff（1980，三上・椎野・橋元訳1989）は類語辞典（thesaurus）アプローチと辞書アプローチを区別した。類語辞典アプローチは事前に決定しておいた一般的な意味を示すカテゴリに単語を振り分ける。このアプロ

ーチは，次の2つの理由で批判されている。1つは，類語のグループを解釈することの難しさはグループに分けられていない単語のリストを解釈する難しさと大して変わらないこともあるため，もう1つは，そのグループ分けは研究目的につながる理論的な基盤をまったく持たないためである。

対照的に，辞書プログラムは研究目的にそって決められた意味グループに基づいて単語を分類する。個人の手紙などの文書の中にある単語の選択についての研究では，基本的な心理学的プロセスを念頭において作られた辞書が使用されるだろう。たとえば，Linguistic Inquiry and Word Count program（http://www.liwc.net/index.php）では，テキストがポジティブな感情またはネガティブな感情，自己言及，そして，原因や結果を示す単語を使用しているかどうかを決定するための82の次元が用いられている。これは，その書き手の心理的，精神的健康を評価する際に役立つのである（Pennebaker, Booth, & Francis, 2007）。

辞書的内容分析の初期のアプリケーションには，General Inquirer（GI）システムというものがある（Stone, Dunphy, Smith, & Ogilvie, 1966）。ハーヴァード大学で開発されたこのアプリケーションは，下記のようなコンピュータプログラムを組み合わせたものである。(a) 研究者によって設定されたカテゴリに属する単語やフレーズをテキスト内から機械的に特定する。(b) それらのカテゴリの出現回数と，複数のカテゴリが同時に出現する回数を数える。(c) 表やグラフを作成する。(d) 統計による検定を行う。(e) 特定のカテゴリやそれらの組み合わせに該当する単語やフレーズを含むかどうかにしたがって，文を分類する（Stone et al., 1966, p. 68）。

GI は後に改良され（Kelly & Stone, 1975），理論と経験的な結果を結びつけるようにデザインされた辞書を搭載するようになった。これらの辞書では，単語に割り当てられた「タグ」を用いる。これらのタグは，いくつかのレベルで適用することができ，異なる単語のグループを作成する。*Harvard III Psychosociological Dictionary* では，人や物に対する13項目があり，それらの中には合計して55個の第1レベルのタグが含まれている。たとえば，人（persons）という項目には self, selves, others といったタグがあり，役割（roles）という項目には男性的役割（male role），女性的役割（female role），中性的役割（neu-

ter role), 職業的役割（job role）などのタグがある。28個の第2レベルのタグ
は, より暗示的な意味に関わるものであり, 社会の仕組みや慣習に関わるよう
なタグを含んでいる（学術 academic, 芸術 artistic, 共同体 community, 経
済 economic, 家族 family など）。Holsti（1969）は,「たとえば『教師（teach-
er）』という語は3つの意味でタグを付与されている。職業的役割, 高いステ
ータス, そして学術である。1つの第1タグに2つの第2タグが付随してい
る」(p.158) と述べた。

　話し言葉や書き言葉のコミュニケーションをカテゴリに分類するために, さ
まざまな辞書の有効性が確認されてきた。たとえば, Schnurr, Rosenberg,
and Oxman（1992）は, 性格, 情動, 対人的なスタイルの次元にそって個人を
識別するために, 話し言葉のコミュニケーションが使用できるかどうかを探ろ
うと, *Harvard III* を搭載した GI の改良版を用いた。最近では, Zhong and
Zhou（2012）が GI を使用し, 2008年の北京オリンピックに関するアメリカの
新聞報道の論調に対して, 天気が影響を及ぼすのかを調べた。2人は「ひどい
大気汚染で陰鬱な日には, ジャーナリストは暗い雰囲気を感じとるため」, ニ
ュースのフレームはよりネガティブになるかもしれないと述べ, 北京の天気に
関するデータと, 北京から発信された記事の論調に関する GI のデータを照合
した。そして, 気温と大気汚染レベルの高さが, アメリカの新聞社による報道
のネガティブさに関係していたと結論づけた。

　辞書ベースのコンピュータによる分類プログラムは他にも開発されてきた。
Jacob, Mudersbach, and van der Ploeg（1996）は, RELATEX/RELATAN と
呼ばれるプログラムを使用して, 話し言葉のコミュニケーションを調べること
で人々を分類した。そして, 結核の患者は, がん患者や健康な人とは異なる考
え方と関心を持っていたことを明らかにした。また Dyer, Miller, and Boone
（1991）は, 法律, 経済, 環境に関連する用語を用いて, エクソン・バルディ
ーズ号の座礁事故に関する通信社の記事を分析した。記事の中にいずれかの用
語が出現すれば, コンピュータはその記事を, 関連する話題を扱っているもの
として分類した。

　Hassid（2012）は, 中国の政治的なブログが主流メディアの設定する議題の
争点に対してガス抜きのための「安全弁」として機能しているのか, あるいは

緊急事態において世論を沸騰させる「圧力鍋」として機能しているのかを明らかにしようと試みた。Hassid は Google の Advanced Blog Search を使用して2198件の投稿を特定した。さらに，34のカテゴリとポジティブ／ネガティブの感情用語2万語からなる辞書を搭載した，Yoshikoder という多言語対応のオープンソースプログラムを使用した。その結果，ブログが圧力鍋または安全弁のどちらの役割を果たすのかは，トピックに依存していることが明らかになった。しかし，ブロガーが「政府当局の議題の先を行く」ときは，圧力鍋としての効果が「社会的緊張を高める」(Hassid, 2012, p. 226) とされた。

ビル・クリントン政権とジョージ・W・ブッシュ政権の初めの半年間における株式市場に関するネットワークニュースの分析において，Lowry (2008) はDICTION5.0というプログラムを使用した。このプログラムには，35のカテゴリに分類された数千の単語が含まれている。Lowry は2つのサブグループ（楽観志向 [optimism] と成果志向 [accomplishment]）を使用して，どのようにネットワークニュースが，民主党と共和党それぞれの大統領のもとで，客観的に良いまたは悪い市場ニュースを報道していたのかを分析しようとした。Hamilton (2004) は DICTION を使用して，ハードニュースとソフトニュースのどちらかにキーカテゴリを関連づけ，その結果を視聴率や広告の比率と関係づけた（訳注：ソフトニュースとは，娯楽性の強い情報ニュース番組を指す）。

コンピュータによる分類はプログラムのみに基づいて行われ，人間によるバイアスが存在しないため，辞書プログラムは高い信頼性という利点を有しているように見える。しかし，Weber (1984) は単語の意味の曖昧さゆえに妥当性の点で問題が生じると指摘した。多くの単語が複数の意味を持ち，複数のカテゴリに当てはまるかもしれず，ある単語よりも別の単語がそのカテゴリの特徴をより強く示すこともある。これらの問題は研究者がそれぞれの研究において解決しなければならない。

Hamilton (2004) が行った研究も，テレビジャーナリストたちによる単語の用いられ方のバリエーションから，妥当性の点で問題を抱えているかもしれない。この内容分析ではソフトニュースとして人情記事（human interest）の用語を分類した。この分類の際には，個人の代名詞，家族に関する用語（妻や孫），友情に関わる用語が用いられた。しかし，これらの用語が主にソフトニ

ニュースで使用されるという前提は経験的に検証されるべきである。なぜなら，テレビがハードニュースの報道で人情的な要素を用いることが多いためである。そういった場合には，個人的な事例を引き合いに出して，難解な概念をより「人間的」にし，理解しやすくすることがある（Zillmann, 2002）。ハードニュースとソフトニュースに対するヒューマンコーディングと比較することで，テレビのニュース分析に使用されたこの辞書的アプローチの妥当性を高めることができるだろう。

　近年では，検索能力の向上とデータ容量の増加によって，この書籍の第1版が出版された1998年には想像できなかったようなコミュニケーションコンテンツの形態（たとえば，ブログやツイッターから得られるビッグデータ）に対して，単語の出現頻度のカウントと辞書プログラムの両方を使用することが可能になっている。たとえば，このようなアプローチがとられている。O'Connor, Balasubramanyan, Routledge, and Smith（2010）は，2008年と2009年にツイッターに投稿された10億ツイートを収集し，次のような投稿を特定した。それは，「経済（economy）」，「雇用（job, jobs）」を含む消費者の意識に関するツイート，「オバマ」を含む大統領の承認に関するツイート，「オバマ」と「マケイン」を含む選挙に関するツイートである。そして，さらにポジティブな意見やネガティブな意見を表しているツイートであるかどうかも特定した（これには2800語の辞書または主観的語彙集（subjectivity lexicon）が用いられた）。

　このような研究を内容分析として見なせるかどうかは議論があるところである。第2章で示したわれわれの内容分析の定義では，ルールに従ってコンテンツをカテゴリに分類するという考え方が核となっている。その点については，こう述べるものもいるかもしれない。たとえ既存の単語集や辞書を使用したとしても，出現頻度をカウントすることで，事後的にポジティブまたはネガティブというカテゴリに分類されうる象徴的な単語の一覧が示されるのだ，と。しかし，そうだとしても，その分類は単語を取り巻くより大きな文脈を汲まずに行われてしまう。この形態のテキスト分析の支持者ですら，この手法の限界に警鐘を鳴らしている。O'Connor et al.（2010）は，テキストから「抽出された」断片は，「真実に関するノイズの多い指標」であると述べている（p. 8）。また，より手厳しい批判として，若くて教養のあるツイッターの利用者層がそれ以外

の非利用者層を代表しておらず，どれだけ大規模にツイートを収集しても網羅的なデータにはならないだろうという指摘もある（Bialik, 2012）。

言語構造

コンピュータによる内容分析の第4の形態は，言語構造を調べることである。単語のグループ化や出現頻度のカウントを超えて，たとえば文のようにより大きな言語単位を調べるのである。Franzosi（1990）は，単語の種類の間にある構造的関係性に基づいて意味論的テキスト文法を発達させた。たとえば，単語は広く受け入れられた言語グループに分けられる（主語，行為を表す単語，行為の対象，修飾語など）。これらは，さらに単語の種類の間にある関係性によって分類される。たとえば，文の主語は，人物のタイプであるアクターとアクターの修飾語を含む。ある文の行為の要素は，行為フレーズ（たとえば動詞）と行為の修飾語によって構成される。コンピュータを使用することで，これらの文法的カテゴリによってテキストを再構築し組織化することができる。しかしながら，コンピュータはそのテキスト自体の意味を評価することはできない。コンピュータによるテキストの再構築と組織化は，研究者がそのテキストの意味を分析するために用いられるのである。

構造を分析するための内容分析を行う場合，対象を言語に限定する必要はない。Simonton（1994）はコンピュータを使い，クラシック音楽の作曲家479名による1万5618曲の主旋律に対して，冒頭にある6音符を分析した。これらの曲の構造から，作曲家をうまく分類することができ，旋律のオリジナリティや，旋律のオリジナリティと曲の知名度との関係のような研究トピックへの示唆が得られた。

読みやすさ

コンピュータによる内容分析の第5の形態は，テキストに対して読みやすさを測るための計算式を適用することである。ノートパソコンの普及に伴い，この形態の内容分析が多くのコンピュータユーザーに利用可能になっている。洗練されたワードプロセッサーソフトウェアは，たいてい読みやすさを測るための計算式を備えている。さまざまな計算式が利用可能であり，たとえばFlesch（1974）のReading Ease FormulaやGunning（1952）のFog Indexなどがある。これらは，テキストの読みにくさを測定するが，背後にある計算ロ

ジックは異なっている（たとえば，一方は文の長さの平均と100単語あたりの音節の数を用いるが，もう一方は文の長さの平均と3つ以上の音節を持つ単語の数を用いる）。これらの計算式を用いる研究者はその計算式の背後にある計算ロジックに気をつける必要がある。そのような計算式は商業的に生産されたテキストの分析に用いられてきた。Danielson, Lasorsa, and Im（1992）は1885年から1990年までの新聞と小説の読みやすさを研究した。Gillman（1994）は，新聞のニュース欄とスポーツ欄のリード文の読みやすさを調べた。Bodle（1996）は，学生による新聞とプロによる新聞の質を比較するために読みやすさの計算式を用いた。

コンピュータを用いた読みやすさの分析は，内容分析のほんの一部であるとはいえ，商業的に用意されたテキストの分析において重要な役割を果たしている。なぜならば，読みやすさはテキストの意味への理解度を左右するからである。複雑な書き言葉は，そのコンテンツを理解することができる人々の数を減らし，そのコンテンツの個人や社会への影響力を低下させる。

どのような場合に，内容分析にコンピュータを用いるか

コンピュータによる内容分析は，柔軟で可能性に満ちた手法ではあるのだが，すべての研究プロジェクトに対して適切というわけではない。Holsti（1969）はコンピュータによる内容分析がとくに有益な場合について次の4つの条件を挙げている。

1．分析単位がシンボルまたは単語であり，シンボルまたは単語が使用された回数が分析上の関心である場合。
2．分析がきわめて複雑である場合。たとえば，大量の記録単位を多くのカテゴリに分類し，同じ文中における複数の語の共起に基づいて推論を行う場合。具体的に言えば，政治家の名前と評価に関わる修飾語の共起からジャーナリストのバイアスが特定されるかもしれない。
3．複数の方法によってデータを分析する場合。研究によっては，複雑な意味論的文法を使用して，テキストを分析する。コンピュータは，これらの言語データをよりよく理解するための複雑な作業を可能にしてくれる。

2. コンピュータによる内容分析　　**253**

4．データがさまざまな分野や研究者，研究の系統にとって共通する重要な文書から得られており，複数の研究で用いられると見込める場合。このような場合には，コンピュータによる分析の費用は，実際のところ，複数の研究にまたがって負担されるものと考えることができる。Holsti（1969）は，1844年以降のすべての主要政党による綱領をコンピュータで分析することによって構築されたデータベースを例として示した。おそらく，そのようなデータセットを用いて多くの研究者が仮説を検証し続けるだろう。

　前者の2つは，Holsti の助言から40年以上経ついまでもなお適切であるが，3つ目と4つ目は今日ではやや適当ではなくなったように見える。なぜならば，コンピュータによる内容分析にかかる費用は劇的に減少し，大きな容量と高速な処理速度を持つパーソナルコンピュータが広く利用可能になっているからである。

　逆に，Holsti のリストに新しい条件を付け加えたほうがよいだろう。それは，もともとデジタル形式であるか，容易にデジタル形式に変換することができるような，コンピュータによる分析を用いるのが適切な素材を扱う場合である。

　コンピュータによる内容分析の強みと弱みをよく理解するために，Conway（2006）はある研究を行った。この研究では，2002年テキサス州知事選挙での主要候補3名に関する新聞の記述を対象に，人間とコンピュータによって並行して行われたコーディング結果を比較した。もちろん，「サンプルとリサーチクエスチョンとコーディングブックは一貫したものであった」（p. 192）。Conway は，この2つの手法は「選挙キャンペーン中に候補者と争点がどのように表象されていたのかにおいて，大きく異なった結果を示した」（p. 189）と報告している。驚いたことに，人間のコーダーは，コンピュータによる分析によって発見された争点とその争点の属性のうち4分の1しか発見することができなかった。Conway は次のように結論づけた。コンピュータの価値は大規模データセットを高速で分析するとき，および単語の出現頻度をカウントするような作業を実行するときに発揮されるが，「採用されているプログラムでは，主要な論点（valence）を発見したり，報道の中の微妙なニュアンスを認識したり，ある候補者に属性を結びつけたりすることは困難であった」（p. 197）。

　1991年の研究（Nacos et al., 1991）では，人間によるコーディングの後にコン

ピュータに同じ分析をさせ，それらを比較した。2つのコンテンツセット（グラナダ侵攻とスリーマイル島原発事故を扱ったもの）を使用して，Nacosらは片方のデータセットではコンピュータと人間による分類の間で高い相関を発見したが，もう片方のデータセットではそうした相関は見られなかった。Nacosらはコンピュータによる内容分析はポテンシャルを持っていると結論づけたものの，複雑なトピックをうまく扱えないという点と，プログラムされたルールに沿ってしか分類できないという点に関しては警告した。分析するトピックの政治的あるいは社会的な複雑さが増すにつれて，内容分析にコンピュータを利用する研究者は，分類のルールと分析対象となるコンテンツの単位について注意すべきである。最低でも，コンピュータにプログラミングする前に，分類手順をテストしておくべきである。

　これらの研究では機械と人間のコーディングを対比させているが，多くの状況では，コンピュータの能力が人間によるコーディングを補完するような方法を見出し，両者を調和させるのがもっとも有益であるだろう。Lewis et al.（2013）によれば，このような「ハイブリッド」なアプローチによって，研究者は伝統的なヒューマンコーディングの「体系的な厳密さと文脈への理解」を保持しつつ，大規模データへのアクセス，管理，操作といったコンピュータを使用する手法の利点をも持つことができる。

　たとえば，動画には動きが含まれ，それらが同時に起こることもあるため，内容分析をするのは難しいだろう。Noldus Information Technology（http://www.noldus.com/site/nav10000）が提供するいくつかのプログラムは動画をコーディングするわけではないが，分析するイメージをより高度に管理することを可能にしてくれる。もちろん，あるテクノロジーが適用できるとなると，それを使用するべきかどうかという疑問が必ず生まれる。最終的には，コンテンツをコーディングするためにコンピュータを使用するかどうかは次の3つの問いに答えることで決まるだろう。

1．コンピュータによる分析は妥当な測定を生むのだろうか。
2．コンピュータによる分析は信頼性を向上させるのだろうか。
3．コンピュータによる分析は研究にかかるコストを削減するのだろうか。

2. コンピュータによる内容分析　　255

　第1の問いへの答えは，とくに重要である。コンピュータプログラムは研究にとって適切な測定を行わなければならない。もし測定される変数が，テレビのニュースであるトピックにあてられた秒数であるならば，コンピュータプログラムを利用することはできないかもしれない。また，空間や時間のような物理的なスペースが変数のときに，辞書プログラムを利用することも適切ではないだろう。

　もしコンピュータと人間によるコーディングの両方が同等の妥当性をもって測定をするならば，第2と第3の問いが重要になる。もしコンピュータプログラムが，コーディングの信頼性を維持あるいは向上しながら研究にかかるコストを削減するならば，コンピュータによる分析を採用すべきである。もしコンピュータプログラムにかかるコストが，ヒューマンコーディングをする場合のコストと同等であり，かつコーディングの信頼性を向上させるならば，コンピュータによる分析を採用すべきである。コストはより多くかかるが信頼性が向上するとき，または信頼性を犠牲にしてコストを削減するときは難しい判断になる。前者の場合は予算次第の判断になるが，後者のジレンマについては，費用の代わりに信頼性を犠牲にすることは避けるべきである。学術研究の目標は妥当な結論を提供することであって，費用の節約ではない。

目的にかなうコンピュータプログラムを見つける

　コンピュータのハードウェアとソフトウェアに関わる産業の成長により，とても簡単にコンピュータプログラムを見つけることができるようになった。そしてインターネットは，ここでカタログのように紹介するにはあまりにも数が多すぎるほどのプログラムを見つける際に有用である。検索エンジンを使用すれば，内容分析のソフトウェアを見つけることができるだろう。それらのプログラムは，機能性や価格という点でさまざまに異なっている。たとえば，VBProと呼ばれるプログラムではキーワードアプローチを採用している。Mark Millerが作成したこのプログラムは，多くの論文で広く使用されている（Andsager, 2000; Dyer et al., 1991; Miller, Andsager, & Riechert, 1998）。このプログラムで，分析のためのテキストを用意し，単語とその出現頻度を記したリス

トを出力する。そして，コンテンツ中の単語を発見してタグ付けし，定義されたコンテンツ単位をそれらの単語の有無に従ってコーディングする。それから，共起関係に基づいて多次元空間にその単語を配置する。人間によるコーディングとコンピュータによるコーディングを比較した Conway（2006）の研究でも，この VBpro が使用されている。

ウェブ上で利用可能な他のプログラムでは，CATPAC（http://www.galileo-co.com）がある。これは，単語や共起（複数の単語が同時に現れること）の頻度のカウント，クラスター分析（単語のグループ化），知覚的な図（座標上に表示された単語のクラスター）などの機能を提供してくれる。

他のプログラムには，Atlas.ti, Maxqda, NVivo, dedoose がある。Maxqda や Atlas.ti のようないくつかのプログラムは，主に質的内容分析を行う人向けに販売されているが，量的分析を行うためにプログラムすることもできる（たとえば Maxqda では，「ミックスメソッド」というメニューで，量的な方法と質的な方法を組み合わせることができる）。動画の内容分析に関心を持つ研究者は，Ngo, Pong, and Zhang（2001）の論文を読むべきだろう。

すべてのコンピュータによる内容分析プログラムには，プラットフォーム（IBM 社の DOS，Microsoft 社の Windows，Apple 社の MacOS）やメモリーのサイズのようなハードウェア的な要件がある。それらのプログラムの価格や，学術的に利用可能な割引サービスもさまざまである。他のあらゆる買い物と同様に，内容分析をする研究者は，複数のプログラムを比較し，可能であればそれをすでに利用したことのある人の評価を確認すべきである。そうした比較やレビューは，内容分析に関わるプログラムを扱うウェブサイトでチェックできる。

3. ま と め

コンピュータは内容分析においてさまざまな役割を果たす。ほとんどすべての量的内容分析において，コンピュータはデータを分析するために使用される。コンピュータは分析者が効率的にコンテンツを探し出しアクセスするのに役立

つだけでなく，コーディングも行う。いろいろなコーディングプログラムが使用可能であり，それは無料のものから数百ドルするものまでさまざまである。

　コンピュータはコンテンツを見つけ，コーディングする際に，きわめて有用であるが，研究者はコンピュータを適用することに対して注意深くなければならない。コンピュータを用いるのが適切な研究もあるが，そうでない研究もある。データベースの包括性や利用可能な検索方法の種類によって，関連するコンテンツをデータベースがどれほど提供できるかが決まる。同様に，ソーシャルメディアから生まれ，ますます大きくなるデジタルデータは，多くの研究者にとって非常に魅力的である。そして，「伝統的」なデータの出所を評価するときに生じてきたデータの質に関する注意点（代表性，文脈，起源，入れ替わる速度など）は，デジタルデータに注目するときにも考慮すべきである。

　結局のところ，研究の目的や，リサーチクエスチョンや仮説の検証のために採用されるデザインが，研究においてコンピュータが果たすであろう役割を何であれ決定するのである。

付 録■

内容分析を用いた論文において報告すべき情報の基準

　内容分析を用いる論文において何を報告するべきかという点については，まだ基準が確立されているわけではない。Lombard, Synder-Duch, and Bracken (2002) は信頼性についての情報を報告すべきであるという基準を提案しており，ここではその提案に同意しておこう。しかしながら，彼らの提案は信頼性という点にのみ触れているが，われわれは内容分析の論文において少なくとも，サンプリングに関する情報，コーダーに関する情報，十分な信頼性に到達しなかった変数に関する情報，そしてコーディングの不一致をどのように解決したかという情報も報告すべきであると考えている。

　これらの情報を報告するという基準は，社会科学の基礎的な要素である再現性を得るために必要となる。再現性を得るためには，その研究に関して十分かつ詳細な情報が必要である。これらの基準は，これまでに多くの内容分析を実施してきた筆者らの，論文執筆などを通じた経験を反映している。

1. サンプリング

・研究で用いるサンプルの性質や，そのサンプルをどのように選択したかというプロセスを，論文の中で明瞭に記述するべきである。その際には，サンプリングの方法（全数調査なのか，単純なランダムサンプリングなのかなど）に関する詳細な記述と，その方法を選択した理由についての正当化が求めら

れる。

・確率的サンプルを用いる場合は，母集団とサンプリングフレームの範囲を明確にすべきである。

・同様に，確率的サンプルを用いる場合は，脚注や表，あるいは本文の中で，各変数の記述統計量（平均値，中央値，最大値と最小値，標準偏差）を報告すべきである。

・非確率的サンプルを用いる場合は，その理由を正当化し，そのサンプルを用いることで生じる限界を明確にすべきである。

2. コーダーと変数

・論文の中で，コーディングの信頼性に関する問題をどのように解決したかを報告すべきである（再トレーニングと再テストを行った，コーダー間の合意を形成した，変数を除外したなど）。

・許容可能な信頼性に到達せず除外することとなった変数は，論文の中で包み隠さず報告すべきである。これまで述べてきたように，科学というのは累積的なものであり，成功しなかった作業について報告することも，コミュニケーション研究にとっては理論的あるいは方法論的な進歩の助けとなる。そして，他の研究者はそうした経験から学ぶことができるのである。

・コーダーの人数と，それらのコーダーが単独でコーディングをしたのか，あるいは研究代表者の監督下でコーディングや信頼性検定をしたのかを報告すべきである。

・どのようにコーディング作業が割り振られたのか（研究代表者がどれだけの割合をコーディングしたのか，データはランダムに割り当てられたのかなど）を報告すべきである。

3. 信 頼 性

・信頼性検定を行う際は，研究対象のデータを全数調査するか，ランダムに選ばれたサンプルを用いるべきである。第6章で述べたように，サンプルがすべての変数とカテゴリを含むほど十分なサイズであることを確認し，またそのサンプルが十分なサイズであるとどのように判断したのかを報告しよう。信頼性検定に用いるデータの選択方法と数（割合ではない）も報告すべきである。

・コーディングマニュアルの信頼性は実際のコーディングを始める前の事前テストの段階で確立されるべきである。この事前テストのステップについて報告が必要である。

・マニュアルの信頼性を確認する作業を，コーディングプロセスの間にサンプルを用いて行うべきである。その際，どのデータが信頼性の確認に用いられるかをコーダーに知られてはいけない。

・確率的サンプリングを用いて信頼性検定のためのサンプルを抽出する場合，そのサンプル数を決めるためのプロセスを論文中で説明し正当化しなければならない。

・どの信頼性係数を用いるのが最適かという問題が解決するまでは，各変数について一致率と2つの係数（KrippendorffのalphaかZhaoのalpha$i$）を報告すべきである。これらの係数を計算するためのソフトウェアはhttp://www.afhayes.com/spss-sas-and-mplus-macros-and-code.html（alpha）とhttp://reliability.hkbu.edu.hk/（alpha$i$）で見つけることができる。

・信頼性係数に加えて，それぞれの係数の信頼区間を報告すべきである。

・分析に用いる各変数について，十分に高い信頼性係数が得られたと判断したことを論文中で正当化すべきである。

監訳者あとがき

本書は, Daniel Riffe, Stephen Lacy, and Frederik Fico, *Analyzing Media Messages: Using Quantitative Content Analysis in Research*, 3rd Edition, Routledge, 2014を翻訳したものである。

原著の第1版は1998年, 第2版は2005年に公刊され, 本書は2014年に出版された第3版の翻訳である。原著者のお三方を紹介しておこう。ダニエル・リフ教授は, ノースカロライナ大学メディア・ジャーナリズムスクールのリチャード・コール名誉教授であり, ジャーナリズム・コミュニケーション研究で広く知られる『ジャーナリズム&マスコミュニケーション季刊誌』のエディターを過去に務めた経験を持つ。ミシガン州立大学のジャーナリズムスクールの教授であるスティーヴン・レイシー教授とフレデリク・フィコ教授は, それぞれ記者としての実務経験を持ち, また, 量的内容分析を用いた研究を長年行ってきた。レイシー教授は『メディア経済学』誌のエディターを務めたことがあり, 同大学の名誉教授であるフィコ教授は政治・選挙報道の研究等でよく知られている。お三方とも, 査読誌に数多くの論文を掲載し量的内容分析を牽引してきた著名な研究者である。

原著と出会うきっかけは, 監訳者が早稲田大学大学院政治学研究科ジャーナリズムコースにおいて内容分析の授業を担当することになったことである。内容分析を学ぶための良い教科書はないだろうかとさまざまな書籍にあたり, 同書に行き着いた。当時, 監訳者の演習に参加していた訳者の2人も内容分析を行っており, さらに, 監訳者が担当する内容分析の授業の教務補助をしてもらっていた。そこで, 海外の内容分析の授業において軒並み必読文献に指定されている原著を3人で読み進めることにした。

読み進める中で，次の2点において原著がとくに優れた内容分析の教科書であることが明らかになった。そのひとつは，内容分析を社会科学のツールとして明確に位置づけていることである。第2章「社会科学のツールとしての内容分析」では，内容分析が再現性のある社会科学の方法であることが示されている。そして，第3章「内容分析のデザイン」では，社会科学における実証分析の考え方を概説しており，相関関係と因果関係の違いなど，内容分析を学ぶ上で最低限知っておくべきことがわかりやすく説明されている。内容分析が社会科学のツールであることは，目新しいことではまったくない。内容分析を実践する多くの者が前提としている「言わずもがな」であろう。しかしながら，多くの優れた内容分析のテキストが存在する中で，このことをしっかりと紙幅を割いて概説しているものが管見の限り見つからなかった。このことは内容分析の初学者に教えるときには不都合であった。内容分析を教える前に，まず社会科学とは何か，実証分析とは何か，を教えなければならず，そのために，別の文献を指定して理解を促す必要があった。原著は，「オールインワン」で内容分析を体系的に理解できる構成になっており，実証分析についてしっかりと理解していない初学者であっても，基礎から順序立てて内容分析の世界に入り，実践できるよう誘う良書である。

　原著が優れているもうひとつの点は，サンプリングについての記述が豊富なことである。内容分析では，分析対象のデータが膨大である際，時にサンプルをとって分析せざるをえない。したがって，どのようにサンプリングをするべきかについて考察する必要が生じる。このことについては，定評のある内容分析のテキストにおいても，無作為抽出法をはじめとする複数の抽出方法について，広範に検討されている。しかしながら，分析結果をどのように解釈し，評価するべきかについてまでは検討されていない。サンプルをとることは，必然的にサンプル誤差を推定することを伴うはずであるが，これまでの内容分析のテキストでは必ずしもこの点に光が当たっていなかった。原著は，第5章「サンプリング」において，サンプルを分析して得られた結果から母集団の値を推測する方法を丁寧に概説している。少なくとも日本において，サンプルをとって内容分析をしている多くの研究がサンプル誤差を推定していない状況に鑑み，原著を翻訳することには一定の意義があろう。

内容分析という手法自体は，社会科学の歴史とともに古くから確立されてき
たものであるが，近年マスメディア，ソーシャルメディアを問わず，素材の内
容を客観的に捉えたいという関心が高まっているように思われる。その背景に
は，人間の眼で見て分類した教師データ（人工知能を訓練するための基礎デー
タ）をもとに膨大なテストデータを判別する機械学習のモデルが急速に発展を
遂げていることもあるだろう。科学的に信頼できる教師データの作成には，本
書が示す内容分析の標準的なプロセスと手続きが不可欠になる。内容分析とい
う手法は，決して新しいものではないが，さまざまなテキスト分析の手法の開
発と普及が進む中で，旧来から存在してきた内容分析という手法の重要性と意
義があらためて問い直されているように思われる。

　内容分析の教科書はこれまでも優れたテキストが存在してきた。内容分析の
教科書として長く読み継がれているクリッペンドルフの著書（三上俊治・椎野
信雄・橋元良明訳『メッセージ分析の技法──「内容分析」への招待』勁草書
房，1989年）は，理論的な背景を網羅し，とりわけコーダー間の信頼性の指標
についての理解を深めてくれた。日本でも，分析の手順から論文作成までのプ
ロセスを実践的に解説した教科書（有馬明恵『内容分析の方法』ナカニシヤ出
版，2007年など）により内容分析のすそ野が広がったように思われる。本書は，
これらのこれまで内容分析に対する理解を豊かにしてくれた書物のエッセンス
を踏まえつつ，包括的，体系的に内容分析の理論と方法について著した教科書
である。

　翻訳作業は次の手順で進めた。各章の担当者が下訳を作成し，もう1人の訳
者が確認作業を行い，修正を加えた。その上で監訳者が修正版の下訳を確認し，
必要に応じて修正を加えた。これらの一連の個別作業を終えた後に，3人で会
議を行い，訳文を確定していった。この第1段階の作業では，主に文意の理解
と訳語の共有にエネルギーが注がれた。第2段階の作業は，第1段階で作成し
た翻訳を，各章の担当者がもう一度読み直し，読み易さを重視して，訳文を練
り直した。この工程でも，もう1人の訳者，監訳者の順に個別に確認作業を行
い，3人で会議を開いて，最終的な訳文を確定していった。

　翻訳作業は，2014年に原著が出版されてから，ほぼ間もなく開始された。本
来は，演習で読んだ第2版を翻訳するつもりであったが，タイミングよく第3

版が出版されたため，出版後すぐに翻訳作業に取り掛かることができたのは幸いであった。とはいえ，翻訳原稿を完成させるまでに，約3年の年月を要してしまった。とりわけ，途中から監訳者が特別研究期間に入り海外での生活を始めたため，会議の時間設定や進め方にも配慮しながら進めなければならなかった。インターネット上で同時に画面を共有しながら進めることができなければ，さらに時間を要することになったはずである。訳者の2人には，監訳者が不在の中，緊密に連携を取り合いながら進めてもらい，大いに助けられた。

　翻訳は，できるだけ原著を忠実に訳出しつつ，適宜訳注を挿入するなど，内容分析に馴染みのない読者にもわかりやすいものになるよう心掛けた。文意の理解の共有や適切な訳語の選択については検討を重ねてきたが，監訳者の力量不足ゆえ，改善の余地が残っているかもしれない。その際は，読者の皆様にぜひご教示いただきたいと願っている。また，原著者に確認をとり，説明を補足した箇所もある。ご了承いただきたい。

　翻訳書を出版するにあたり，多くの方の励ましや導きがあった。翻訳に携わった3人はさまざまな機会を通じて谷藤悦史先生の薫陶を受けている。かねてより先生はメディア分析の方法論に関する教科書の必要性を説かれてきたが，その意義をあらためて確認する機会となった。大学院ジャーナリズムコースの先生方には内容分析の教育について考える多くの機会をいただいた。同じ科目を担当されている中村理先生からは内容分析をわかりやすく教えることの大切さを教えていただき，その可能性を示していただいた。細貝亮，工藤文の両氏には翻訳原稿に目を通していただき，貴重なコメントをいただいた。細部にまで目を配っていただいたことに，あらためて御礼を申し上げたい。そして，勁草書房の上原正信氏には，企画の段階から出版に至るまで，大変にお世話になった。訳書の出版を数多く手掛けてこられた豊富なご経験から，数多くのアドバイスをいただいた。なかなか翻訳原稿が上がってこないなか，途中海外逃亡を図ったのではと心配させたと思うが，これまで以上に長いタイムスパンでお付き合いいただけたことを心から感謝している。

監訳者　日野 愛郎

参考文献

Allen, C. J., & Hamilton, J. M. (2010). Normalcy and foreign news. *Journalism Studies, 11,* 634-649.

Allen, M., D'Alessio, D., & Brezgel, K. (1995). A meta-analysis summarizing the effects of pornography II. *Human Communication Research, 22* (2), 258-283.

Allport, G. W. (Ed.). (1965). *Letters from Jenny.* New York: Harcourt, Brace, and World. ゴードン・W. オールポート編著, 青木孝悦・萩原滋訳『ジェニーからの手紙 ── 心理学は彼女をどう解釈するか』新曜社, 1982 年。

Althaus, S. L., Edy, J. A., & Phalen, P. F. (2002). Using the Vanderbilt television abstracts to track broadcast news content: Possibilities and pitfalls. *Journal of Broadcasting & Electronic Media, 46* (3), 413-492.

Altschull, J. H. (1995). *Agents of power* (2nd ed.). New York: Longman.

An, S., Jin, H. S., and Pfau, M. (2006). The effects of issue advocacy advertising on voters' candidate issue knowledge and turnout. *Journalism & Mass Communication Quarterly, 83* (1), 7-24.

Anderson, C. (2008). The end of theory: The data deluge makes the scientific method obsolete. *Wired.* Retrieved May 6, 2013, from http://www.wired.com/science/discoveries/magazine/16-07/pb_theory

Andsager, J. L. (2000). How interest groups attempt to shape public opinion with competing news frames. *Journalism & Mass Communication Quarterly, 77,* 577-592.

Armstrong, C. L., & Boyle, M. P. (2011). Views from the margins: News coverage of women in abortion protests, 1960-2006. *Mass Communication and Society, 14* (2), 153-177.

Atwater, T., Fico, F., & Pizante, G. (1987). Reporting on the state legislature: A case study of inter-media agenda-setting. *Newspaper Research Journal, 8* (1), 53-61.

Austin, E. W., Pinkleton, B. E., Hust, S. J. T., & Coral-Reaume Miller, A. (2007). The locus of message meaning: Differences between trained coders and untrained message recipients in the analysis of alcoholic beverage advertising. *Communication Methods and Measures, 1* (2), 91-111.

Babbie, E. (1995). *The practice of social research* (7th ed.). Belmont, CA: Wadsworth. E. バビー著, 渡辺聰子監訳『社会調査法 1 ── 基礎と準備編』培風館, 2003 年, 『社会調査法 2 ── 実施と分析編』培風館, 2005 年 (第 1・2 巻あわせて第 9 版の邦訳)。

Bailenson, J. N. (2012). *The Internet is the end of communication theory as we know it.* Retrieved May 6, 2013, from http://www.icahdq.org/conf/2012/closing.asp.

Baldwin, T., Bergan, D., Fico, F., Lacy, S., & Wildman, S. S. (2009, July). *News media coverage of city governments in 2009.* Research report. Quello Center for Telecommunication Management and Law, Michigan State University.

Bantz, C. R., McCorkle, S., & Baade, R. C. (1997). The news factory. In D. Berkowitz (Ed.), *Social meanings of news: A text reader* (pp. 269-285). Thousand Oaks, CA: Sage.

Barnhurst, K. G., & Mutz, D. (1997). American journalism and the decline in eventcentered reporting. *Journal of Communication, 47* (4), 27-53.

Bauer, R. A. (1964). The obstinate audience: The influence process from the point of view of social communication. *The American Psychologist, 19,* 319-328.

Baxter, R. L., DeRiemer, C., Landini, N., Leslie, L., & Singletary, M. W. (1985). A content analysis of music videos. *Journal of Broadcasting & Electronic Media, 29,* 333-340.

Beam, R. A. (2003). Content differences between daily newspapers with strong and weak market orientations. *Journalism & Mass Communication Quarterly, 80,* 368-390.

Beam, R. A., & Di Cicco, D. T. (2010). When women run the newsroom: Management change, gender, and the news. *Journalism & Mass Communication Quarterly, 87,* 393-411.

Bennett, L. W. (1990). Toward a theory of press-state relations in the United States. *Journal of Communication, 40* (2), 103-127.

Berelson, B. R. (1952). *Content analysis in communication research.* New York: Free Press.

Berkowitz, D. (Ed.). (2011). *Cultural meanings of news: A text-reader.* Thousand Oaks, CA: Sage.

Berkowitz, D. (ed.). (1997). *Social meanings of news: A text-reader.* Thousand Oaks, CA: Sage.

Bialik, C. (2012, February 11). Tweets as poll data? Be careful. *Wall Street Journal.* Retrieved July 12, 2012, from http://online.wsj.com/article/SB10001424052970203646004 57721324270349074O.html

Blalock, H. M. L., Jr. (1972). *Social statistics* (2nd ed.). New York: McGraw-Hill.

Bodle, J. V. (1996). Assessing news quality: A comparison between community and student daily newspapers. *Journalism & Mass Communication Quarterly, 73,* 672-686.

Boyd, D., & Crawford, K. (2012). Critical questions for big data: Provocations for a cultural, technological, and scholarly phenomenon. *Information, Communication & Society, 15* (5), 662-679.

Boyle, T. (2001). Intermedia agenda setting in the 1996 presidential election. *Journalism & Mass Communication Quarterly, 78* (1), 26-44.

Bradac, J. (Ed.). (1989). *Message effects in communication science.* Newbury Park, CA: Sage.

Brown, J. D., & Campbell, K. (1986). Race and gender in music videos: The same beat but a different drummer. *Journal of Communication, 36* (1), 94-106.

Bryant, J. (1989). Message features and entertainment effects. In J. Bradac (Ed.), *Message effects in communication science* (pp. 231-262). Newbury Park, CA: Sage.

Bryant, J., Roskos-Ewoldsen, D., & Cantor, J. (Eds.). (2003). *Communication and emotion: Essays in honor of Dolf Zillmann.* Mahwah, NJ: Lawrence Erlbaum Associates.

Campbell, D. T., & Stanley, J. C. (1963). *Experimental and quasi-experimental designs for research.* Chicago: Rand McNally.

Cantril, H., Gaudet, H., & Hertzog, H. (1940). *The invasion from Mars.* Princeton, NJ: Princeton University Press. ハドリー・キャントリル著，高橋祥友訳『火星からの侵略——パニックの心理学的研究』金剛出版，2017年。

Carey, J. W. (1996). The Chicago School and mass communication research. In E. E. Dennis & E. Wartella (Eds.), *American communication research: The remembered history* (pp. 21-38). Mahwah, NJ: Lawrence Erlbaum Associates.

Chaffee, S. H., & Hochheimer, J. L. (1985). The beginnings of political communication research in the United States: Origins of the "limited effects" model. In M. Gurevitch & M. R. Levy (Eds.), *Mass communication yearbook 5* (pp. 75-104). Beverly Hills, CA: Sage.

Cicchetti, D. V., & Feinstein, A. R. (1990). High agreement but low kappa: II. Resolving the paradoxes. *Journal of Clinical Epidemiology, 43* (6), 551-558.

Coffey, A. J., & Cleary, J. (2008). Valuing new media space: Are cable network news crawls cross-promotional agents? *Journalism & Mass Communication Quarterly, 85,* 894-912.

Cohen, J. A. (1960). Coeffi cient of agreement for nominal scales. *Educational and Psychological Measurement, 20,* 31-46.

Cohen, J. A. (1968). Weighted kappa: Nominal scale agreement with a provision for scaled disagreement or partial credit. *Psychological Bulletin, 70,* 213-220.

Cohen, S., & Young, J. (Eds.). (1981). *The manufacture of news.* London: Constable.

Connolly-Ahern, C., Ahern, L. A., & Bortree, D. S. (2009). The effectiveness of stratified sampling for content analysis of electronic news source archives: AP Newswire, Business Wire, and PR Wire. *Journalism & Mass Communication Quarterly, 86,* 862-883.

Conway, M. (2006). The subjective precision of computers: A methodological comparison with human coding in content analysis. *Journalism & Mass Communication Quarterly, 83* (1), 186-200.

Correa, T., & Harp, D. (2011). Women matter in newsrooms: How power and critical mass relate to the coverage of the HPV vaccine. *Journalism & Mass Communication Quarterly, 88,* 301-319.

Coulson, D. C., Lacy, S., Riffe, D., & Blom, R. (2012, August). *The state of the weekly newspa-*

per industry. Paper presented to annual convention of the Association for Education in Journalism and Mass Communication, Chicago.

Coyne, S. M., Callister, M., Stockdale, L. A., Nelson, D. A., & Wells, B. M. (2012). "A helluva read": Profanity in adolescent literature. *Mass Communication and Society, 15,* 360-383.

Craft, S. H., & Wanta, W. (2004). Women in the newsroom: Influences of female editors and reporters on the news agenda. *Journalism & Mass Communication Quarterly, 81,* 124-138.

Craig, S. R. (1992). The effect of television day part on gender portrayals in television commercials: A content analysis. *Sex Roles, 26,* 197-211.

Culbertson, H. M. (1975, May 14). Veiled news sources—who and what are they? ANPA News Research Bulletin, No. 3.

Culbertson, H. M. (1978). Veiled attribution—an element of style? *Journalism Quarterly, 55,* 456-465.

Culbertson, H. M., & Somerick, N. (1976, May 19). Cloaked attribution—what does it mean to readers? *ANPA News Research Bulletin,* No. 1.

Culbertson, H. M., & Somerick, N. (1977). Variables affect how persons view unnamed news sources. *Journalism Quarterly, 54,* 58-69.

Danielson, W. A., & Adams, J. B. (1961). Completeness of press coverage of the 1960 campaign. *Journalism Quarterly, 38,* 441-452.

Danielson, W. A., Lasorsa, D. L., & Im, D. S. (1992). Journalists and novelists: A study of diverging styles. *Journalism Quarterly, 69,* 436-446.

Davis, J., & Turner, L. W. (1951). Sample effi ciency in quantitative newspaper content analysis. *Public Opinion Quarterly, 15,* 762-763.

Deese, J. (1969). Conceptual categories in the study of content. In G. Gerbner, O. R. Holsti, K. Krippendorff, W. J. Paisley, & P. J. Stone (Eds.), *The analysis of communication content* (pp. 39-56). New York: Wiley.

de Vreese, C. H. (2004). The effects of frames in political television news on issue interpretation and frame salience. *Journalism & Mass Communication Quarterly, 81,* 36-52.

de Vreese, C. H. (2010). Framing the economy: Effects of journalistic news frames. In P. D'Angelo & J. A. Kuypers (Eds.), *Doing news framing analysis: Empirical and theoretical perspectives* (pp. 187-214). New York: Routledge.

de Vreese, C. H., & Boomgaarden, H. (2006). Valenced news frames and public support for the EU. *Communications, 28* (4), 361-381.

Di Cicco, D. T. (2010). The public nuisance paradigm: Changes in mass media coverage of political protest since the 1960s. *Journalism & Mass Communication Quarterly, 87,* 135-153.

Dick, S. J. (1993). *Forum talk: An analysis of interaction in telecomputing systems* (Unpublished doctoral dissertation). Michigan State University, East Lansing.

Dill, R. K., & Wu, H. D. (2009). Coverage of Katrina in local, regional, national newspapers. *Newspaper Research Journal, 30* (1), 6-20.

Dillon, D. R., O'Brien, D. G., Hopkins, C. J., Baumann, J. F., Humphrey, J. W., Pickle, J. M., ..., Pauler, S. (1992). Article content and authorship trends in *The Reading Teacher* 1948-1991. *The Reading Teacher, 45,* 362-368.

Dominick, J. R. (1999). Who do you think you are? Personal home pages and self presentation on the World Wide Web. *Journalism & Mass Communication Quarterly, 77,* 646-658.

Druckman, J. N., Kifer, M. J., & Parkin, M. (2010). Timeless strategy meets new medium: Going negative on congressional campaign web sites, 2002-2006. *Political Communication, 27* (1), 88-103.

Duffy, M. J., & Williams, A. E. (2011). Use of unnamed sources drops from peaks in 1960s and 1970s. *Newspaper Research Journal, 32* (4), 6-21.

Duncan, D. F. (1989). Trends in gay pornographic magazines: 1960-1984. *Sociology and Social Research, 73,* 95-98.

Duncan, D. F. (1990). Health education and health psychology: A comparison through content analysis. *Psychological Reports, 66,* 1057-1058.

Duncan, D. F. (1991). Health psychology and clinical psychology: A comparison through content analysis. *Psychological Reports, 68,* 585-586.

Dyer, S. C., Jr., Miller, M. M., & Boone, J. (1991). Wire service coverage of the Exxon Valdez crisis. *Public Relations Review, 77* (1), 27-36.

Ellis, L., Miller, C., & Widmayer, A. (1988). Content analysis of biological approaches in psychology. *Sociology and Social Research, 72,* 145-150.

Emery, M. C., Emery, E., & Roberts, N. L. (2000). *The press and America: An interpretive history of the mass media* (9th ed.). Boston: Allyn & Bacon. マイケル・エメリー，エドウィン・エメリー，ナンシー・L・ロバーツ著，大井眞二・武市英雄・長谷川倫子・別府三奈子・水野剛也訳『アメリカ報道史 —— ジャーナリストの視点から観た米国史』松柏社、2016年。

Entman, R. M. (2010). Framing media power. In P. D'Angelo & J. A. Kuypers (Eds.), *Doing news framing analysis: Empirical and theoretical perspectives* (pp. 331-355). New York: Routledge.

Everbach, T. (2005). The "masculine" content of a female-managed newspaper. *Media Report to Women, 33,* 14-22.

Everbach, T. (2006). The culture of a women-led newspaper: An ethnographic study of the *Sarasota Herald-Tribune. Journalism & Mass Communication Quarterly, 83,* 477-493.

Fan, D. P. (1988). *Prediction of public opinion from the mass media: Computer content analysis and mathematical modeling.* New York: Greenwood.

Feinstein, A. R., & Cicchetti, D. V. (1990). High agreement but low kappa: I. The problems of two paradoxes. *Journal of Clinical Epidemiology, 43* (6), 543-549.

Fico, F. (1985). The search for the statehouse spokesman. *Journalism Quarterly, 62,* 74-80.

Fico, F., Atwater, T., & Wicks, R. (1985). The similarity of broadcast and newspaper reporters covering two state capitals. *Mass Communication Review, 12,* 29-32.

Fico, F., & Cote, W. (1997). Fairness and balance in election reporting. *Newspaper Research Journal, 71* (3-4), 124-137.

Fico, F., & Cote, W. (1999). Fairness and balance in the structural characteristics of stories in newspaper coverage of the 1996 presidential election. *Journalism & Mass Communication Quarterly, 76,* 123-137.

Fico, F., & Drager, M. (2001). Partisan and structural balance in news stories about conflict generally balanced. *Newspaper Research Journal, 22* (1), 2-11.

Fico, F., Freedman, E., & Durisin, M. (2011). Coverage of governor races balanced while Senate races reflect some bias. *Newspaper Research Journal, 32* (4), 98-112.

Fico, F., Freedman, E., & Love, B. (2006). Partisan and structural balance in newspaper coverage of U.S. Senate races in 2004 with female nominees. *Journalism & Mass Communication Quarterly, 83* (1), 43-57.

Fico, F., Lacy, S., Baldwin, T., Wildman, S. S., Bergan, D., & Zube, P. (2013a). Newspapers devote far less coverage to county government coverage than city governance. *Newspaper Research Journal, 34* (1), 104-111.

Fico, F. G., Lacy, S., Wildman, S. S., Baldwin, T., Bergan, D., & Zube, P. (2013b). Citizen journalism sites as information substitutes and complements for newspaper coverage of local governments. *Digital Journalism, 1* (1), 152-168.

Fico, F., Richardson, J., & Edwards, S. (2004). Influence of story structure on perceived story bias and news organization credibility. *Mass Communication and Society, 7,* 301-318.

Fico, F., & Soffin, S. (1995). Fairness and balance of selected newspaper coverage of controversial national, state and local issues. *Journalism & Mass Communication Quarterly, 72,* 621-633.

Fico, F., Zeldes, G., Carpenter, S., & Diddi, A. (2008). Broadcast and cable network news coverage of the 2004 presidential election: An assessment of partisan and structural imbalance. *Mass Communication and Society,* 11 (3), 319-339.

Flesch, R. (1974). *The art of readable writing.* New York: Harper & Row.

Fontenot, M., Boyle, K., & Gallagher, A. H. (2009). Comparing type of sources in coverage of Katrina, Rita. *Newspaper Research Journal, 30* (1), 21-33.

Foote, J. S., & Saunders, A. C. (1990). Graphic forms in network television. *Journalism Quarterly, 67,* 501-507.

参考文献

Franzosi, R. (1990). Computer-assisted coding of textual data. *Sociological Methods and Research, 19,* 225-257.

Freud, S. (1911). Psychoanalytical notes upon an autobiographical account of a case of paranoia (dementia paranoids). *Standard Edition, 14,* 73-102.

Gerbner, G., Gross, L., Morgan, M., & Signorielli, N. (1994). Growing up with television: The cultivation perspective. In J. Bryant & D. Zillmann (Eds.), *Media effects: Advances in theory and research* (pp. 17-41). Hillsdale, NJ: Lawrence Erlbaum Associates.

Gerbner, G., Signorielli, N., & Morgan, M. (1995). Violence on television: The Cultural Indicators Project. *Journal of Broadcasting & Electronic Media, 39,* 278-283.

Gillman, T. (1994). The problem of long leads in news and sports stories. *Newspaper Research Journal, 15* (4), 29-39.

Golan, G., & Wanta, W. (2001). Second-level agenda setting in the New Hampshire primary: A comparison of coverage in three newspaper and public perceptions of candidates. *Journalism & Mass Communication Quarterly, 78,* 247-259.

Greenberg, B., Sherry, J., Busselle, R., Rampoldi-Hnilo, L., & Smith, S. (1997). Daytime television talk shows. *Journal of Broadcasting & Electronic Media, 41,* 412-426.

Gunning, R. (1952). *The technique of clear writing.* New York: McGraw-Hill.

Gwet, K. L. (2008). Computing inter-rater reliability and its variance in the presence of high agreement. *British Journal of Mathematical and Statistical Psychology, 61,* 29-48.

Haigh, M. M., & Heresco, A. (2010). Late-night Iraq: Monologue joke content and tone from 2003 to 2007. *Mass Communication and Society, 13,* 157-173.

Hamdy, N., & Gomaa, E. H. (2012). Framing the Egyptian uprising in Arabic language newspapers and social media. *Journal of Communication, 62* (2), 195-211.

Hamilton, J. T. (2004). *All the news that's fit to sell.* Princeton, NJ: Princeton University Press.

Haney, W. V. (1973). *Communication and organizational behavior: Text and cases.* Homewood, IL: Irwin.

Hansen, K. A. (2003). Using databases for content analysis. In G. H. Stempel III, D. H. Weaver, & G. C. Wilhoit (Eds.), *Mass communication research and theory* (pp. 220-230). Boston: Allyn & Bacon.

Hansen, K. A., Ward, J., Conners, J. L., & Neuzil, M. (1994). Local breaking news: Sources, technology and news routines. *Journalism Quarterly, 71,* 561-572.

Harp, D., Loke, J., & Bachmann, I. (2010). Voices of dissent in the Iraq War: Moving from deviance to legitimacy? *Journalism & Mass Communication Quarterly, 87,* 467-483.

Harvard Shorenstein Center. (2013, March 5). *Journalist's resource: What is big data? Research roundup, reading list.* Retrieved May 10, 2013, from http://journalistsresource. org/studies/economics/business/what-big-data-research-roundup#

Hassid, J. (2012). Safety valve or pressure cooker? Blogs in Chinese political life. *Journal of*

Communication, 62 (2), 212-230.

Hayes, A. F., & Krippendorff, K. (2007). Answering the call for a standard reliability measure for coding data. *Communication Methods and Measures, 1* (1), 77-89.

Hermida, A., Lewis, S. A., & Zamith, R. (2014). Sourcing the Arab Spring: A case study of Andy Carvin's sources on Twitter during the Tunisian and Egyptian revolutions. *Journal of Computer-Mediated Communication, 19,* (3), 479-499.

Herring, S. C. (2010). Web content analysis: Expanding the paradigm. In J. Hunsinger, L. Klastrup, & M. Allen (Eds.), *International handbook of Internet research* (pp. 233-249) . Dordrecht, Netherlands: Springer.

Hester, J. B., & Dougall, E. (2007). The efficiency of constructed weeks sampling for content analysis of online news. *Journalism & Mass Communication Quarterly, 84,* 811-824.

Hickerson, A., Moy, P., & Dunsmore, K. (2011). Revising Abu Ghraib: Journalists' sourcing and framing patterns. *Journalism & Mass Communication Quarterly, 88* (4), 789-806.

Hindman, D. (2012). Knowledge gaps, belief gaps and public opinion about health care reform. *Journalism & Mass Communication Quarterly, 89* (4), 585-605.

Holsti, O. R. (1969). *Content analysis for the social sciences and humanities.* Reading, MA: Addison-Wesley.

Hovland, C. I. (1959). Reconciling conflicting results derived from experimental and survey studies of attitude change. *The American Psychologist, 14,* 8-17.

Hua, M., & Tan, A. (2012). Media reports of Olympic success by Chinese and American gold medalists: Cultural differences in causal attribution. *Mass Communication and Society, 15* (4), 546-558.

Hunter, J. E., & Gerbing, D. W. (1982). Unidimensional measurement, second order factor analysis and causal models. *Research in Organizational Behavior, 4,* 267-320.

Hwang, Y., & Jeong, S. (2009). Revising the knowledge gap hypothesis: A meta-analysis of thirty-five years of research. *Journalism & Mass Communication Quarterly, 86* (3), 513-532.

Ivory, J. D., Williams, D., Martins, N., & Consalvo, M. (2009). Good clean fun? A content analysis of profanity in video games and its prevalence across game systems and ratings. *CyberPsychology & Behavior, 12,* 457-460.

Iyengar, S., & Simon, A. F. (1993). News coverage of the Gulf crisis and public opinion: A study of agenda-setting, priming, and framing. *Communication Research, 20,* 365-383.

Jacob, W., Mudersbach, K., & van der Ploeg, H. M. (1996). Diagnostic classification through the study of linguistic dimensions. *Psychology Reports, 79,* 951-959.

Jones, R. L., & Carter, R. E., Jr. (1959). Some procedures for estimating "news hole" in content analysis. *Public Opinion Quarterly, 23,* 399-403.

Jones, S. (1994). Unlicensed broadcasting: Content and conformity. *Journalism Quarterly,*

71, 395-402.

Jung, J. (2002). How magazines covered media companies' mergers: The case of the evolution of Time Inc. *Journalism & Mass Communication Quarterly, 79*, 681-696.

Kaid, L. L., & Wadsworth, A. J. (1989). Content analysis. In P. Emmert & L. L. Barker (Eds.), *Measurement of communication behavior* (pp. 197-217). New York: Longman.

Kamhawi, R., & Weaver, D. (2003). Mass communication research trends from 1980 to 1999. *Journalism & Mass Communication Quarterly, 80* (1), 7-27.

Karlsson, M. (2012). Charting the liquidity of online news: Moving towards a method for content analysis. *International Communication Gazette, 74*, 385-402.

Kaylor, B. T. (2012). Cartoonish claims: Editorial cartoon depictions of religion. *Mass Communication and Society, 15*, 245-260.

Kelly, E. F., & Stone, P. J. (1975). *Computer recognition of English word senses.* Amsterdam: North-Holland.

Kenney, K., & Simpson, C. (1993). Was coverage of the 1988 presidential race by Washington's two dailies biased? *Journalism Quarterly, 70*, 345-355.

Kensicki, L. J. (2004). No cure for what ails us: The media-constructed disconnect between societal problems and possible solutions. *Journalism & Mass Communication Quarterly, 81* (1), 53-73.

Kerlinger, F. N. (1973). *Foundations of behavioral research* (2nd ed.). New York: Holt, Rinehart, and Winston. F.N.カーリンジャー著，馬場昌雄・馬場房子・福田周司訳『行動科学の基礎手法』上巻，鹿島研究所出版会，1972年（第1版の邦訳，上巻のみ）。

Ki, E., & Hon, L. C. (2006). Relationship maintenance strategies on Fortune 500 company web sites. *Journal of Communication Management, 10* (1), 27-43.

Kim, S. H., Carvalho, J. P., & Davis, A. C. (2010). Talking about poverty: News framing of who is responsible for causing and fixing the problem. *Journalism & Mass Communication Quarterly, 87*, 563-581.

Kiousis, S., Kim, S., McDevitt, M., & Ostrowski, A. (2009). Competing for attention: Information subsidy influence in agenda building during election campaigns. *Journalism & Mass Communication Quarterly, 86* (3), 545-562.

Klapper, J. T. (1960). *The effects of mass communication.* New York: Free Press. J.T.クラッパー著，NHK放送学研究室訳『マス・コミュニケーションの効果』日本放送出版協会，1966年。

Kraemer, H. C. (1979). Ramifications of a population model for *k* as a coefficient of reliability. *Psychometrika, 44*, 461-472.

Kreiss, D. (2012). *Taking our country back: The crafting of networked politics from Howard Dean to Barack Obama.* New York: Oxford University Press.

Krippendorff, K. (1980). *Content analysis: An introduction to its methodology.* Beverly Hills, CA: Sage. クラウス・クリッペンドルフ著，三上俊治・椎野信雄・橋元良明訳

『メッセージ分析の技法 —— 「内容分析」への招待』勁草書房, 1989 年。

Krippendorff, K. (2004a). *Content analysis: An introduction to its methodology.* Thousand Oaks, CA: Sage.

Krippendorff, K. (2004b). Reliability in content analysis: Some common misconceptions and recommendations. *Human Communication Research, 30,* 411-433.

Krippendorff, K. (2011). Agreement and information in the reliability of coding. *Communication Methods and Measures, 5* (2), 93-112.

Krippendorff, K. (2012). Commentary: A dissenting view on so-called paradoxes of reliability coefficients. In C. T. Salmon (Eds.), *Communication yearbook 36* (pp. 481-499). New York: Routledge.

Krippendorff, K., & Bock, M. A. (Eds.). (2009). *The content analysis reader.* Thousand Oaks, CA: Sage.

Ku, G., Kaid, L., & Pfau, M. (2003). The impact of Web site campaigning on traditional news media and public information processing. *Journalism & Mass Communication Quarterly, 80* (3), 528-547.

Kuklinski, J. H., & Sigelman, L. (1992). When objectivity is not objective: Network television news coverage of U.S. senators and the "paradox of objectivity." *Journal of Politics, 54,* 810-833.

Kurpius, D. D. (2002). Sources and civic journalism: Changing patterns of reporting? *Journalism & Mass Communication Quarterly, 79,* 853-866.

Lacy, S. (1987). The effects of intracity competition on daily newspaper content. *Journalism Quarterly, 64,* 281-290.

Lacy, S. (1988). The impact of intercity competition on daily newspaper content. *Journalism Quarterly, 65,* 399-406.

Lacy, S. (1992). The financial commitment approach to news media competition. *Journal of Media Economics, 59* (2), 5-22.

Lacy, S., Duffy, M., Riffe, D., Thorson, E., & Fleming, K. (2010). Citizen journalism Web sites complement newspapers. *Newspaper Research Journal, 31* (2), 34-46.

Lacy, S. & Fico, F. (1991). The link between newspaper content quality & circulation. *Newspaper Research Journal, 12*(2), 46-57.

Lacy, S., Fico, F. G., Baldwin, T., Bergan, D., Wildman, S. S., & Zube, P. (2012). Dailies still do "heavy lifting" in government news, despite cuts. *Newspaper Research Journal, 33* (2), 23-39.

Lacy, S., Fico, F., & Simon, T. F. (1989). The relationships among economic, newsroom and content variables: A path model. *Journal of Media Economics, 2* (2), 51-66.

Lacy, S., & Riffe, D. (1993). Sins of omission and commission in mass communication quantitative research. *Journalism Quarterly, 70,* 126-132.

Lacy, S., & Riffe, D. (1996). Sampling error and selecting intercoder reliability samples for nominal content categories. *Journalism & Mass Communication Quarterly, 73,* 963-973.

Lacy, S., Riffe, D., & Randle, Q. (1998). Sample size in multi-year content analyses of monthly consumer magazines. *Journalism & Mass Communication Quarterly, 75,* 408-417.

Lacy, S., Riffe, D., Stoddard, S., Martin, H., & Chang, K. K. (2000). Sample size for newspaper content analysis in multi-year studies. *Journalism & Mass Communication Quarterly, 78,* 836-845.

Lacy, S., Robinson, K., & Riffe, D. (1995). Sample size in content analysis of weekly newspapers. *Journalism & Mass Communication Quarterly, 72,* 336-345.

Lacy, S., Watson, B., & Riffe, D. (2011). Study examines relationship among mainstream, other media. *Newspaper Research Journal, 32* (4), 53-67.

Lasswell, H. D. (1927). *Propaganda technique in the World War.* New York: Peter Smith. ハロルド・ラスウエル著, 小松孝彰訳『宣伝技術と欧洲大戦』高山書院, 1940年。

Law, C., & Labre, M. P. (2002). Cultural standards of attractiveness: A thirty-year look at changes in male images in magazines. *Journalism & Mass Communication Quarterly, 79,* 697-711.

Lawrence, R. G. (2010). Researching political news framing: Established ground and new horizons. In P. D'Angelo & J. A. Kuypers (Eds.), *Doing news framing analysis: Empirical and theoretical perspectives* (pp. 265-285). New York: Routledge.

Leccese, M. (2009). Online information sources of political blogs. *Journalism & Mass Communication Quarterly, 86,* 578-593.

Leslie, M. (1995). Slow fade to? Advertising in *Ebony Magazine,* 1957-1989. *Journalism & Mass Communication Quarterly, 72,* 426-435.

Lewis, S. C., Zamith, R., & Hermida, A. (2013). Content analysis in an era of big data: A hybrid approach to computational and manual methods. *Journal of Broadcasting & Electronic Media, 57* (1) 34-52.

Lombard, M., Snyder-Duch, J., & Bracken, C. C. (2002). Content analysis in mass communication. *Human Communication Research, 28,* 587-604.

Lombard, M., Snyder-Duch, J., & Bracken, C. C. (2004). A call for standardization in content analysis reliability. *Human Communication Research, 30,* 434-437.

Lowery, S. A., & DeFleur, M. (1995). *Milestones in mass communication research: Media effects* (3rd ed.). White Plains, NY: Longman.

Lowry, D. T. (2008). Network TV news framing of good vs. bad economic news under Democrat and Republican presidents: A lexical analysis of political bias. *Journalism & Mass Communication Quarterly, 85* (3), 483-499.

Luke, D. A., Caburnay, C. A., & Cohen, E. L. (2011). How much is enough? New recommendations for using constructed week sampling in newspaper content analysis of health stories. *Communication Methods and Measures, 5* (1), 76-91.

Mahrt, M., & Scharkow, M. (2013). The value of big data in digital media research. *Journal of Broadcasting & Electronic Media, 57* (1), 20-33.

Malamuth, N. M., Addison, T., & Koss, J. (2000). Pornography and sexual aggression: Are there reliable effects and can we understand them? *Annual Review of Sex Research, 11* (1), 26-94.

Malamuth, N. M., & Spinner, B. (1980). A longitudinal content analysis of sexual violence in the best-selling erotic magazines. *Journal of Sex Research, 16*, 226-237.

Martins, N., Williams, D. C., Harrison, K., & Ratan, R. A. (2008). A content analysis of female body imagery in video games. *Sex Roles, 61*, 824-836.

Mastro, D. (2009). Effects of racial and ethnic stereotyping. In J. Bryant & M. B. Oliver (Eds.), *Media effects: Advances in theory and research* (3rd ed., pp. 325-341). New York: Routledge.

Mastro, D. E., & Greenberg, B. S. (2000). The portrayal of racial minorities on prime time television. *Journal of Broadcasting & Electronic Media, 44* (4), 690-703.

Mazur, E. (2010). Collecting data from social networking Web sites and blogs. In S. D. Gosling & J. A. Johnson (Eds.), *Advanced methods for conducting online behavioral research* (pp. 77-90). Washington, DC: American Psychological Association.

McCluskey, M., & Kim, Y. M. (2012). Moderation or polarization? Representation of advocacy groups' ideology in newspapers. *Journalism & Mass Communication Quarterly, 89* (4), 565-584.

McCombs, M. E. (1972). Mass media in the marketplace. *Journalism Monographs, 24.*

McCombs, M., & Reynolds, A. (2009). How the news shapes our civic agenda. In J. Bryant & M. B. Oliver (Eds.), *Media effects: Advances in theory and research* (3rd ed., pp. 1-17). New York: Routledge.

McCombs, M. E., & Shaw, D. L. (1972). The agenda-setting function of mass media. *Public Opinion Quarterly, 36*, 176-187. M.E.マコームズ，D.L.ショー著，岡至訳「マス・メディアの議題設定の機能」谷藤悦史・大石裕編訳『リーディングス 政治コミュニケーション』一藝社，2002年，111-123頁。

McLeod, D. M., Kosicki, G. M., & McLeod, J. M. (2009). Political communication effects. In J. Bryant & M. B. Oliver (Eds.), *Media effects: Advances in theory and research* (3rd ed., pp. 228-251). New York: Routledge.

McLeod, D. M., & Tichenor, P. J. (2003). The logic of social and behavioral sciences. In G. H. Stempel III, D. H. Weaver, & G. C. Wilhoit (Eds.), *Mass communication research and theory* (pp. 91-110). Boston: Allyn & Bacon.

McLoughlin, M., & Noe, F. P. (1988). Changing coverage of leisure in *Harper's, Atlantic Monthly*, and *Reader's Digest*: 1960-1985. *Sociology and Social Research, 72*, 224-228.

McMillan, S. J. (2000). The microscope and the moving target: The challenge of applying content analysis to the World Wide Web. *Journalism & Mass Communication Quarterly, 77*, 80-98.

Miller, D. C. (1977). *Handbook of research design and social measurement* (3rd ed.). New York: McKay.

Miller, M. M., Andsager, J. L., & Riechert, B. P. (1998). Framing the candidates in presidential primaries: Issues and images in press releases and news coverage. *Journalism & Mass Communication Quarterly, 75*, 312-324.

Moen, M. C. (1990). Ronald Reagan and the social issues: Rhetorical support for the Christian Right. *Social Science Journal, 27*, 199-207.

Moser, C. A., & Kalton, G. (1972). *Survey methods in social investigation* (2nd ed.). New York: Basic Books.

Murthy, D. (2008). Digital ethnography: An examination of the use of new technologies for social research. *Sociology, 42* (5), 837-855.

Nacos, B. L., Shapiro, R. Y., Young, J. T., Fan, D. P., Kjellstrand, T., & McCaa, C. (1991). Content analysis of news reports: Comparing human coding and a computer-assisted method. *Communication, 12*, 111-128.

Neumann, R., & Fahmy, S. (2012). Analyzing the spell of war: A war/peace framing analysis of the 2009 visual coverage of the Sri Lankan Civil War in western newswires. *Mass Communication and Society, 15*, 169-200.

Neuzil, M. (1994). Gambling with databases: A comparison of electronic searches and printed indices. *Newspaper Research Journal, 75* (1), 44-54.

Ngo, C., Pong, T., & Zhang, H. (2001). Recent advances in content-based video analysis. *International Journal of Images and Graphics, 1*, 445-468.

O'Connor, B., Balasubramanyan, R., Routledge, B. R., & Smith, N. A. (2010). *From tweets to polls: Linking text sentiment to public opinion time series* (Tepper School of Business Paper No. 559). Retrieved May 6, 2013, from http://repository.cmu.edu/tepper/559

O'Dell, J. W., & Weideman, D. (1993). Computer content analysis of the Schreber case. *Journal of Clinical Psychology, 49*, 120-125.

Oliver, M. B., & Krakowiak, M. (2009). Individual differences in media effects. In J. Bryant & M. B. Oliver (Eds.), *Media effects: Advances in theory and research* (3rd ed., pp. 517-531). New York: Routledge.

Olson, B. (1994). Sex and soap operas: A comparative content analysis of health issues. *Journalism Quarterly, 71*, 840-850.

Orgad, S. (2009). How can researchers make sense of the issues involved in collecting and interpreting online and offline data? In A. N. Markham & N. K. Baym (Eds.), *Internet inquiry: Conversations about method* (pp. 33-53). Los Angeles, CA: Sage.

Osgood, C. E., Suci, G. J., & Tannenbaum, P. H. (1957). *The measurement of meaning.* Urbana: University of Illinois Press.

Osgood, C. E., & Walker, E. G. (1959). Motivation and language behavior: Content analysis of suicide notes. *Journal of Abnormal Social Psychology, 59*, 58-67.

Oxford University. (1979). Newton, Isaac. In *The Oxford Dictionary of Quotations* (3rd ed., p. 362). New York: Oxford University Press.

Papacharissi, Z. (2002). The presentation of self in virtual life: Characteristics of personal home pages. *Journalism & Mass Communication Quarterly, 79*, 643-660.

Papacharissi, Z., & de Fatima Oliveira, M. (2012). Affective news and networked publics: The rhythms of news storytelling on #Egypt. *Journal of Communication, 62* (2), 266-282.

Pennebaker, J. W., Booth, R. J., & Francis, M. E. (2007). *Linguistic inquiry and word count: LIWC.* Austin, TX: LIWC.

Peter, J., & Lauf, E. (2002). Reliability in cross-national content analysis. *Journalism & Mass Communication Quarterly, 79*, 815-832.

Potter, W. J., & Levine-Donnerstein, D. (1999). Rethinking validity and reliability in content analysis. *Journal of Applied Communication Research, 27*, 258-284.

Prabowo, R., & Thelwall, M. (2009). Sentiment analysis: A combined approach. *Journal of Informetrics, 3*, 149-157.

Pratt, C. A., & Pratt, C. B. (1995). Comparative content analysis of food and nutrition advertisements in *Ebony, Essence,* and *Ladies' Home Journal. Journal of Nutrition Education, 27*, 11-18.

Ragsdale, L., & Cook, T. E. (1987). Representatives' actions and challengers' reactions: Limits to candidate connections in the House. *American Journal of Political Science, 31*, 45-81.

Ramaprasad, J. (1993). Content, geography, concentration and consonance in foreign news coverage of ABC, NBC and CBS. *International Communication Bulletin, 28*, 10-14.

Rapoport, A. (1969). A system-theoretic view of content analysis. In G. Gerbner, O. Holsti, K. Krippendorff, W. J. Paisley, & P. J. Stone (Eds.), *The analysis of communication content* (pp. 17-38). New York: Wiley.

Reese, S. D. (2011). Understanding the global journalist: A hierarchy-of-infl uences approach. In D. Berkowitz (Ed.), *Cultural meanings of news: A text-reader* (pp. 3-15). Thousand Oaks, CA: Sage.

Reese, S. D., Gandy, O. H., Jr., & Grant, A. E. (Eds.). (2001). *Framing public life: Perspectives on media and our understanding of the social world.* Mahwah, NJ: Lawrence Erlbaum Associates.

Reynolds, A., & Barnett, B. (2003). This just in . . . How national TV news handled the breaking "live" coverage of September 11. *Journalism & Mass Communication Quarterly, 80*, 689-703.

Reynolds, P. D. (1971). *A primer in theory construction.* Indianapolis, IN: Bobbs-Merrill.

参考文献 281

Rice, R. E., Peterson, M., & Christie, R. (2001). A comparative features analysis of publicly accessible commercial and government health database websites. In R. E. Rice & J. E. Katz (Eds.), *The Internet and health communication: Expectations and experiences* (pp. 213-231). Thousand Oaks, CA: Sage.

Riffe, D. (1984). International news borrowing: A trend analysis. *Journalism Quarterly, 61,* 142-148.

Riffe, D. (1991). A case study of the effect of expulsion of U.S. correspondents on *New York Times'* coverage of Iran during the hostage crisis. *International Communication Bulletin, 26,* 1-2, 11-15.

Riffe, D. (2003). Data analysis and SPSS programs for basic statistics. In G. H. Stempel III, D. H. Weaver, & G. C. Wilhoit (Eds.), *Mass communication research and theory* (pp. 182-208). Boston: Allyn & Bacon.

Riffe, D., Aust, C. F., & Lacy, S. R. (1993). The effectiveness of random, consecutive day and constructed week samples in newspaper content analysis. *Journalism Quarterly, 70,* 133-139.

Riffe, D., Ellis, B., Rogers, M. K., Ommeren, R. L., & Woodman, K. A. (1986). Gatekeeping and the network news mix. *Journalism Quarterly, 63,* 315-321.

Riffe, D., & Freitag, A. (1997). A content analysis of content analyses: 25 years of *Journalism Quarterly. Journalism & Mass Communication Quarterly, 74,* 873-882.

Riffe, D., Goldson, H., Saxton, K., & Yu, Y. (1989). Females and minorities in children's Saturday morning television commercials: 1987. *Journalism Quarterly, 66,* 129-136.

Riffe, D., Lacy, S., & Drager, M. (1996). Sample size in content analysis of weekly news magazines. *Journalism & Mass Communication Quarterly, 73,* 635-644.

Riffe, D., Lacy, S., Nagovan, J., & Burkum, L. (1996). The effectiveness of simple random and stratified random sampling in broadcast news content analysis. *Journalism & Mass Communication Quarterly, 73,* 159-168.

Riffe, D., Place, P., & Mayo, C. (1993). Game time, soap time, and prime time TV ads: Treatment of women in Sunday and rest-of-week commercials. *Journalism Quarterly, 70,* 437-146.

Rogers, E. M. (1994). *A history of communication study: A biographical approach.* New York: Free Press.

Rowling, C. M., Jones, T. J., & Sheets, P. (2011). Some dared call it torture: Cultural resonance, Abu Ghraib, and a selectively echoing press. *Journal of Communication, 61,* 1043-1061.

Rubin, A. M. (2009). Uses-and-gratifications perspective on media effects. In J. Bryant & M. B. Oliver (Eds.), *Media effects: Advances in theory and research* (3rd ed., pp. 165-184). New York: Routledge.

Sapolsky, B. S., Molitor, F., & Luque, S. (2003). Sex and violence in slasher films: Reexamining the assumptions. *Journalism & Mass Communication Quarterly, 80* (1), 28-38.

Scheufele, B., Haas, A., & Brosius, H. (2011). Mirror or molder? A study of media coverage, stock prices, and trading volumes in Germany. *Journal of Communication, 61,* 48-70.

Scheufele, B. T., & Scheufele, D. A. (2010). Of spreading activation, applicability, and schemas: Conceptual distinctions and their operational implications for measuring frames and framing effects. In P. D'Angelo & J. A. Kuypers (Eds.), *Doing news framing analysis: Empirical and theoretical perspectives* (pp. 110-134). New York: Routledge.

Schnurr, P. P., Rosenberg, S. D., & Oxman, T. E. (1992). Comparison of TAT and free speech techniques for eliciting source material in computerized content analysis. *Journal of Personality Assessment, 58,* 311-325.

Schreber, D. (1955). *Memoirs of my nervous illness* (I. Macalpine & R. Hunter, Trans.). London: W. Dawson. (Original work published 1903). ダニエル・パウル・シュレーバ ー著，渡辺哲夫訳『ある神経病者の回想録』講談社，2015 年。

Scott, D. K., & Gobetz, R. H. (1992). Hard news/soft news content of national broadcast networks. *Journalism Quarterly, 69,* 406-412.

Scott, W. A. (1955). Reliability of content analysis: The case of nominal scale coding. *Public Opinion Quarterly, 19,* 321-325.

Severin, W. J., & Tankard, J. W., Jr. (2000). *Communication theories: Origins, methods, and uses in the mass media* (5th ed.). New York: Addison Wesley Longman.

Shils, E. A., & Janowitz, M. (1948). Cohesion and disintegration in the Wehrmacht in World War II. *Public Opinion Quarterly, 12,* 300-306, 308-315.

Shimanoff, S. (1985). Expressing emotions in words: Verbal patterns of interaction. *Journal of Communication, 35* (3), 16-31.

Shoemaker, P. J., & Reese, S. D. (1990). Exposure to what? Integrating media content and effects studies. *Journalism Quarterly, 67,* 649-652.

Shoemaker, P. J., & Reese, S. D. (1996). *Mediating the message: Theories of influence on mass media content* (2nd ed.). White Plains, NY: Longman.

Shrum, L. J. (2009). Media consumption and perceptions of social reality: Effects and underlying processes. In J. Bryant & M. B. Oliver (Eds.), *Media effects: Advances in theory and research* (3rd ed., pp. 50-73). New York: Routledge.

Signorielli, N. (2001). Age on television: The picture in the nineties. *Generations, 25* (3), 34-38.

Simon, T. F., Fico, F., & Lacy, S. (1989). Covering conflict and controversy: Measuring balance, fairness and defamation in local news stories. *Journalism Quarterly, 66,* 427-434.

Simonton, D. K. (1990). Lexical choices and aesthetic success: A computer content analysis of 154 Shakespeare sonnets. *Computers and the Humanities, 24,* 251-265.

Simonton, D. K. (1994). Computer content analysis of melodic structure: Classical composers and their compositions. *Psychology of Music, 22,* 31-43.

Smith, S. L., & Granados, A. D. (2009). Content patterns and effects surrounding sex-role stereotyping on television and film. In J. Bryant & M. B. Oliver (Eds.), *Media effects: Advances in theory and research* (3rd ed., pp. 342-361). New York: Routledge.

Sparks, G. G., Sparks, C. W., & Sparks, E. A. (2009). Media violence. In J. Bryant & M. B. Oliver (Eds.), *Media effects: Advances in theory and research* (3rd ed., pp. 269-286). New York: Routledge.

Speed, J. G. (1893). Do newspapers now give the news? *The Forum, 5,* 705-711.

Stamm, K. R. (2003). Measurement decisions. In G. H. Stempel III, D. H. Weaver, & G. C. Wilhoit (Eds.), *Mass communication research and theory* (pp. 129-146). Boston: Allyn & Bacon.

Stavitsky, A. G., & Gleason, T. W. (1994). Alternative things considered: A comparison of National Public radio and Pacifica Radio news coverage. *Journalism Quarterly, 71,* 775-786.

Stegner, W. (1949). The radio priest and his flock. In I. Leighton (Ed.), *The aspirin age: 1919-1941* (pp. 232-257). New York: Simon & Schuster. ウォーレス・スティグナー著, 木下秀夫訳「ラジオの神父とその信者」イザベル・レイトン編『アスピリン・エイジ —— 1919-1941』早川書房, 1971 年。

Stempel, G. H., III. (1952). Sample size for classifying subject matter in dailies. *Journalism Quarterly, 29,* 333-334.

Stempel, G. H., III. (1985). Gatekeeping: The mix of topics and the selection of stories. *Journalism Quarterly, 62,* 791-796, 815.

Stempel, G. H., III. (2003). Content analysis. In G. H. Stempel III, D. H. Weaver, & G. C. Wilhoit (Eds.), *Mass communication research and theory* (pp. 209-219). Boston: Allyn & Bacon.

Stempel, G. H., & Stewart, R. K. (2000). The Internet provides both opportunities and challenges for mass communication researchers. *Journalism & Mass Communication Quarterly, 77,* 541-548.

Stokes, D. E. (1997). *Pasteur's quadrant —— Basic science and technological innovation.* Washington, DC: Brookings Institution Press, 1997.

Stone, P. J., Dunphy, D. C., Smith, M. S., & Ogilvie, D. M. (1966). *The General Inquirer: A computer approach to content analysis in the behavioral sciences.* Cambridge, MA: MIT Press.

Stouffer, S. A. (1977). Some observations on study design. In D. C. Miller (Ed.), *Handbook of research design and social measurement* (3rd ed., pp. 27-31). New York: McKay.

Strodthoff, G. G., Hawkins, R. P., & Schoenfeld, A. C. (1985). Media roles in a social movement. *Journal of Communication, 35* (2), 134-153.

Stryker, J. E., Wray, R. J., Hornik, R. C., & Yanovitzky, I. (2006). Validation of database search terms for content analysis: The case of cancer news coverage. *Journalism &*

Mass Communication Quarterly, 83 (2), 413-430.

Sumpter, R. S. (2001). News about news: John G. Speed and the first newspaper content analysis. *Journalism History, 27* (2), 64-72.

Sundar, S. S., Rice, R. E., Kim, H., & Sciamanna, C. N. (2011). Online health information: Conceptual challenges and theoretical opportunities. In T. L. Thompson, R. Parrott, & J. F. Nussbaum (Eds.), *The Routledge handbook of health communication* (2nd ed., pp. 181-202). New York: Routledge.

Tabachnick, B. G., & Fidell, L. S. (1996). *Using multivariate statistics* (3rd ed.). New York: HarperCollins.

Tabachnick, B. G., & Fidell, L. S. (2013). *Using multivariate statistics* (6th ed.). New York: HarperCollins.

Tankard, J. (2001). The empirical approach to the study of framing. In S. D. Reese, O. H. Gandy, & A. E. Grant (Eds.), *Framing public life: Perspectives on media and our understanding of the social world* (pp. 95-106). Mahwah, NJ: Lawrence Erlbaum Associates.

Tankard, J. W., Jr., Hendrickson, L. J., & Lee, D. G. (1994, August). *Using Lexis/Nexis and other databases for content analysis: Opportunities and risk.* Paper presented to the annual convention of the Association for Education in Journalism and Mass Communication, Atlanta, GA.

Tewksbury, D., & Scheufele, D. A. (2009). News framing theory and research. In J. Bryant & M. B. Oliver (Eds.), *Media effects: Advances in theory and research* (3rd ed., pp. 17-33). New York: Routledge.

Thelwall, M., Buckley, K., & Paltoglou, G. (2011). Sentiment in Twitter events. *Journal of the American Society for Information Science and Technology, 62* (2), 406-418.

Thorson, E. (1989). Television commercials as mass media messages. In J. Bradac (Ed.), *Message effects in communication science* (pp. 195-230). Newbury Park, CA: Sage.

Tomasello, T. (2001). The status of Internet-based research in five leading communication journals, 1994-1999. *Journalism & Mass Communication Quarterly, 78,* 659-674.

Tremayne, M. (2004). The Web of context: Applying network theory to use of hyperlinks in journalism on the Web. *Journalism & Mass Communication Quarterly, 81,* 237-253.

Trumbo, C. (2004). Research methods in mass communication research: A census of eight journals 1990-2000. *Journalism & Mass Communication Quarterly, 81,* 417-436.

Utz, S. (2010). Using automated "field notes" to observe the behavior of online subjects. In S. D. Gosling & J. A. Johnson (Eds.), *Advanced methods for conducting online behavioral research* (pp. 91-108). Washington, DC: American Psychological Association.

Vincent, R. C., Davis, D. K., & Boruszkowski, L. A. (1987). Sexism on MTV: The portrayal of women in rock videos. *Journalism Quarterly, 64,* 750-755, 941.

Vogt, W. P. (2005). *Dictionary of statistics and methodology: A nontechnical guide for the*

参考文献 285

social sciences (3rd ed.). Thousand Oaks, CA: Sage.

Vorderer, P., & Hartmann, T. (2009). Entertainment and enjoyment as media effects. In J. Bryant & M. B. Oliver (Eds.), *Media effects: Advances in theory and research* (3rd ed., pp. 532-550). New York: Routledge.

Wang, X., & Riffe, D. (2010). An exploration of sample sizes for content analysis of the *New York Times* Web site. *Web Journal of Mass Communication Research, 20.* Retrieval date 10/06/2013. http://wjmcr.org/vol20.

Wanta, W., Golan, G., & Lee, C. (2004). Agenda setting and international news: Media influence on public perceptions of foreign nations. *Journalism & Mass Communication Quarterly, 81,* 364-377.

Washburn, R. C. (1995). Top of the hour newscast and public interest. *Journal of Broadcasting & Electronic Media, 39,* 73-91.

Weaver, D. A., & Bimber, B. (2008). Finding news stories: A comparison of searches using LexisNexis and Google News. *Journalism & Mass Communication Quarterly, 85* (3), 515-530.

Weaver, D. H. (2003). Basic statistical tools. In G. H. Stempel III, D. H. Weaver, & G. C. Wilhoit (Eds.), *Mass communication research and theory* (pp. 147-181). Boston: Allyn & Bacon.

Weaver, J. B., Porter, C. J., & Evans, M. E. (1984). Patterns of foreign news coverage on U.S. network TV: A 10-year analysis. *Journalism Quarterly, 61,* 356-363.

Weber, R. P. (1984). Computer-aided content analysis: A short primer. *Qualitative Sociology, 7,* 126-147.

Weber, R. P. (1990). *Basic content analysis* (2nd ed.). Newbury Park, CA: Sage.

West, D. M., & Miller, E. A. (2009). *Digital medicine: Health care in the Internet era.* Washington, DC: Brookings Institution Press.

Westley, B. H., & MacLean, M. S., Jr. (1957). A conceptual model for communication research. *Journalism Quarterly, 34,* 31-38.

Whaples, R. (1991). A quantitative history of *The Journal of Economic History* and the cliometric revolution. *Journal of Economic History, 51,* 289-301.

Whitney, D. C. (1981). Information overload in the newsroom. *Journalism Quarterly, 58,* 69-76, 161.

Wicks, R. H., & Souley, B. (2003). Going negative: Candidate usage of Internet Web sites during the 2000 presidential campaign. *Journalism & Mass Communication Quarterly, 80,* 128-144.

Wilson, C., Robinson, T., & Callister, M. (2012). Surviving "Survivor": A content analysis of antisocial behavior and its context in a popular reality television show. *Mass Communication and Society, 15,* 261-283.

Wimmer, R. D., & Dominick, J. R. (1991). *Mass media research: An introduction* (3rd ed.).

Belmont, CA: Wadsworth.

Wimmer, R. D., & Dominick, J. R. (1997). *Mass media research*: *An introduction* (5th ed.). Belmont, CA: Wadsworth.

Wimmer, R. D., & Dominick, J. R. (2003). *Mass media research*: *An introduction* (7th ed.). Belmont, CA: Wadsworth.

Wimmer, R. D., & Dominick, J. R. (2011). *Mass media research*: *An introduction* (9th ed.). Belmont, CA: Wadsworth.

Windhauser, J. W., & Stempel, G. H., III. (1979). Reliability of six techniques for content analysis of local coverage. *Journalism Quarterly, 56,* 148-152.

Wrightsman, L. S. (1981). Personal documents as data in conceptualizing adult personality development. *Personality and Social Psychology Bulletin, 7,* 367-385.

Zeldes, G., & Fico, F. (2007). Race and gender: An analysis of the sources and reporters in local television coverage of the 2002 Michigan Gubernatorial Campaign. *Mass Communication and Society, 10* (3), 345-363.

Zeldes, G., & Fico, F. (2010). Broadcast and cable news network differences in the way reporters used women and minority group sources to cover the 2004 presidential race. *Mass Communication and Society, 13* (5), 512-514.

Zeldes, G., Fico, F., & Diddi, A. (2007). Race and gender: An analysis of the sources and reporters in local television coverage of the 2002 Michigan gubernatorial campaign. *Mass Communication and Society, 10* (3), 345-363.

Zhang, Y. (2009). Individualism or collectivism? Cultural orientations in Chinese TV commercials and analysis of some moderating factors. *Journalism & Mass Communication Quarterly, 86* (3), 630-653.

Zhao, X. (2012, August). *A reliability index* (A_i) *that assumes honest coders and variable randomness*. Paper presented at the annual convention, Association for Education in Journalism and Mass Communication, Chicago.

Zhao, X., Liu, J. S., & Deng, K. (2012). Assumptions behind intercoder reliability indices. In C. T. Salmon (Eds.), *Communication yearbook 36* (pp. 419-480). New York: Routledge.

Zhong, B., & Zhou, Y. (2012). "Under the weather": The weather effects on U.S. newspaper coverage of the 2008 Beijing Olympics. *Mass Communication and Society, 15* (4), 559-577.

Zillmann, D. (2002). Exemplifi cation theory of media influence. In J. Bryant & D. Zillmann (Eds.), *Media effects*: *Advances in theory and research* (2nd ed., pp. 19-41). Mahwah, NJ. Lawrence Erlbaum Associates.

Zullow, H. M., Oettingen, G., Peterson, C., & Seligman, M. E. P. (1988). Pessimistic explanatory style in the historical record: CAVing LBJ, presidential candidates, and East versus West Berlin. *The American Psychologist, 43,* 673-682.

索　引

一般事項

アルファベット

Cohen の kappa　169, 172-74, 176, 177
F値　217
Holsti の係数　169
KALPHA　175
Krippendorff の alpha　169, 172-74, 176,
　177, 179, 261
r 二乗　226, 232
Scott の pi　122, 123, 169, 171-74, 176,
　177, 179

ア行

一致率　163, 166, 169, 170, 176, 177, 179,
　181, 240, 261
イデオロギー　5, 14, 42, 71, 73, 80
意味単位　85-87
意味論的妥当性　201
因果関係　9, 42, 51, 55-58, 60, 66, 190,
　191, 193, 195, 218, 229, 264
音声のコミュニケーション　80, 81
オンラインコンテンツのサンプリング
　132, 135

カ行

外的妥当性　23, 190-92, 196-99
カイ二乗　206, 221-24, 227, 233
概念化　49, 51, 64-67, 71, 73, 75, 78, 90,
　135, 208
概念的な定義　144

確率的サンプリング　3, 69, 109, 114,
　118, 124, 137, 139, 162, 163, 200, 209,
　221, 261
仮説　vi, 4, 7, 10, 11, 16, 17, 20, 25, 30, 40,
　49-51, 54-56, 58, 61, 63, 65-68, 70, 73,
　76-80, 83, 84, 88-90, 99, 101, 102, 104,
　105, 112, 113, 136, 137, 185, 187, 188,
　190, 193, 207, 208, 213, 214, 218-22,
　229, 230, 234, 238, 253, 257
　対抗——　60-62, 190, 218
間隔尺度　96, 98, 116, 166, 173, 175, 208,
　210, 211, 214, 217, 225, 226, 231, 233
還元論　6, 28
観察単位　78, 83-85, 87, 88
観念論　5
疑似相関　228
期待値　114, 174, 223
帰無仮説　213, 214, 216-19, 222, 223, 227
共変　175, 192, 218, 219, 225, 231
強力効果　7-10, 12
偶然の一致　57, 169-72, 174, 176, 177,
　180, 181, 190
クラスターサンプリング　88, 123, 125,
　139
クラメールのV　206, 221-24, 226, 227,
　233
クロスラグ相関分析　195
経験論　5
系統サンプリング　119, 120, 123-26, 139
顕出性　144, 145, 241
限定効果　9, 10
効果研究　6, 19, 53

構成概念妥当性　186, 189, 192
コーダー　2, 4, 32, 33, 38, 44, 46, 68, 69,
　75, 94, 95, 100, 102, 103, 110, 135,
　141-47, 150, 154-63, 167-77, 181, 186,
　188, 203, 211, 225, 235, 239, 244, 245,
　253, 259-61, 265
コーダー間信頼性　160, 180
コーダー間不一致　158
コーダー内信頼性　161
コーディングシート　65, 68, 103, 150,
　154-56
コーディングマニュアル　38, 102, 103,
　141, 143, 151, 155, 261
語のカウント　245
コンコーダンス　245, 246
コンテンツ単位　i, 39, 76, 83, 85-87, 93,
　94, 98-101, 103, 105-107, 109, 114, 123,
　150, 164-69, 174, 256
コンテンツの中心性　i, 15, 16, 27, 29,
　192
コンテンツ変数　51, 52, 56, 76, 100, 129,
　186, 230

サ行
再現性　29-31, 33, 42, 160, 161, 259, 264
作業化　5, 31, 46, 65, 73, 80, 102, 103,
　141-46, 157, 158, 188
作業的な定義　144, 148
散布図　225, 227
サンプリング　ii, vi, 3, 4, 28, 42, 69, 73,
　81, 87, 88, 105-109, 111, 113, 114, 118,
　122-38, 163, 167, 190, 196, 202, 205,
　209, 213, 214, 222, 244, 259, 264
――エラー　88, 105, 106, 109, 110,
　114-19, 122, 123, 125, 163, 167, 178,
　198, 209, 211-13, 215, 217, 222
――手法　88, 107, 109, 110, 118, 119,
　121, 124, 126, 130, 131, 133, 136, 139

――単位　106
――・フレーム　106-108, 110, 112,
　119, 120, 123, 133-35, 137, 138, 260
サンプルサイズ　110, 116, 117, 126, 134,
　163-65, 167, 173, 174, 179, 212, 214,
　215, 224, 241
辞書プログラム　239, 246, 247, 249, 250,
　255
社会的妥当性　184, 192, 199-201, 203
尺度　35, 38, 56, 68, 70, 78, 85, 86, 89, 91,
　92, 96-99, 145, 156, 174-76, 183-85,
　187-90, 194, 209, 210, 217, 218, 221,
　226, 228, 234, 235
――のレベル　70, 78, 89, 96, 99-103,
　173, 196, 210, 217, 221, 224, 231, 233,
　235
重回帰分析　99, 100, 205, 206, 230-32
従属変数　55, 60, 71, 89, 100, 195, 198,
　229-32
順序尺度　96, 98, 173, 211, 217, 224, 233
信頼性　ii, v, vi, 4, 9, 28, 31, 33, 37, 38, 44,
　65, 69, 73, 75, 81, 82, 93-95, 101-103,
　141-43, 145, 146, 154, 158-65, 167-70,
　173-81, 183, 185, 186, 190, 202, 205,
　225, 236, 249, 254, 255, 259-61, 265
――係数　169-71, 173-76, 178, 179,
　181, 261
――検定　65, 69, 135, 161-68, 170,
　172, 175, 178, 180, 181, 203, 260, 261
随伴効果　10
スピアマンの順位相関係数　224, 225,
　233
全数調査　53, 63, 109-11, 113, 137, 139,
　167, 169, 200, 259, 261
全体論　6, 202
層化サンプリング　119, 121-26, 129, 130,
　132, 134, 139
相関関係　20, 56-58, 85, 195, 227, 264

タ行

多段サンプリング　88, 124, 125, 127, 135, 139

妥当性　ii, v, 4, 14, 28, 37, 38, 43, 44, 63, 69, 75, 77, 82, 87, 93, 101-103, 109, 122, 137, 146, 161, 178, 183-88, 190-92, 195-98, 202, 204, 205, 230, 233, 234, 236, 243, 244, 246, 249, 250, 255

ダミー変数　231

弾丸効果　8

単純無作為サンプリング　118-25, 127, 128, 130-32, 139

中央値　108, 115, 210, 260

中心極限定理　115

統語単位　87

独立変数　55, 60, 62, 89, 100, 230-32

ナ行

内的妥当性　190-93, 196, 198

ハ行

パスツールの四分儀　64, 71, 197, 199, 201

パラメトリック手法　100

ピアソンの相関係数　175, 225, 226, 228

非確率的サンプリング　110

ビジュアルコミュニケーション　80-82

ビッグデータ　2, 137, 138, 241, 244, 250

非比例サンプリング　121, 122

標準誤差　115-17, 122, 125, 128, 164-66, 215

標準偏差　99, 116, 117, 212, 216, 217, 232, 260

標本分布　115, 214, 215

表面的妥当性　101, 102, 186-88, 192

比率尺度　96, 98-100, 116, 166, 173, 175, 210, 211, 214, 217, 225, 231, 233

比例サンプリング　121, 122

物理単位　85, 86

分散　99, 168, 177, 215, 216, 226, 233

分散分析（ANOVA）　205, 206, 216, 217, 231

分析単位　78, 88-90, 94, 181, 252

文脈付き索引（KWIC）　245, 246

平均値　95, 114-17, 127, 128, 179, 208, 210, 211, 214-16, 225, 231, 232, 260

併存的妥当性　186, 188, 192

便宜的サンプル　111-13, 136, 137, 200

変数　8, 10, 15, 16, 18, 20, 23, 28, 29, 31, 33, 38, 39, 49, 51, 52, 54-63, 65, 66, 68, 70-72, 75-79, 82, 83, 85, 88-91, 93-95, 97-99, 101-103, 114, 126, 128-30, 133, 135, 139, 142-45, 147, 149-51, 154, 155, 157, 158, 161, 166, 167, 169-71, 173, 175-81, 185, 189, 191-93, 195, 196, 198, 207-12, 214, 218, 221-26, 228-35, 255, 259-61

母集団　36, 42, 69, 77, 78, 88, 95, 100, 105-107, 109-12, 114-28, 131, 133, 135, 137-39, 163-67, 177, 178, 190, 196, 200, 207-16, 220-23, 226-28, 232, 239, 241, 244, 260, 264

マ行

マルチケースのコーディングシート　155

名義尺度　89, 96, 97, 99, 116, 166, 171, 173-75, 210, 214, 217, 221, 224, 226, 231, 233

ヤ行

有意サンプル　87, 108, 113

有意性の検定　196, 205, 227, 233

予測的妥当性　186, 188, 192

ラ行

ランダムサンプリング　87, 88, 106, 108,
　118, 119, 121, 123, 124, 133, 136, 137,
　162, 163, 166, 169, 190, 200, 211, 213,
　216, 221, 222, 227, 228, 239, 259
リサーチクエスチョン　vi, 16, 18, 25, 30,
　40, 50, 51, 54-56, 62, 63, 65-68, 70, 73,
　76-78, 83, 89, 90, 101, 104, 105, 111, 113,
　131, 138, 185, 187, 190, 207, 208, 234,
　253, 257
量的内容分析　v, vi, 1, 4, 16, 27-29, 33,
　37, 38, 41-46, 51, 55, 100, 103, 180, 183,
　204, 205, 207, 209, 256, 263
理論母集団　77, 78, 106, 107, 111, 137,
　241, 244
類語辞典（thesaurus）アプローチ　246
ロジスティック回帰分析　231

ワ行

割合　17, 33, 39, 40, 53, 56, 70, 89, 97, 99,
　101, 114, 117, 121, 129, 133, 147, 161,
　170-74, 177, 180, 185, 205, 206, 208-17,
　220-23, 232, 233, 235, 260, 261

データベース，アーカイブ

Advanced Blog Search　249
America's News　240
BurrellesLuce　237
Dialog　237
Factiva　237
Google News　240
Lexis-Nexis　238-40
NewsLibrary　237
Newspaperindex.com　238
ProQuest　238
Vanderbilt Television News Archives
　236

ソフトウェア，プログラム，サービスなど

Atlas.ti　256
CATPAC　256
dedoose　256
DICTION5.0　249
Excel　138, 155
General Inquirer　247
GEnieTM　137
Harvard III Psychosociological Dictionary
　247
Harvard Psychological Dictionary　246
Linguistic Inquiry and Word Count
　program　247
Maxqda　256
NVivo　256
RELATEX/RELATAN　248
SAS　138, 175
Snagit　243
Snapstream　243
SPSS　138, 155, 174
Twapperkeeper　244
VBPro　255, 256
Web Snapper　243
Yoshikoder　249

メディア，メディア組織など

ABC　37, 108, 131, 236, 237, 239
AFP通信　153
AP Alaska　238
AP通信　127, 153
Associated Press　133, 134
Atlantic Monthly　23, 24
Blade　152
Boston Globe　79
Business Wire　134

CBS　　236, 237, 239
CBS News　　19
CNN　　133, 237
CNN Wire　　238
Ebony　　80, 81
Editor & Publisher International Year Book　　120
Field & Stream　　120, 130
Fortune　　3, 110
FOX　　237
Gannett News Service　　153
Good Housekeeping　　130
Harper's　　23
King's World　　153
KTO　　152
Los Angeles Times　　107, 113
Manchester Union Leader　　79
McClatchy News Service　　153
MTV　　93
Nashua Telegraph　　79
National Public Radio　　2
NBC　　108, 236, 237, 239
New York Times　　1, 90, 107, 113, 127, 133, 153, 236, 239, 240
Newsweek　　110, 130
Nickelodeon　　37
NPR　　2
Pacifica Radio　　97
PBS　　237
Penthouse　　23
Playboy　　23
PR Wire　　134
Reader's Digest　　24
Seattle Times　　113
Sun Francisco Chronicle　　113
Survivor　　2, 92
The Colbert Report　　40

The Daily Show With Jon Stewart　　40
The Jones Blog　　152
The New York Times News Service　　153
Time　　109, 110
U.S. News & World Report　　110
USA Today　　67, 113, 133
Wall Street Journal　　113
Washington Post　　1, 19, 92, 113, 236, 239
Washington Times　　92
Westwood One Wire　　153
World　　110, 153, 235
Yahoo!　　133
ツイッター　　36, 44, 241, 243, 244, 250
フェイスブック　　35, 36, 121, 122, 138, 243
ロイター通信　　153

学術媒体

Journal of Broadcasting & Electronic Media　　16
Journal of Economic History　　23
Journalism & Mass Communication Quarterly　　15, 16, 21, 40, 110, 180, 206
Mass Communication and Society　　16
Psychological Abstracts　　23
Psychological Index　　23
Sex Roles　　24
The Reading Teacher　　23

その他発行物

Congressional Quarterly　　136
National Journal　　136

●著者紹介

ダニエル・リフ（Daniel Riffe）
テネシー州立大学でPh.D.を取得。オハイオ州立大学教授などを経て,
現在：ノースカロライナ大学メディア・ジャーナリズムスクール名誉教授。専門はマスコミュニケーション論。
主著：*Journalism Educators Yesterday, Today and Tomorrow*（Association for Education in Journalism and Mass Communication, 1999, 共著）, *The Publisher-Public Official: Real or Imagined Conflict of Interest?*（Praeger Publishers, 1991, 共著）, *Media and Social Inequality: Innovations in Community Structure Research*（Routledge, 2013, 共著）など。

スティーヴン・レイシー（Stephen Lacy）
テキサス大学オースティン校でPh.D.を取得。
現在：ミシガン州立大学ジャーナリズムスクール教授。専門はジャーナリズム論。
主著：*Media Management: A Casebook Approach,* 4th edition（Routledge, 2008, 共著）, *The Media in Your Life: An Introduction to Mass Communication,* 4th edition（Allyn & Bacon, 2008, 共著）など。

フレデリク・フィコ（Frederik Fico）
インディアナ大学でPh.D.を取得。
現在：ミシガン州立大学ジャーナリズムスクール名誉教授。専門は報道論, メディア論。

●訳者紹介

日野 愛郎（ひの あいろう）〔監訳を担当〕
エセックス大学でPh.D.（政治学）を取得。首都大学東京准教授などを経て,
現在：早稲田大学政治経済学術院教授。専門は選挙研究, 比較政治学。
主著：*New Challenger Parties in Western Europe: A Comparative Analysis*（Routledge, 2012）,『世論調査の新しい地平 —— CASI方式世論調査』（勁草書房, 2013年, 共編著）など。

千葉 涼（ちば りょう）〔第2, 3, 5, 6, 7章, 付録を担当〕
早稲田大学大学院政治学研究科博士課程満期退学, 同大学院で博士（ジャーナリズム）を取得。

現在：早稲田大学現代政治経済研究所特別研究所員，早稲田大学政治経済学部非常勤講師。
　　　専門は政治学，ジャーナリズム論。
主著：『熟議の効用、熟慮の効果 —— 政治哲学を実証する』（勁草書房，2018年，共著）など。

永井 健太郎（ながい けんたろう）〔日本語版はしがき，はしがき，第1，4，8，9章
　　　を担当〕
早稲田大学大学院政治学研究科博士課程満期退学，同大学院で博士（ジャーナリズム）を取
得。
現在：東京通信大学講師，明治大学非常勤講師，他。専門はメディア論，環境意識。
主著：『メディアは環境問題をどう伝えてきたのか —— 公害・地球温暖化・生物多様性』（ミ
　　　ネルヴァ書房，2015年，共著）など。

内容分析の進め方
メディア・メッセージを読み解く

2018年10月20日　第1版第1刷発行
2024年4月20日　第1版第3刷発行

著　者　ダニエル・リフ
　　　　スティーヴン・レイシー
　　　　フレデリク・フィコ
監訳者　日野愛郎
発行者　井村寿人
発行所　株式会社　勁草書房
112-0005 東京都文京区水道2-1-1　振替 00150-2-175253
（編集）電話 03-3815-5277／FAX 03-3814-6968
（営業）電話 03-3814-6861／FAX 03-3814-6854
堀内印刷所・中永製本所

©HINO Airo 2018

ISBN978-4-326-60310-7　　Printed in Japan

 ＜出版者著作権管理機構　委託出版物＞
本書の無断複製は著作権法上での例外を除き禁じられています。
複製される場合は、そのつど事前に、出版者著作権管理機構
（電話 03-5244-5088, FAX 03-5244-5089, e-mail: info@jcopy.or.jp）
の許諾を得てください。

＊落丁本・乱丁本はお取替いたします。
　ご感想・お問い合わせは小社ホームページから
　お願いいたします。

https://www.keisoshobo.co.jp

クラウス・クリッペンドルフ　三上俊治・椎野信雄・橋元良明 訳
メッセージ分析の技法 ——「内容分析」への招待
データを物理的事象の集まりではなく，シンボリックな現象として分析する技法 ——「内容分析」のすべてを伝える。　　　　　　　　3960 円

大石裕
メディアの中の政治
メディアも権力作用から逃れられない。ニュースが生産されて受容されるとき，どんな価値観が生まれ，どんな価値観が排除されるのか？　4070 円

G. キング，R. O. コヘイン，S. ヴァーバ　真渕勝 監訳
社会科学のリサーチ・デザイン——定性的研究における科学的推論
どのように研究をすすめればよいのか？　アメリカの政治学会で定性的手法復興のきっかけとなった，実践的方法論の教科書。　　　　4180 円

スティーヴン・ヴァン・エヴェラ　野口和彦・渡辺紫乃 訳
政治学のリサーチ・メソッド
すぐれた研究の進め方とは？　全米の大学で使われている定番テキストをついに完訳！　社会科学のエッセンスを伝授する。　　　　2420 円

A. ジョージ ＆ A. ベネット　泉川泰博 訳
社会科学のケース・スタディ——理論形成のための定性的手法
すぐれた事例研究の進め方とは？　事例研究による理論の構築と検証，事例研究の 3 段階などを実践的にガイドする。　　　　　　4950 円

H. ブレイディ ＆ D. コリアー編　泉川泰博・宮下明聡 訳
社会科学の方法論争——多様な分析道具と共通の基準 [原著第 2 版]
Rethinking Social Inquiry の全訳。どの研究手法をどう使えばいいのか？ KKV 論争がこれで理解できる。便利な用語解説つき。　　　5170 円

勁草書房刊

＊刊行状況と表示価格は2024年4月現在。消費税10％が含まれております。